高等院校“十三五”规划教材

财经法规与职业道德

主　编　程淑珍　周冬华

南京大学出版社

图书在版编目(CIP)数据

财经法规与职业道德 / 程淑珍，周冬华主编. —南京：南京大学出版社，2015.12

高等院校"十三五"规划教材

ISBN 978-7-305-16401-9

Ⅰ. ①财… Ⅱ. ①程… ②周… Ⅲ. ①财政法—中国—高等学校—教材 ②经济法—中国—高等学校—教材 ③会计人员—职业道德—高等学校—教材 Ⅳ. ①D922.2 ②F233

中国版本图书馆 CIP 数据核字(2015)第 315346 号

出版发行 南京大学出版社
社　　址 南京市汉口路 22 号　　邮　　编 210093
出 版 人 金鑫荣

丛 书 名 高等院校"十三五"规划教材
书　　名 财经法规与职业道德
主　　编 程淑珍 周冬华
责任编辑 曹 芳 王抗战　　编辑热线 025-83597087

照　　排 南京理工大学资产经营有限公司
印　　刷 常州市武进第三印刷有限公司
开　　本 787×1092 1/16 印张 16.75 字数 411 千
版　　次 2015 年 12 月第 1 版 2015 年 12 月第 1 次印刷
ISBN 978-7-305-16401-9
定　　价 36.00 元

网　　址:http://www.njupco.com
官方微博:http://weibo.com/njupco
微信服务号:njuyuexue
销售咨询热线:(025)83594756

前 言

随着我国经济改革的不断深入，经济环境瞬息万变，我国原制定的财经法规也在不断地补充与完善，如2014年修订了《注册会计师法》等。我们深感目前出版的《财经法规与会计职业道德》教材存在一定的滞后性，未能全面反映最新的法律法规相关内容。因此，为了配合各省(区、市)开展的会计从业资格考试，满足广大考生参加会计从业资格考试的实际需求，我们根据最新发布的《考试大纲》编写了这本教材。该教材的特点概括如下：

(1) 注重引导性。为了使初学者能迅速进入对书本知识的思考，而不会对一开始碰到的枯燥概念及专业术语感到兴味索然，每章开始都引入导入案例，即用故事或事件来引入对基本概念与原理的介绍，并在各章末尾以本章案例引导学生思考和归纳总结。

(2) 注重实用性。该教材以财政部最新颁布的考试大纲为基础，全面反映了最新的财经法规和职业道德。同时，考虑到会计行业入门者的实际需要，我们在充分总结各省(区、市)从业资格考试辅导教材经验的基础上，相关知识点的讲解尽量做到简单明了、通俗易懂，对一些较难理解的重点与难点，利用案例进行分析讲解。

(3) 注重适用性。该书不仅可以作为大专院校会计专业学生的教材，还可作为会计人员参加会计从业资格考试的复习资料。每章都配有一定数量的习题及案例分析，有利于提升读者的学习能力与应试水平。

本教材由程淑珍、周冬华担任主编，负责教材的总体框架设计与总纂，以及初稿的校对和修改。本教材各章节编写分工如下：程淑珍担任第一章的编写，饶斌担任第二章的编写，周冬华担任第三、四章的编写，严真红担任第五、六章的编写，陈明坤担任第七、八章的编写，张伟峰担任第九、十章的编写。本教材编写过程中还得到了杨文雅、章贝、郭叶成子、仲晓飞、熊娜以及陈娜等硕士研究生的大力帮助。

本书属于江西财经大学规划教材，在编写和出版的过程中得到了江西财经大学会计学院的领导和南京大学出版社工作人员的大力支持，在此一并表示诚挚的感谢。

让每一个会计从业人员懂得财经法规，在执业的过程遵守会计职业道德，规范我国的会计秩序，发挥会计在经济工作中的作用，是我们编写此教材的目的。但由于时间仓促，作者理论水平和专业知识所限，书中难免有不妥与疏漏之处，恳请各位专家、同行和读者批评指正。

扫码下载注会资料

编 者

2015年12月于江西财经大学

目　录

第一章 总 论

本章学习目的

1. 了解我国财经法规的主要内容及会计法规的构成。
2. 了解会计法规的历史沿革。
3. 理解会计法律关系的概念和特征以及构成要素和会计法规形式。
4. 掌握会计法规体系的内容。
5. 掌握中国会计法律制度的内容及层次。

导入案例

一天,豫章机械股份有限公司董事长李某对总经理说:"新《会计法》实施后,新闻媒体做了大量宣传,看来这是一部很重要的法律。老王,你是总经理,负责公司的日常经营事务,应当把公司的会计工作好好抓一抓。如果我们公司的会计工作出了乱子,你可是第一责任人哟!市场经济越发展,会计工作越重要,尤其像我们这样的公司,会计工作更为重要。我认为,我们公司的会计工作要做好,这可是有成千上万双眼睛盯着我们哪,不能疏忽!老王,我对会计工作不太熟悉,事务性工作也太多,公司的财务会计报告你要认真把关,以后,我们公司财务会计报告,最后由你签字和盖章,我就不再走那道程序了。"

同学们,你们觉得董事长的话是否合理?如果不合理,与《会计法》的哪一条相违背?

第一节 会计法规概述

一、财经法规与会计法规

(一) 财经法规

财经法规是财经法律法规的简称,是指国家权力机关和行政机关制定的用以调整社会经济活动中财政、经济、管理关系的规范性文件的总称,主要包括会计、金融、经济、财政、税务等方面的法律法规。

(二) 会计法规

1. 会计法规含义

会计法规是会计法律制度的简称,从属于财经法规,是指国家权力机关和行政机关制定的用以调整社会经济活动中会计关系的规范性文件的总称,包括会计法律、会计行政法规、国家统一会计制度(含会计部门规章和会计规范性文件)及地方性会计法规四个层次。

会计关系，是会计机构和会计人员在办理会计事务过程中，以及国家在管理会计工作过程中发生的经济关系。在一个单位，会计关系的主体为会计机构和会计人员，客体为与会计工作相关的具体事务。为了保证会计工作的有序进行，国家通过制定一系列会计法律制度，来调整和规范各种会计关系，包括针对会计工作、会计核算、会计监督、会计人员、会计档案管理等所制定的规范性文件。

2. 会计法规调整对象

会计法规的调整对象是会计行为与会计法律关系。

(1) 会计行为是指在会计法律关系中进行的，会计人员处理会计信息、业务经办人员提供经济往来业务原始凭证、单位负责人决策资金运用等会计法律关系参与者的行为，具体包括会计核算、会计监督、会计管理三类行为。

(2) 会计法律关系：是指国家机关、社会团体、公司、企业、事业单位以及外国在我国的常驻机构等其他组织在会计活动中发生的受会计法律规范调整的具体经济关系，它是会计主体在按照会计法律规范进行会计核算和财务管理时所形成的权利与义务关系。

3. 我国会计法律关系的构成

我国会计法律关系由会计法律关系主体、内容和客体三个要素构成。

(1) 会计法律关系主体：国家机关；经济组织和社会团体；经济组织的内部机构和有关人员；个人，又包括个体工商、农村承包经营户和农民。

(2) 会计法律关系内容：经济权利，如经济职权、经营管理权等；经济义务，如按时纳税的义务等。

(3) 会计法律关系客体：物，包括固定资产、原材料、库存商品、半成品；货币，包括现金、银行存款和其他货币资金；非物质财富，包括无形资产、商誉等；行为，如会计核算、会计监督和财务管理中，审核原始凭证、编制会计报告、建立财务管理制度等。

4. 会计法规的形式

法的表现形式问题实质上是法的效力等级问题。根据宪法和有关法律的规定，我国法律的主要形式有宪法、法律、行政法规、地方性法规、自治条例和单行条例、行政规章、特别行政区的法律和国际条约。

会计法规是通过一定的程序由国家立法部门、行政管理部门或授权团体制定和发布的，实现形式是具体的、明确的、正式形成文字的成文规定。我国的法律制度采用成文法形式，会计法规也是成文法。

二、会计法规的特征

会计法规作为法律体系的重要组成部分，除具有法律规范的一般性特征外，也具有自身的特点，主要表现在以下几点：

（一）强制性

强制性是一切法律规范的共同特征，会计法规也不例外，同样需要借助于国家政权的强制力保证其实施和运行。会计法规主要是通过其规范性要求来引导会计行为，以保证会计资料的真实与可靠。当会计行为与会计法规相冲突时，会计行为必须无条件地服从会计法规的规定。若违反了会计法规的规定，将承担相应的法律责任。

（二）标准性

会计法规具有明确的评价标准，人们可以根据这些标准判断哪些会计行为是合法的，哪些会计行为是不合法的，使会计法规成为衡量会计行为是非曲直的重要标准。当然，会计法规的标准性也不是一成不变的，随着客观经济环境的变化，会计法规也需要不断地修订和完善，但应保持相对的稳定性和连续性。因此，会计法规的标准性也具有一定的时效性。

（三）普遍适用性

会计法规的效力对象具有广泛性，即在我国范围内任何单位的会计行为都将得到会计法规的承认和保护，任何单位和个人的违法行为均将受到法律的制裁。会计法规的调整对象是所有发生会计行为的单位和个人，并不针对具体的人和事，具有普遍的适用性。

（四）可预测性

会计法规明确规定了哪些会计行为是合法的和应该奖励的，哪些会计行为是不合法的和必须禁止的。因此，人们就可以借助会计法规的规范性要求，预测会计行为的未来发展和某一具体行为所应承担的法律后果，具有可预测性。

三、会计法规的作用

会计法规的作用是指会计法规对会计行为以及最终其对社会所产生的影响。会计行为和社会关系是会计法规的两大作用对象，而会计法规要作用于社会关系必定要对会计行为进行调整。《会计法》的第一条“为了规范会计行为，保证会计资料真实、完整，加强经济管理和财务管理，提高经济效益，维护社会主义市场经济秩序制定本法”，指出了会计法的立法宗旨与作用。

（一）会计法规的规范作用

会计法规的规范作用是指会计法规作为行为规则直接作用于会计行为所产生的影响，主要表现在指引、评价、预测、教育及强制等方面。

1. 指引作用

指引作用是指会计法规对会计行为起到导向、引路的作用，其对象是法人（单位）、财会人员的会计行为，会计法规为这些行为提供一个模式、标准和方向，将人们的行为导向合法的轨道。如《会计法》第二条规定：“国家机关、社会团体、公司、企业、事业单位和其他组织（以下统称单位）必须依照本法办理会计事务。”第三条规定：“各单位必须依法设置会计账簿，并保证其真实完整。”

2. 评价作用

评价作用是指会计法规具有判断、衡量会计行为是否合法或违法以及违法性质和程序的作用。《会计法》第 6 章中有多条授权县级以上地方人民政府财政部门对违法会计行为进行行政处罚的规定。

3. 预测作用

预测作用是指根据会计法规可以预先估计相互间的会计行为及其行为的后果，从而对会计行为做出合理的安排。因为会计法规具有规范性、确定性的特点，可为会计行为提供预测。

4. 教育作用

教育作用是指会计法规的实施，对法人及财会人员的会计行为所产生的影响。具体来说通过三种方式实现：首先，通过制裁违法行为，对违法者本人以及法人和其他财会人员都具有教育和警戒作用；其次，通过对合法行为加以保护、赞扬或奖励，对所有财会人员都有鼓励和示范作用；最后，通过实施会计法规，可以在实践中更高层次上体会到会计法规的教育作用。

5. 强制作用

强制作用指对违法行为具有制裁、惩罚的作用。《会计法》对违反规定的行为有以下制裁、惩罚措施：通报、限期改正、罚款、行政处分、吊销会计从业资格证书和追究刑事责任等。

（二）会计法规的社会作用

会计法规的社会作用是加强会计基础工作，建立规范的会计工作秩序，提高会计工作水平。各单位应当依据有关法规和会计法规的规定，加强会计基础工作，严格执行会计法规制度，保证会计工作依法有序地进行。

四、会计法规的基本原则

会计法规的基本原则是在《会计法》的立法和具体应用中所应当遵循的准则，它是《会计法》精神和价值的反映，是《会计法》宗旨和本质的具体体现。会计法规的基本原则有：

（一）合法性原则

国家机关、社会团体、企事业单位、个体工商户和其他组织办理会计事项，必须遵守《会计法》的有关规定；会计机构、会计人员必须遵守法律法规，按照《会计法》的规定办理会计事项，进行会计核算，实行会计监督。

（二）统一性原则

会计工作由财政部统一领导、分级管理，各单位必须按照国家统一的会计制度，并按照本地区、本业务主管部门或总后勤部制定的实施办法或补充规定进行会计活动。下级制定的实施办法不得与国家统一的会计制度相抵触。

（三）权威性原则

会计法规制定、发布和实施日期确定的主体是国家权威机构。这些权威机构是国家的立法或行政部门。如《会计法》由全国人大常委会通过和发布，会计准则的制定、发布由财政部会计准则委员会进行。会计法规之所以能够作为会计核算工作必须遵守的规范和处理会计业务的准绳，关键因素之一就在于它的权威性。

第二节　我国会计法规的演变

一、我国会计法规的起源与发展

（一）会计立法的雏形

据史料记载，西周时期，中央政府依次设立了六个官衔：天、地、春、夏、秋、冬。其中，天官下面分设了大宰和小宰两个官衔，大宰下面又专门设立了会计主管官员——“司会”一职，它是会计的最高长官，主要职责是利用账册、数字、公文、户籍、地图等文件中的副本，考核各级官吏的工作，并检查、听取他们的会计报告。尽管当时没有专门的立法文书，但发挥了立法监督的作用，可谓会计立法的雏形。

（二）会计法规发展阶段

从战国开始发展到现在，我国会计法规经历了由相关法律法规条文的一部分到专门法律法规的发展。因此，本书将我国会计法规发展划分为两个阶段：新中国成立前会计法规阶段和新中国成立后会计法规阶段。

二、新中国成立前会计法规

（一）春秋战国至元明清时期的会计法规

1. 春秋战国时期

这一时期在会计法规方面贡献很大，例如有一部法典叫《法经》[①]，它在用法律手段规范经济行为方面做了第一次尝试，其中的《杂法》中有一条规定："负债违契不偿，一疋以上，违十日，笞二十，二十日加一等罪"。对违反契约的惩罚严重，从古至今，莫不如此。

2. 秦汉时期

秦朝颁布了《秦律》[②]和《财章》，对经济活动使用法律管理，这时的法律相较于战国时期的法律规定更细，内涵更为明了。例如规定"府中公金、钱，私挪用之，与盗同法"。这时已经对公职人员挪用公款、贪污有了明确的规定。《效律》中严格规定了会计人员必须廉洁奉公，账实相符，记载准确，计算无误。相关法律还对会计交接、财物损耗等问题作了具体规定。汉朝初步形成了一套较完备的制度，对于会计账簿的设置与分类，会计簿籍的登记方法，会计计量单位与盈利的计算，会计凭证、会计报告、财物的保管与盘点等方面作了规定。

两汉时期出台了户籍制度[③]和上计制度[④]。年终各郡国携上计簿进京，报告一年来的财政收支情况和人户变动情况。有御史大夫负责审理，最后由皇帝亲自受计，评论功过以定赏罚。例如在《上计律》中就具体规定了"上计簿"的拨出程序与时间，严令对上报不及时或者不实者治罪。

3. 唐宋时期

中国封建经济发展的鼎盛时期，在会计方法的发展上产生了奠定当今账户结算余额原理的"四柱清册结算法"，在会计机构的设立上又设立了专司审计的机构——比部。在会计立法方面亦更趋完善，不仅规定对违反会计制度的人给予较严厉的处罚，而且限定凡属经济报告上隐漏重复、收支不实者均从严治罪，甚至在有关条文中还规定了会计报告的格式及书法誊写要求。唐代颁布了《长行旨条》，这是我国财政史上最早的财政预算制度，同时也是中式会计史上最早的全国统一会计科目。"……凡天下边军皆有支度之使以计军资、粮仗之用，每岁所费，皆申度支而会计之，以《长行旨》为准"。[⑤]

---

① 《法经》是春秋末期李悝制定的中国封建社会第一部系统的法典。《法经》有六篇：《盗法》、《贼法》、《囚法》、《捕法》、《杂法》、《具法》。

② 《秦律》，秦始皇亲自颁布，内容广泛、缜密、残酷，对秦社会的方方面面都有规定。其中《仓律》是关于粮草仓的法律，共 26 条，《效律》是关于核验官府物资财产的法律。

③ 编户制度，是按户主、家庭成员、姓名、年龄及家产写在简牍上，编制成册籍，也称"户籍"。

④ 所谓上计制度，就是每年自下而上逐级呈递上计报告——上计薄。

⑤ 《唐六典》卷三《尚书户部》载。

4. 元明清时期

在当时的一些重要法典中，如元朝的中央财计官制度，明朝的黄册与鱼鳞册编报制度、上计制度、财物出纳勘合制度、保管制度，清朝的“龙门账”、“四脚账”制度等，对会计制度均有相应的规定，并较之前朝更加具体与完善。

（二）辛亥革命后至新中国成立前的会计法规

1. 北洋政府

1914 年 10 月，北洋政府参议院通过了我国历史上第一部比较完善的《会计法》，共九章三十六条，史称为“民三会计法”。1914 年《中华民国约法》中专设了《会计》一章，这是中国第一次将会计列入国家根本大法（在宪法尚未正式颁布前，该约法具有宪法的性质），这也是使 1914 年的《会计法》得以顺利通过审定的主因。后来，又陆续颁布了一些专业会计法规，但后因袁世凯倒台，北洋政府内部分裂，全国发生军阀混战事件，导致其未起到应有的作用。

2. 国民党政府

1935 年，国民党政府也颁布了一部含十章一百二十七款的《会计法》，其内容详尽，分项说明具体，加上后来于 1945 年颁布的《会计师法》，对规范当时会计工作起了重要作用。

3. 中华苏维埃共和国

中华苏维埃共和国，是土地革命时期中国共产党在中央革命根据地瑞金建立的中央政权机构。它是后来成立的中华人民共和国的雏形，首都为江西瑞金。中华苏维埃共和国不仅明确了财政部门为会计管理机构①，而且还出台了一些专门会计法规，包括：《统一会计制度》②，解决收钱机关、管钱机关、用钱机关混在一起，收入与经费不分开，各项会计科目没有一定名称的无序状况，从而有效杜绝贪污舞弊和铺张浪费现象；《会计规则》③，对会计事项作了较为系统和规范的规定，而且规定得较为详细，可操作性强，特别是相关手续要求严格合理，对会计制度的统一起到了关键作用；同时出台相关法规，如《国库暂行条例》、《财政机关交代规则》、《整理旧账手续》等，以确保会计制度落实到位，严肃查处会计违规舞弊行为。

三、新中国成立后会计法规

（一）计划经济时期会计法规（1949—1978）

1. 新中国成立伊始（1949—1952）

新中国成立后，财政部即成立了会计制度司和会计制度审议委员会，负责我国会计制度的制定与审议工作，先后颁行了中央金库、各级税务机关、各级人民政府预算等与国家财政收支相关的会计制度。轻工业部等 10 多个中央主管部门分别就所属企业和经济机构草拟了各自统一的会计制度，报经审批核定于 1950 年下半年陆续颁行，并先后出台了《总预算会计制度》、《单位预算会计制度》、《国营企业材料会计处理办法》等规章，初步建立了全国统一的会计制度，为整顿会计工作、建立新中国会计工作的秩序提供了依据和规范，也为新中国会计法制

① 详见 1932 年 8 月 17 日中共中央人民委员会第 22 次常会通过的《财政部暂行组织纲要》第五、六条及第七条第一款的规定。

② 1932 年 12 月，财政人民委员部发出《统一会计制度》的第十二号训令，正式要求建立统一的会计制度。

③ 1932 年 12 月 16 日，为进一步加强中华苏维埃共和国会计制度建设，中央财政人民委员部专门制定了《会计规则》，分为总则、收款之程序、支款之程序、账簿、记账、支库单据之证明、报告之编制、附则等八章。

建设奠定了基础。

2. “一五”时期(1953—1957)

从1953年开始，我国实行第一个五年计划，我国会计制度进一步健全，先后制定并颁布了《预算会计账簿凭证报表保管销毁暂行办法》、《关于国营企业会计核算工作规程》、《会计人员职权试行条例》等。

3. “大跃进”时期(1958—1960)

受“左”倾错误影响，会计指导方针发生严重失误。当时，以“彻底放权，大力简化”为原则，对会计制度进行改革，废止了一批会计制度，下放了一批会计制度的使用、修改或废止权，使其失去了大部分作为行为规范的制度规定，会计制度极不健全。

4. “八字方针”[①]时期(1961—1966)

1961年11月国务院发布了《国营企业会计核算工作规程(草案)》。《规程》针对当时会计工作中存在的突出问题，对会计工作必须遵守的程序规章、纪律等内容提出了原则要求和具体规定。其后，颁发施行一系列会计制度，如1963年1月发布了《会计人员职权试行条例》，第一次以国家行政法规的形式对会计人员的地位、任免、职权等作出了规定，并以《规程》为依据，重新恢复会计秩序，纠正了“大跃进”时形成的混乱，使会计工作在各方面都获得充实和提高。

5. “文化大革命”时期(1966—1976)

“文化大革命”期间，各种会计制度规定被视作“管、卡、压”而横遭破坏，几无制度和秩序可言，会计法制丧失殆尽，可视为新中国会计法制史上的空白。

(二) 市场经济时期会计法规(1976—现在)

1. 会计法规体系建立(1976—1991)

新中国成立以来，我国会计工作的规范形式主要是指由国务院和财政部颁布的具有行政法规性质的会计制度，没有经过国家最高立法机关的立法确认，法律效力位阶不高，且比较零星、分散，大多属于具体核算、监督的办法，缺乏总体的法律要求和明确的法律责任。这与已经发生了变化的社会经济环境明显不相适应，亟须“制定一个总章程——会计法，使其他会计法规制度的修改、制定有一个法律依据”[②]。因此，从1979年8月开始，财政部会计制度司起草了第一稿《中华人民共和国会计法(供讨论草稿)》，经过会计理论界和实务界，特别是会计工作管理部门6年的共同努力，于1985年1月21日第六届全国人民代表大会常务委员会第九次会议审议通过了《中华人民共和国会计法》(简称《会计法》)。这是新中国第一部会计基本法，专门用来规范会计工作的法律，标志着我国会计工作进入了社会主义法制化的新时期。与此同时，相应出台了一系列会计制度，如《国营工业企业会计制度》(1980)、《国营企业成本管理条例》(1984)、《会计人员工作规则》(1984)、《国营企业固定资产折旧试行条例》(1985)和《国营企业固定资产折旧试行条例实施细则》(1988)、《国营工业企业成本核算办法》(1986)、《中外合资经营企业会计制度》(1985)、《中华人民共和国注册会计师条例》(1986)、《总会计师条例》(1990)、《国营证券公司会计制度》(1991)等。

---

① 为解决严重经济困难，争取国民经济状况的好转，中央及时提出了“调整、巩固、充实、提高”的方针，开始历时5年的国民经济调整时期。

② 杨纪琬. 会计专题[M]. 大连:东北财经大学出版社，1987。

2. 会计法规体系的不断完善(1993—现在)

我国建立了以《会计法》、《注册会计师法》为核心的会计法规体系，具体包括：一、会计法律，如《中华人民共和国会计法》、《中国注册会计师法》等；二、会计行政法规，如国务院发布的《企业财务会计报告条例》；三、国家统一会计制度，主要由财政部发布，包括两个方面，一是会计规章，如《会计从业资格管理办法》、《会计档案管理办法》、《代理记账管理办法》、《支付结算办法》、《企业会计准则——基本准则》、《政府会计准则——基本准则》等；二是会计规范性文件，如《会计基础工作规范》、《会计信息化工作规范》、《企业会计准则——具体准则》、《企业会计准则——应用指南》、《企业内部控制基本规范》、会计制度等；四、地方性会计管理办法，如《浙江省会计从业资格管理实施办法》、《江苏省会计从业资格管理办法》等。

第三节　会计法律

会计法律是指由全国人民代表大会及其常委会经过一定立法程序制定的有关会计工作的法律。它是调整我国经济生活中会计关系的法律总规范。我国目前有两部会计法律，分别是《中华人民共和国会计法》(以下简称《会计法》)和《中华人民共和国注册会计师法》(以下简称《注册会计师法》)。

一、会计法

(一)《会计法》的不断完善

1985 年 1 月 21 日，第六届全国人民代表大会常务委员会第九次会议通过了《会计法》。为满足改革开放、经济体制转变等对《会计法》的需求，解决《会计法》在运行中存在的问题，我国于 1993 年 12 月 29 日和 1999 年 10 月 31 日先后两次修订了《会计法》。

1993 年 12 月 29 日，根据第八届全国人民代表大会常务委员会第五次会议《关于修改〈中华人民共和国会计法〉的决定》修订，1999 年 10 月 31 日第九届全国人民代表大会常务委员会第十二次会议修订通过并发布，自 2000 年 7 月 1 日起实行。《会计法》是会计法律制度中层次最高的法律规范，是会计工作的基本法，是制定其他会计法规的依据，也是指导我国会计工作的最高准则。

会计法，有广义和狭义之分。广义的会计法是指国家权力机关和行政机关制定的各种会计法规性文件的总称，包括会计法律、会计行政法规、国家统一会计规范、地方性会计法规等。狭义的会计法仅是指国家最高权力机关通过一定的立法程序，颁发施行的会计法律。《会计法》就是狭义的会计法。现行的《会计法》共有 7 章 52 条，包括总则、会计核算、公司、企业会计核算的特别规定、会计监督、会计机构和会计人员、法律责任和附则，主要对会计工作总的原则、会计核算、公司和企业核算的特别规定、会计监督、会计机构和会计人员以及法律责任等方面作了具体的规定。

(二)《会计法》的立法宗旨

《会计法》的立法宗旨是规范会计行为，保证会计资料真实、完整，加强经济管理和财务管理，提高经济效益，维护社会主义市场经济秩序。

会计行为是指对单位的经济业务进行确认、计量、记录、报告的行为，以及保证单位会计信息质量的管理行为和监督行为。会计资料包括会计凭证、会计账簿、财务会计报告和其他有关资料，是会计核算不同环节形成的记载有关单位经济业务活动情况信息的重要文件，是会计信息的载体。会计资料的基本质量要求是真实性和完整性。会计资料的真实性是指会计资料必须如实、全面地记录和反映经济业务的实际发生情况。《会计法》第五条规定："任何单位或者个人不得以任何方式授意、指使、强令会计机构、会计人员伪造、变造会计凭证、会计账簿和其他会计资料，提供虚假财务会计报告。"《会计法》第九条规定："各单位必须根据实际发生的经济业务事项进行会计核算，填制会计凭证，登记会计账簿，编制财务会计报告。任何单位不得以虚假的经济业务事项或者资料进行会计核算。"会计资料的完整性是指构成会计资料的各项要素都必须齐全，便于会计资料使用者全面、准确地了解经济活动情况。《会计法》第十四条规定："对记载不准确、不完整的原始凭证予以退回，并要求按照国家统一的会计制度的规定更正、补充。"

（三）《会计法》的适用范围

法律的适用范围，一般是指法律的效力范围，包括三个方面的内容，即法律在空间上效力范围、法律在时间上效力范围以及法律对人的效力范围。因此，《会计法》的适用范围包括对人的效力范围、空间上的效力范围以及时间上的效力范围。

1.《会计法》对人的效力范围

《会计法》对人的效力范围，包括两个方面：一是办理会计事务的单位和个人，包括国家机关、社会团体、公司、企业、事业单位和其他组织；二是主管机关和其他经济监督机关，包括各级财政部门以及审计、税务、人民银行、证券监管、保险监管等部门。

2.《会计法》在空间上的效力范围

《会计法》在空间上的效力范围应理解为除中国香港、澳门、台湾地区之外的中华人民共和国领域。中国香港、澳门、台湾地区的会计事务不受《会计法》约束。在中华人民共和国境外的中国投资企业应当执行所在国的法律，不受中国会计法的约束。但是，这些企业在向国内提供财务会计报告和其他会计资料时，应当按照国内法律和投资主体的要求进行。我国驻外使馆，由于不受外国管辖又不与所在国直接发生经济业务事项，故只执行国内会计法律，不执行所在国的会计法律。

3.《会计法》在时间上的效力范围

《会计法》在时间上的效力范围是其开始实施或终止的时间。1999 年 10 月 31 日修订的《会计法》，自 2000 年 7 月 1 日起发生法律效力，对 2000 年 7 月 1 日以前发生的会计行为，没有追溯力。

二、注册会计师法

（一）《注册会计师法》的不断完善

1993 年 10 月 31 日，八届全国人大常委会第四次会议审议通过了《中华人民共和国注册会计师法》，1994 年 1 月 1 日起实施。2014 年 8 月 31 日，《注册会计师法》修正案获得了十二届全国人大常委会第十次会议表决通过并自发布之日起实施。此次对《注册会计师法》中的第二十五条、第四十四条进行了修订，修订幅度不大。

最新修订的《注册会计师法》根据 2014 年 8 月 31 日第十二届全国人民代表大会常务委员

会《关于修改〈中华人民共和国保险法〉等五部法律的决定》修正，是规范注册会计师及其行业行为规范的最高准则。现行的《注册会计师法》共有七章四十六条，包括总则、考试和注册、业务范围和规则、会计师事务所、注册会计师协会、法律责任和附则，主要对注册会计师行业管理体制、注册会计师考试和会计师事务所的组织形式和业务范围、注册会计师协会的职责及相应责任人违反本法应承担的法律责任等方面作了具体的规定。

（二）《注册会计师法》的立法宗旨

《注册会计师法》的立法宗旨是为了发挥注册会计师在社会经济活动中的鉴证和服务作用，加强对注册会计师的管理，维护社会公共利益和投资者的合法权益，促进社会主义市场经济的健康发展。

（三）《注册会计师法》的适用范围

《注册会计师法》的适用范围包括适用的对象、空间上的效力范围以及时间上的效力范围。

1.《注册会计师法》的适用对象

《注册会计师法》的适用对象是注册会计师、会计师事务所及注册会计师协会。《注册会计师法》第二条规定："注册会计师是依法取得注册会计师证书并接受委托从事审计和会计咨询、会计服务业务的执业人员。"《注册会计师法》第三条规定："会计师事务所是依法设立并承办注册会计师业务的机构。注册会计师执行业务，应当加入会计师事务所。"《注册会计师法》第四条规定："注册会计师协会是由注册会计师组成的社会团体。中国注册会计师协会是注册会计师的全国组织，省、自治区、直辖市注册会计师协会是注册会计师的地方组织。"中国注册会计师协会依法拟订注册会计师执业准则、规则，报国务院财政部门批准后施行。

2.《注册会计师法》在地域上的适用范围

根据《注册会计师法》第二十九条规定："会计师事务所受理业务，不受行政区域、行业的限制；但是，法律、行政法规另有规定的除外。"此外，根据《注册会计师法》第四十四条规定："外国人申请参加中国注册会计师全国统一考试和注册，按照互惠原则办理。外国会计师事务所需要在中国境内临时办理有关业务的，须经有关的省、自治区、直辖市人民政府财政部门批准。"

3.《注册会计师法》在时间上的效力范围

《注册会计师法》自 1994 年 1 月 1 日起施行。国务院 1986 年 7 月 3 日发布的《中华人民共和国注册会计师条例》同时废止。2014 年 8 月 31 日，《注册会计师法》正式修订实施。

第四节　其他会计法规

其他会计法规包括会计行政法规、国家统一的会计制度和地方性会计法规。其中，国家统一的会计制度又包括会计规章和会计规范性文件。会计法律与其他会计法规共同构成了会计法规体系，也体现了会计法规的层次性。

一、会计行政法规

会计行政法规是指国务院制定并发布，或者国务院有关部门拟定并经过国务院批准发布，用于调整经济生活中某些方面会计关系的法律规范。目前我国实施的会计行政法规有两部，分别是《总会计师条例》和《企业财务会计报告条例》。

（一）《总会计师条例》

1990 年 12 月 31 日，国务院第 72 号令颁布了《总会计师条例》，根据 2011 年 1 月 8 日《国务院关于废止和修改部分行政法规的决定》修改。该条例是对《会计法》中有关规定的细化和补充，共分五章二十三条，主要规定了单位总会计师的职责、权限、任免、奖惩等。总会计师是单位行政领导成员，协助单位主要行政领导人工作，直接对单位主要行政领导人负责。

（二）《企业财务会计报告条例》

2000 年 6 月 21 日，国务院以第 287 号令颁布了《企业财务会计报告条例》。该条例是对《会计法》中有关财务会计报告规定的细化，重新定义六大会计要素。它主要规定了企业财务会计报告的构成、编制和对外提供的要求、法律责任等。该条例要求企业负责人对本企业的财务会计报告的真实性和完整性负责；强调任何组织或者个人不得授意、指使、强令企业编制和对外提供虚假的或者隐瞒重要事实的财务会计报告；规定有关部门或机构必须依据法律法规，制定企业财务会计报告。该条例还对违法违规行为应承担的法律责任作了明确规定。

二、国家统一会计制度

国家统一的会计制度是指国务院财政部门根据《会计法》制定发布的关于会计核算、会计监督、会计机构和会计人员以及会计工作管理的制度。它是国务院财政部门在其职权范围内依法制定、发布的会计方面的法律规范，包括各种会计规章和会计规范性文件。

（一）会计规章

会计规章是根据《立法法》规定的程序，由财政部门制定并由部门首长签署命令予以公布的制度办法。如：《会计从业资格管理办法》、《财政部门实施会计监督办法》、《会计事务所审批和监督暂行办法》、《会计档案管理办法》、《代理记账管理办法》、《支付结算办法》、《中华人民共和国税收征收管理法实施细则》、《企业会计准则——基本准则》、《政府会计准则——基本准则》①、《事业单位会计准则》、《行政单位会计财务规则》、《事业单位会计财务规则》等。

1.《会计从业资格管理办法》

《会计从业资格管理办法》是中华人民共和国财政部为了加强会计从业资格管理，规范会计人员行为，根据《中华人民共和国会计法》及相关法律的规定而制定的办法②，适用于会计从业资格的取得和管理。《会计从业资格管理办法》经 2012 年 12 月 5 日财政部部务会议修订通过，自 2013 年 7 月 1 日起施行。财政部 2005 年 1 月 22 日发布的《会计从业资格管理办法》（财政部令第 26 号）同时废止。

2.《财政部门实施会计监督办法》

2001 年 2 月 20 日，为规范财政部门会计监督工作，保障财政部门有效实施会计监督，保护公民、法人和其他组织的合法权益，根据《会计法》、《中华人民共和国行政处罚法》、《企业财

① 《政府会计准则——基本准则》，财政部 2015 年 10 月 23 日发布，2017 年 1 月 1 日实施。

② 《会计从业资格管理办法》（财政部令第 73 号）已于 2012 年 12 月 5 日财政部部务会议修订通过，自 2013 年 7 月 1 日起施行。财政部 2005 年 1 月 22 日发布的《会计从业资格管理办法》（财政部令第 26 号）同时废止。

务会计报告条例》等有关法律、行政法规的规定，中华人民共和国财政部以第10号令颁布了《财政部门实施会计监督办法》。

3.《代理记账管理办法》

代理记账管理办法是中华人民共和国财政部为了加强代理记账机构的管理，规范代理记账业务，促进代理记账行业的健康发展，根据《中华人民共和国会计法》及其他法律、法规的规定而制定的办法。设立代理记账机构以及委托人委托代理记账机构办理代理记账业务，适用本办法。本办法自2005年3月1日起施行，财政部1994年6月23日发布的《代理记账管理暂行办法》〔(94)财会字第24号〕同时废止。

4. 会计准则与规则

(1)《企业会计准则——基本准则》

《企业会计准则——基本准则》最早于1992年制订，1993年7月1日实施；随后进行第一次修订，并于2006年2月15日以财政部令第33号公布；根据2014年7月23日中华人民共和国财政部令第76号《财政部关于修改〈企业会计准则——基本准则〉的决定》进行第二次修改。《企业会计准则——基本准则》分为十一章五十条，包括总则、会计信息质量要求和会计要素准则等方面的内容。它对会计核算的一般原则和会计核算的主要方面作出了原则性的规定，在整个准则体系中起统驭作用，为具体会计准则的制定提供了基本框架。

《企业会计准则—基本准则》内容框架包括：

① 总则。具体包括制定宗旨、适用背景和范围、财务会计报告的目标、性质、财务会计基本假设和会计基础等；

② 会计信息质量要求。包括真实性要求、相关性要求、重要性要求、谨慎性要求和及时性要求；

③ 会计要素的定义及确认。包括资产、负债、所有者权益、收入、费用和利润等；

④ 会计计量。会计计量属性主要包括历史成本、重置成本、可变现净值、现值、公允价值；

⑤ 财务会计报告。包括会计报表及其附注和其他应当在财务会计报告中披露的相关信息和资料。会计报表至少应当包括资产负债表、利润表、现金流量表等报表，小企业编制的会计报表可以不包括现金流量表；

⑥ 附则。

(2)《政府会计准则——基本准则》

《政府会计准则——基本准则》于2015年10月23日由中华人民共和国财政部发布，2017年1月1日实施。

党的十八届三中全会《决定》提出了“建立权责发生制的政府综合财务报告制度”的重要战略部署，新《预算法》也对各级政府财政部门按年度编制以权责发生制为基础的政府综合财务报告提出了明确要求。2014年12月，国务院批转了财政部制定的《权责发生制政府综合财务报告制度改革方案》(国发(2014)63号，以下称《改革方案》)，确立了政府会计改革的指导思想、总体目标、基本原则、主要任务、具体内容、配套措施、实施步骤和组织保障。《改革方案》提出，权责发生制政府综合财务报告制度改革是基于政府会计规则的重大改革，其前提和基础就是要构建统一、科学、规范的政府会计准则体系，包括制定政府会计基本准则、具体准则及应用指南和健全完善政府会计制度。其中，制定出台《基本准则》是《改革方案》确定的2015年应完成的一项重要任务。

根据《改革方案》，我国的政府会计标准体系由政府会计基本准则、具体准则及其应用指南和政府会计制度组成。基本准则主要对政府会计目标、会计主体、会计信息质量要求、会计核算基础以及会计要素定义、确认和计量原则、列报要求等做出规定。具体准则主要规定政府发生的经济业务或事项的会计处理原则,具体规定经济业务或事项引起的会计要素变动的确认、计量和报告。应用指南主要对具体准则的实际应用作出操作性规定。政府会计制度主要规定政府会计科目及其使用说明、会计报表格式及其编制说明等,便于会计人员进行日常核算。

《政府会计准则——基本准则》作为政府会计的"概念框架",统驭政府会计具体准则和政府会计制度的制定,并为政府会计实务问题提供处理原则,为编制政府财务报告提供基础标准。

《政府会计准则——基本准则》共六章 62 条:

① 总则,规定了立法目的和制定依据、适用范围、政府会计体系与核算基础、基本准则定位、报告目标和使用者、会计基本假设和记账方法等。

② 政府会计信息质量要求,明确了政府会计信息应当满足的 7 个方面的质量要求,即可靠性、全面性、相关性、及时性、可比性、可理解性和实质重于形式。

③ 政府预算会计要素,规定了预算收入、预算支出和预算结余 3 个预算会计要素的定义、确认和计量标准以及列示要求。

④ 政府财务会计要素,规定了资产、负债、净资产、收入和费用 5 个财务会计要素的定义、确认标准、计量属性和列示要求。

⑤ 政府决算报告和财务报告,规定了决算报告、财务报告和财务报表的定义、主要内容和构成。

⑥ 附则,规定了相关基本概念的定义,明确了施行日期。

(3) 行政事业单位会计准则与规则

《事业单位会计准则》[①]、《行政单位财务规则》[②]、《事业单位财务规则》[③]。

(二) 会计规范性文件

会计规范性文件是指主管全国会计工作的行政部门,即国务院财政部门制定发布的制度办法,如会计制度(包括营利组织和非营利组织会计制度)、《会计基础工作规范》、《企业内部控制基本规范》及其配套指引、《企业会计准则——具体准则》及其应用指南等。

1. 会计制度

(1) 营利组织会计制度

1992 年底,我国第一次颁布了《企业会计准则》和《企业财务通则》,并陆续制定和颁布了 13 个分行业会计制度。针对股份有限公司,1998 年出台《股份有限公司会计制度》。为更好适应市场经济及集团公司发展需要,弥补行业会计制度的不足,制订了统一的会计制度,包括《企业会计制度》(2001)、《金融企业会计制度》(2001)、《小企业会计制度》(2004),这些企业会计制度已于 2011 年 2 月 11 日退出历史舞台[④]。

---

① 《事业单位会计准则》,2012 年 12 月 6 日发布,2013 年 1 月 1 日实施。1997 年 5 月 28 日财政部印发的《事业单位会计准则(试行)》(财预字〔1997〕286 号)同时废止。

② 《行政单位财务规则》,2012 年 12 月 6 日发布,2013 年 1 月 1 日实施。

③ 《行政单位会计制度》,2013 年 12 月 18 日发布,2014 年 1 月 1 日实施。1998 年 2 月 6 日财政部印发的《行政单位会计制度》(财预字〔1998〕49 号)予以废止。

④ 中华人民共和国财政部令第 62 号《财政部关于公布废止和失效的财政规章和规范性文件目录(第十一批)的决定》。

(2) 非营利组织会计制度

尽管营利组织会计制度已经废除,但并非所有会计制度都退出了历史舞台。针对政府与事业单位面临的新环境,非营利组织会计制度仍在不断完善与修订,相继出台了《民间非营利组织会计制度》、《行政单位会计制度》、《事业单位会计制度》、《财政总预算会计制度》[①]、《科学事业单位会计制度》、《科学事业单位财务制度》、《高等学校会计制度》、《高等学校财务制度》、《中小学校会计制度》、《中小学校财务制度》、《彩票机构会计制度》、《彩票机构财务制度》等。

2. 具体会计准则及应用指南

(1) 企业会计准则——具体准则

1992 年底,我国第一次颁布了《企业会计准则——基本准则》,首次出现六大会计要素。随后,随着市场环境变化,于 1997 年出台第一个具体会计准则——《关联方关系及其交易的披露》;1999 年修订、出台 9 个具体会计准则;至 2001 年,已陆续发布了《企业会计准则——关联方关系及其交易的披露》等 13 项具体准则,并对 5 项已发布的具体准则进行了修订。其中《企业会计准则——现金流量表》、《企业会计准则——债务重组》、《企业会计准则——非货币性交易》、《企业会计准则——或有事项》、《企业会计准则——借款费用》和《企业会计准则——租赁》等 7 项准则在所有企业施行,其他 6 项准则暂在上市公司或股份有限公司施行。2006 年出台 39 个准则,其中一个基本准则、38 个具体准则。2014 年,财政部就《企业会计准则》相关内容、新旧会计准则比较分析及操作实务相继发布了 8 个通知,新修订了《企业会计准则——基本准则》1 个基本准则,《企业会计准则第 2 号——长期股权投资》、《企业会计准则第 9 号——职工薪酬》、《企业会计准则第 30 号——财务报表列报》、《企业会计准则第 33 号——合并财务报表》4 个单项准则,新发布了《企业会计准则第 39 号——公允价值计量》、《企业会计准则第 40 号——合营安排》、《企业会计准则第 41 号——在其他主体中权益的披露》3 个单项准则。

(2) 具体会计准则应用指南

2006 年 1—9 月,我国出台了企业会计准则应用指南,包括 1 - 14、16 - 24、27 - 28、30 - 31、33 - 35、37 - 38 等 32 个具体会计准则应用指南及会计科目和主要账务处理。

(3) 企业会计准则解释

为了深入贯彻实施企业会计准则,解决执行中出现的问题,我国已经发布 7 个企业会计准则解释,如 2015 年发布的企业会计准则解释 7 号和 2014 年发布的企业会计准则解释 6 号等。

3. 内部控制及其配套指引

(1)《企业内部控制基本规范》

为了加强和规范企业内部控制,提高企业经营管理水平和风险防范能力,促进企业可持续发展,维护社会主义市场经济秩序和社会公众利益,根据国家有关法律法规,财政部会同证监会、审计署、银监会、保监会制定了《企业内部控制基本规范》。该制度于 2008 年 5 月 22 日印发,自 2009 年 7 月 1 日起在上市公司范围内施行,鼓励非上市的大中型企业执行。执行《企业内部控制基本规范》的上市公司,应当对本公司内部控制的有效性进行自我评价,披露年度自我评价报告,并可聘请具有证券、期货业务资格的会计师事务所对内部控制的有效性进行审计。

① 《财政总预算会计制度》,2015 年 10 月 10 日发布,2016 年 1 月 1 日实施。

(2) 企业内部控制规范配套指引

为了促进企业建立、实施和评价内部控制，规范会计师事务所内部控制审计行为，根据国家有关法律法规和《企业内部控制基本规范》(财会〔2008〕7 号)，财政部会同证监会、审计署、银监会、保监会制定了《企业内部控制应用指引第 1 号——组织架构》等 18 项应用指引、《企业内部控制评价指引》和《企业内部控制审计指引》(简称企业内部控制配套指引)，自 2011 年 1 月 1 日起在境内外同时上市的公司施行，自 2012 年 1 月 1 日起在上海证券交易所、深圳证券交易所主板上市公司施行；在此基础上，择机在中小板和创业板上市公司施行。鼓励非上市大中型企业提前执行。请各上市公司及相关非上市大中型企业切实做好执行前的各项准备工作。

4. 其他会计规范性文件

主要有《企业产品成本核算制度》①、《会计基础工作规范》、《企业会计信息化工作规范》②、《企业会计准则通用分类标准编报规则》③、《会计人员继续教育暂行规定》、《会计从业资格考试管理规定》、《中国注册会计师协会培训计划》、《中国注册会计师职业判断指南》、《注册会计师业务指导目录(2014 年)》等。

三、地方性会计管理办法

地方性会计管理办法是各省、自治区、直辖市的人民代表大会及其常委会在与会计法、会计行政法规不相抵触的前提下制定的地方性法规。根据规定，实行计划单列管理的计划单列市、经济特区的人民代表大会及常委会在宪法、法律和行政法规允许范围内制定、实施的有关会计工作的规范文件，也属于地方性会计法规，如《浙江省会计从业资格管理实施办法》、《江苏省会计从业资格管理办法》、《四川省会计从业管理条例》等。

第五节 会计法规案例分析

【案例 1－1】

【案例分析目的】考察对《会计法》的掌握

【案例分析资料】

小王是一名大二的会计专业学生，寒假申请到豫章机械股份有限公司实习的机会。由于实习机会难得，小王到公司后就到处多留心、多观察、多学习，争取优秀的表现以获得毕业后直

① 2013 年 8 月 26 日由财政部发布，2014 年 1 月 1 日执行，执行本制度的企业不再执行《国营工业企业成本核算办法》。此后，还专门出台了钢铁和石油石化行业的成本核算办法。

② 本规范自 2014 年 1 月 6 日起施行，1994 年 6 月 30 日财政部发布的《商品化会计核算软件评审规则》(财会字〔1994〕27 号)、《会计电算化管理办法》(财会字〔1994〕27 号)同时废止。自本规范施行之日起，《会计核算软件基本功能规范》(财会字〔1994〕27 号)、《会计电算化工作规范》(财会字〔1996〕17 号)不适用于企业及其会计软件。

③ 为了保证企业会计准则通用分类标准(以下简称通用分类标准)得到一致的贯彻实施，财政部于 2011 年 5 月发布了《企业会计准则通用分类标准编报规则》(以下简称编报规则)，并于 2011 年和 2012 年组织实施。

接留在这里工作的机会。一天细心的小王发现公司无缘无故解雇了一名在公司工作多年的会计李某，起初小王还觉得纳闷，他眼中的李某工作勤勤恳恳，从来没有犯过错，还热心地帮助同事解答会计做账中的疑问，领导交给的任务也完成得很出色，为什么公司要解聘这么一名得力干将呢。于是，求知欲极强的小王就问了另外一名在这里工作很久的会计张某。小王说："张会计，你知道李某被解雇的事情吗？凭我这么多天的观察，觉得李某是一个对工作极有责任心的人呐，为什么公司会解雇他呢？"张会计答道："嘘，以后在公司不要再提这件事了，公司最近经营业绩不好，领导为了年报上的财务数据好看就找李某为公司虚构一笔金额巨大的交易，但是李某拒绝了。"小王更纳闷了，领导难道不知道虚构交易是违法的事情吗，李某的做法明明是正确的呀。

【案例分析要求】

根据我国会计法制度的规定，判断李某的做法是否正确，公司对李某的处置是否合法？并说明理由。

【案例评析】

该公司的做法不正确。《会计法》第四十六条规定："单位负责人对依法履行职责、抵制违反本法规定行为的会计人员以降级、撤职、调离工作岗位、解聘或者开除等方式实行打击报复，构成犯罪的，依法追究刑事责任；尚不构成犯罪的，由其所在单位或者有关单位依法给予行政处分。对受打击报复的会计人员，应当恢复其名誉和原有职务、级别。"

【案例 1－2】

【案例分析目的】考察对《注册会计师法》的掌握

【案例分析资料】

2014年末，豫章机械股份有限公司请建立长期合作关系的诚信会计师事务所来为自己公司做审计，于是诚信会计师事务所就让有多年从业经验的李明担任这项任务的负责人。但是李明同时在诚信和信用两个会计师事务所执业。审计师李明在出具标准无保留意见的审计报告后，收到了豫章机械股份有限公司打来的一笔好处费。

【案例分析要求】

根据我国《注册会计师法》的规定，指出案例中的不合理之处。

【案例评析】

李明同时在两个会计师事务所执业和收取好处费的做法是不正确的。根据《注册会计师法》第二十二条规定，注册会计师不得有下列行为：索取、收受委托合同约定以外的酬金或者其他财物，或者利用执行业务之便，谋取其他不正当的利益；同时在两个或者两个以上的会计师事务所执行业务。

【案例 1－3】

【案例分析目的】考察对《会计法》的应用

【案例分析资料】

在2014年10月进行的《会计法》执法自查中，会计主管王某发现豫章机械股份有限公司有一笔收入没有入账，详细了解后才知道出纳员钱某在经理的授意下将收到的其他材料款5 000元另行存放不入账，以便负责人日后对外公关、应酬之用。于是，王某向上级主管部门举报了这一事实。上级主管部门将检举材料一并转给该企业，责令其自行纠正。

【案例分析要求】

上述做法哪些违反《会计法》规定？

【案例评析】

(1) 出纳员钱某在单位负责人的授意下，将收到的材料销售款5 000元，另行存放不入账，属于私设“小金库”，违反了《会计法》第十条关于“款项和有价证券的收付应当办理会计手续，进行会计核算”的规定。

(2) 上级主管部门将检举材料一并转给该企业，违反了《会计法》第三十条关于“不得将检举人姓名和检举材料转给被检举单位和被检举人个人”的规定。

本章小结与关键词

本章小结

会计法律制度简称会计法规，是指国家权力机关和行政机关制定的各种会计规范性文件的总称，包括会计法律、会计行政法规、会计规章。它是调整会计关系的法律规范。

我国会计法律制度体系主要包括五个层次：会计法律、会计行政法规、会计规章、会计规范性文件和地方性会计法规。

会计法律是指由全国人民代表大会及其常委会经过一定立法程序制定的有关会计工作的法律。它是调整我国经济生活中会计关系的法律总规范。我国目前有两部会计法律，分别是《会计法》和《注册会计师法》。

《会计法》的立法宗旨是规范会计行为，保证会计资料真实、完整，加强经济管理和财务管理，提高经济效益，维护社会主义市场经济秩序。《注册会计师法》的立法宗旨是为了发挥注册会计师在社会经济活动中的鉴证和服务作用，加强对注册会计师的管理，维护社会公共利益和投资者的合法权益，促进社会主义市场经济的健康发展。

会计行政法规是指国务院制定并发布，或者国务院有关部门拟定并经过国务院批准发布，用于调整经济生活中某些方面会计关系的法律规范。

国家统一的会计制度是指国务院财政部门根据《会计法》制定发布的关于会计核算、会计监督、会计机构和会计人员以及会计工作管理的制度。

地方性会计法规是各省、各自治区、直辖市的人民代表大会及其常委会在与会计法、会计行政法规不相抵触的前提下制定的地方性法规。

本章关键词

财经法规　会计法规　会计法律　会计工作行政法规　国家统一会计制度　会计规章　会计规范性文件　地方性会计管理办法

本章思考与案例分析题

一、思考题

1. 会计法律是由什么机关制定的？它的效力如何？

2. 会计行政法规是由什么机关制定的？它的效力如何？

3. 会计部门规章和会计规范性文件有什么区别？

4. 简述会计法规体系的构成内容。

5. 简述新中国成立后会计法规的发展历程。

6. 什么是会计制度？其构成内容有哪些？根据财政部发布的62号文，有哪些会计制度已经废止？

7. 简述非营利组织会计制度有哪些？

二、案例分析题

[案例1]

目的：考查对国家统一的会计制度的掌握

资料：

甲是刚进入豫章机械股份有限公司会计部的实习生，一天他无意中看到会计主管王某要求另一个会计人员小张修改会计账簿上的收入数据，把销售商品的收入数额70 000元改为90 000元，从而夸大了销售收入，达到虚增利润的目的。而且在2014年8月的例行会计检查中，豫章机械股份有限公司以“财政部门无权对股份有限公司进行会计检查”为由，拒绝市财政局的年度会计信息质量抽查要求。甲百思不得其解，公司在实际经营中可以随意修改收入吗？可以拒绝财政部的会计检查吗？

案例分析要求：请用会计相关知识解答甲的疑惑。

[案例2]

目的：考查对《会计法》空间效力范围的理解

资料：

会计课堂上，老师在讲《会计法》的空间效力范围之前先让学生们就此进行讨论。

甲：“我认为，所谓空间效力就是凡是在我国境内所有地区的会计事务均受我国《会计法》的约束，无一例外。”

乙：“我认为，在中华人民共和国境外的中国投资企业应当执行所在国的法律，不受中国《会计法》的约束，因为那些企业的主要业务发生地在海外，理应执行所在国的法律。”

丙：“我认为，我国的驻外大使馆执行所在国的会计法律，不必受中国《会计法》的约束。”

案例分析要求：

(1) 甲乙丙三位同学中谁的理解正确？

(2) 请说明理由。

第二章　会计工作管理体制

本章学习目的

1. 了解我国会计工作管理体制的形成与发展历史和作用。
2. 掌握会计工作行政管理的主管部门及其主要职责。
3. 了解会计工作行业自律管理组织及其主要职责。
4. 掌握单位内部会计工作管理的主体及内容。

导入案例

豫章机械股份有限公司总经理针对公司效益下滑、面临亏损的情况，电话请示正在外地出差的董事长。董事长批示把财务会计报告做得漂亮一些，总经理把这项工作交给公司总会计师，要求按董事长意见办。总会计师授意会计科科长按照董事长的要求把财务会计报告做得漂亮，会计科长对当年度的财务会计报告进行了技术处理，虚拟了若干笔交易的销售收入，从而使公司报表由亏变盈。经诚信会计师事务所审计后，公司财务会计报告对外报出。

在《会计法》执行情况检查中，当地财政部门发现公司存在重大会计做假行为，根据《会计法》以及相关法律拟对该公司董事长、总经理、总会计师、会计科长等相关人员进行行政处罚，并分别下达了行政处罚告知书。公司相关人员接到行政处罚通知书后，均要求举行听证会。

在听证会上，有关当事人作了如下陈述：

公司董事长称："我前一段时间出差在外对公司情况不太了解，虽然在财务会计报告上签字并盖章，但只是履行会计手续，我不能负任何责任。具体情况可由总经理予以说明。"

公司总经理称："我是搞技术出身的，主要抓公司的生产经营，对会计我是门外汉，我虽在会计报告上签字并盖章，那也是履行手续，以前也是这样做的，我不应该承担责任，有关财务会计报告情况应由总会计师解释。"

公司总会计师称："公司对外报出的财务会计报告是经过诚信会计师事务所审计的，他们出具了无保留意见的审计报告。诚信会计师事务所应对公司财务报告真实性、完整性负责，承担由此带来的一切责任。"

会计科长称："我是按领导的要求做的，领导让做什么，我就做什么。即使有责任，也是领导承担责任，与我无关。"

同学们，你们觉得豫章机械股份有限公司董事长、总经理、总会计师、会计科长在听证会上的陈述是否正确？

第一节 我国会计工作管理体制的概述

会计工作管理体制是指会计工作的管理制度和管理方法，是一定的国家或地区在一定的时期根据自己所处的社会经济环境，介入会计活动，对会计活动进行干预、干涉、控制所做出的一系列制度和机制上的安排，以及据此所制定的一系列会计规范及法律、行政法规规定。

我国会计法规定，国务院财政部门主管全国的会计工作。县级以上地方各级人民政府财政部门管理本行政区域内的会计工作。我国会计工作实行“统一领导，分级管理”体制，即在国务院财政部门统一规划、统一领导的前提下，实行分级负责、分级管理，充分调动地方、部门、单位管理会计工作的积极性和创造性。

一、我国会计工作管理体制形成与发展

我国会计工作管理体制主要经过了三个阶段的发展，逐步推进了会计工作管理体制的完善，最终形成了中国特色的会计工作管理体制。

（一）新中国成立后会计工作管理体制的初步形成

1. 会计管理机构的设立

为适应建国初期统一财经工作的要求，建立全国统一的会计核算和报告制度，1949 年 12 月财政部设立了会计制度处，具体负责统一会计制度的建设工作。1950 年会计制度处升格为会计制度司。会计制度处(司)的成立，标志着我国会计管理工作开始起步。

2. 预算会计管理体制的初步形成

1950 年 12 月，财政部发布了适用于各级财政机关的《各级人民政府暂行总预算会计制度》和适用于各级、各类行政事业单位的《各级人民政府暂行单位预算会计制度》，初步确立了“统一领导、分级管理”的预算会计管理体制。

3. 企业会计管理体制的初步形成

1952 年 1 月，政务院根据《预算决算暂行条例》的有关规定，发布了《国营企业决算报告编送暂行办法》，形成了我国企业会计管理体制的雏形。1955 年 1 月，国务院在原《国营企业决算报告编送暂行办法》的基础上，正式发布了《国营企业决算报告编送办法》，进一步健全了国营企业会计工作的管理体制。

（二）改革开放后会计工作管理体制的逐步完善

1. 会计管理机构的恢复

为加强对会计工作的领导，经国务院批准，财政部于 1979 年 1 月恢复了管理会计制度的职能机构——会计制度司，1982 年更名为会计事务管理司，标志着我国新时期会计管理体制的恢复和逐步发展。

为适应经济发展对会计工作的需要，国务院各业务主管部门组建了管理本部门财务会计工作的专门机构。20 世纪 80 年代初，山西和贵州两省率先在省财政厅设立会计管理专门机构。20 世纪 80 年代中期以后，各省、自治区、直辖市财政厅(局)也先后设立了会计管理专门机构——会计事务管理处(或称会计处)。

2.《会计法》的颁布和会计管理法制化的形成

《会计法》第一次以国家法律的形式对我国的会计管理体制做出了规定。1999 年 10 月修订的《会计法》规定:“国务院财政部门主管全国的会计工作,县级以上地方各级人民政府财政部门管理本行政区域内的会计工作。国家实行统一的会计制度,国家统一的会计制度由国务院财政部门根据本法制定并公布。”《会计法》对中央和地方、财政部门和其他业务主管部门之间会计管理范围和管理权限的规定使我国“统一领导,分级管理”的政府主导型会计管理体制得以以国家立法的形式确立,标志着我国会计工作管理体制走上了法制化的道路。

(三) 适应社会主义市场经济需要的会计工作管理体制形成

1.《会计改革与发展纲要》的发布

1995 年,全国会计工作会讨论了《会计改革与发展纲要》,并于 1996 开始施行。《会计改革与发展纲要》提出:为适应转变政府职能的要求,在会计事务的宏观管理中逐步实现以会计法规为主体,法律、行政、经济手段并用,有利于发挥和加强宏观调控,同时可以发挥地方、部门、基层核算单位积极性和创造性的管理体制。

2. 两次政府机构改革对政府管理职能的调整

1998 年 7 月,国务院进行机构改革,财政部会计司对内部机构设置和人员进行了精简,并相应调整了职能。改革后的会计司的主要职责为:管理全国会计工作,拟订全国性的会计法律、规章、制度;指导和管理社会审计工作;组织和管理会计人员的业务培训;负责全国会计职称管理工作;指导和监督会计电算化工作等。1994 年 2 月,根据国务院机构改革方案,财政部会计事务管理司改为会计司。

3. 现行财政部会计司机构调整及主要职能的调整

目前,财政部会计司主要职能是:管理全国会计工作;起草会计法律、行政法规草案;研究提出会计改革和发展的政策建议;拟订并组织实施国家统一的会计准则制度、管理会计标准、内部控制规范、会计信息化标准等;拟订政府会计准则和行政、事业单位会计制度;加强会计国际交流与合作;负责全国会计人才工作,组织全国会计人员表彰评选;依法对注册会计师行业进行监督、指导,制订注册会计师行业规章制度和政策措施;指导会计理论研究,等等。会计司下设 7 个处进行会计工作管理:

(1) 综合处(含企业内部控制标准委员会秘书处):负责拟订全国性的会计法律、行政法规并组织宣传和贯彻实施;拟订会计改革与发展规划;研究制定企业内部控制规范及实施办法、会计基础工作规范、代理记账机构管理办法以及规范会计工作秩序的政策措施;对全国性会计学术团体的设立提出审查意见,管理和指导中国会计学会秘书处的有关工作等。

(2) 制度一处:政府会计准则制度制定、解释和实施跟踪;行政单位会计制度制定、解释和实施跟踪;事业单位会计制度制定、解释和实施跟踪;民间非营利组织会计制度制定、解释和实施跟踪;社会保险基金、住房公积金会计制度制定、解释和实施跟踪;其他非企业会计准则制度制定、解释和实施跟踪;政府和行政事业单位内部控制制度的制定与实施。

(3) 制度二处:企业会计准则会计制度制定、解释和实施跟踪;小企业会计准则制定、解释和实施跟踪;管理会计体系建设;企业产品成本核算制度制定、解释和实施跟踪等。

(4) 会计人员管理处(含全国会计专业技术资格考试领导小组办公室):拟订并组织实施会计人才发展规划;拟订会计人员管理制度,管理村级会计委托代理业务,指导会计人员继续教育工作;拟订会计专业技术资格考试办法和高级会计师考评结合办法,监督和指导全国会计专业技术资格考试;组织实施全国会计领军(后备)人才培养工程、大中型企事业单位总会计师素质提升工程、会计名家工程等高端会计人才培养工作;组织开展会计专业学位研究生教育工作;拟订并组织实施全国先进会计工作者表彰制度;负责会计人员职业道德建设;规范境外会计组织在华活动;受理会计人员来信来访工作。

(5) 准则一处(含会计信息化委员会秘书处):拟定、解释并组织实施金融保险等企业会计标准,跟踪企业会计标准在金融保险机构的贯彻实施情况;指导全国会计信息化工作,拟定、解释并组织实施全国会计信息化标准,承担全国会计信息化委员会秘书处、XBRL 中国地区组织办公室和全国会计信息化标准化技术委员会秘书处工作,办理会计信息化领域的国际交流与合作工作等。

(6) 准则二处(含财政部会计准则委员会办公室):负责企业会计准则体系规划和准则项目管理,牵头制定完善企业会计准则,包括基本准则、相关具体准则及其应用指南和起草说明汇编工作,并负责其宣传、解释工作;负责会计对外交流与合作,研究制定并实施会计国际趋同与等效策略,负责与国际财务报告准则基金会、国际会计准则理事会等相关国际或国家会计准则指定机构的联络和意见反馈;负责制定和实施农民专业合作社会计制度、村集体经济组织会计制度等会计制度;负责司外事工作和世行技援项目管理等工作。

(7) 注册会计师处:修订完善《注册会计师法》并监督其实施;注册会计师行业管理政策制定和制度建设;会计师事务所相关行政许可事项的备案和管理;注册会计师相关行政许可事项的备案和管理;会计服务市场对外开放;全国注册会计师考试政策和制度制定并监督实施等。

二、会计工作管理体制的作用

世界上所有国家都无一例外地运用一定方式对会计活动进行干预、干涉或控制,也就是说,各国实际上都存在会计管理体制的问题。然而,会计活动并不是一开始就受到干预、干涉或控制的。

十九世纪以前,国家对会计活动是不加干预的。巴其阿勒在《算术、几何、比与比例概要》中指出:账簿处理被认为是商人的秘密,不可示众,政府官员对账簿所做的检查,只是检查账簿记录的真实性。只要记账正确,资产负债表平衡,那就无可非议。直到 18 世纪英国“南海公司事件”爆发后,英国政府于 1844 年颁布了《股份公司法》,对股份公司的会计记录作了明确要求,国家对会计活动的干预才真正开始。在 1929～1933 年世界性经济危机之后,随着凯恩斯主义的出台,政府对会计活动的干预便流行开来。加强对会计行为的管制,借助会计管制来达到有效的市场运行,成为国家干预市场运行的一个重要手段。

因此,会计工作管理体制的形成,对于国家干预、干涉或控制会计活动的进行,有着十分重要的作用。归纳起来主要表现在以下几个方面:

(一) 有利于国家宏观调控

国家对宏观经济的事后调控主要是通过信息反馈来改善战略规划和计划,会计信息是这些信息的重要组成部分。会计工作管理体制规范了会计信息,使会计所提供的信息更能满足国家宏观调控的需要,国家对会计活动的干预也更为有效。

(二) 促进利益关系的协调

会计信息反映了企业一定时期的财务状况和经营成果,这些财务状况和经营成果体现了一定的经济利益关系。会计所反映的经营成果，不仅是企业向国家缴纳所得税的依据，也是向投资者分配利润的依据，还是企业能否如期偿还债务的衡量依据。会计工作管理体制对会计活动进行有效的约束与引导，有利于协调有关利益关系人和利益集团之间的关系，促进整个社会经济的良性运行。

（三）有助于稳定资本市场

资本市场在整个市场体系中处于核心地位，其稳定与否，直接影响着一个国家的整体经济发展。1929～1933年间，资本市场的崩溃导致了世界性的经济危机。众多研究报告认为，会计信息与资本市场之间的关系甚为密切。因此，各国相继对会计活动加以干涉，保证会计信息的相关性、可靠性和可比性。会计工作管理体制明确了对会计信息的要求，有助于稳定资本市场，防止证券市场的剧烈波动。

三、会计工作管理体制的类型

（一）按照政府参与会计活动的程度划分

会计工作管理体制是一个国家管理会计模式的重要内容，不同的社会经济环境造就了不同的会计工作管理体制。纵观世界各国会计工作管理体制，大体上可以分为两种类型：一种是集中与立法管理型；另一种是自我管理型。

1. 集中与立法管理型

集中与立法管理型，是指政府积极参与会计活动的管理，这种管理主要通过行政手段和法律手段来进行，而会计职业团体在会计活动的管理中不占主导地位，只起着协助政府管理的作用。法国和日本就是属于集中与立法管理型；德国的会计管理体制则主要倾向于立法管理。

2. 自我管理型

自我管理型，是指政府对会计活动的干预较少，除某些必要的立法外，对会计活动的管理完全交给会计职业团体。英国、美国就是属于自我管理型。

从趋势来看，集中与立法型国家也在部分吸取自我管理的合理因素，而自我管理型的国家也部分吸取了集中立法的内容，两者的差异只是侧重点不同而已。我国就是属于两者兼而有之。

（二）按职责权限划分

在我国，会计工作管理体制是划分管理会计工作职责权限关系的制度。因此，按职责权限划分，包括会计工作的行政管理、会计工作的职业管理和会计工作的单位内部管理。

第二节　会计工作的行政管理

《会计法》第七条规定："国务院财政部门主管全国的会计工作，县级以上地方各级人民政府财政部门管理本行政区域内的会计工作。"我国对会计工作实行的是"统一领导、分级管理"原则下的政府主导型管理体制，财政部作为全国会计工作的主管部门，对全国的会计工作进行统一指导，地方财政部门在财政部的统一指导下，做好本行政区域内的会计主管工作。

会计工作的行政管理职能是由市场经济条件下政府职能定位所确定的。在市场经济条件下，政府的职能主要是经济调节、市场监管、社会管理和公共服务，根据《会计法》、《注册会计师法》和国务院对财政部的“三定方案”，财政部门履行的会计行政管理职能主要有以下四种：会计准则制度及相关标准的制定及组织实施、会计市场管理、会计人才评价、会计监督检查。

一、会计准则制度及相关标准的制定及组织实施

会计准则制度及相关标准规范的制定和组织实施是财政部门管理会计工作的一项最基本的职能。《会计法》第八条规定：“国家实行统一的会计制度。国家统一的会计制度由国务院财政部门根据本法制定并公布。”会计准则制度及相关标准规范发布后，在财政部的统一规划和指导下，有关部门和地方应当积极配合做好组织实施工作，对地方的会计管理工作予以指导、监督；地方财政部门在财政部的统一指导下，做好本行政区域内的会计管理工作。

但是，由于各部门的具体情况千差万别，完全实行统一的会计制度也是不现实的。因此，对会计核算和会计监督有特殊要求的行业，国务院有关部门可以依照会计法和国家统一的会计制度制定具体办法或补充规定，报国务院财政部门审核批准。中国人民解放军总后勤部依据国家统一的会计制度制定军队实施国家统一的会计制度的具体办法，报国务院财政部门备案。因此，对于会计制度的制定权限，《会计法》分三个层次做了清晰、具体的规定。

（一）国务院财政部门制定国家统一的会计制度

1. 制定主体

为保证会计制度的统一性，在全国范围内实施的，或者内容上必须统一规范的会计制度，由国务院财政部门制定。在会计制度制定权限上坚持必要的统一，是我国会计工作管理实践中的一项重要的经验。将这一经验规定在法律中，既肯定了会计制度应当进行必要的统一的原则，又向国务院财政部门做了立法授权。因此，国务院财政部门有权根据管理会计工作的需要，制定国家统一的会计制度。

2. 适用范围

国务院财政部门根据《会计法》制定关于会计核算、会计监督、会计机构和会计人员以及会计工作管理的制度。国家统一的会计核算制度主要是对会计核算的基本原则以及会计科目和会计报表等内容做出的规定，是各单位进行会计核算、编制会计报表所必须遵循的规范。国家统一的会计核算制度，可分为会计规章和会计规范性文件。

3. 制定程序

会计规章是指根据《立法法》的程序，由财政部制订，由财政部部务会议审议通过，并由部长签署命令予以公布的制度办法。如中华人民共和国财政部令第 78 号——《政府会计准则——基本准则》就属于会计规章。

会计规范性文件应当由部领导集体讨论决定后签发；应当以财政部文件制发，不得使用部函的形式；其公布时应当抄送条法司；起草单位应当在规范性文件公布之日起 20 个工作日内，在财政部网站上全文公开；并应当自公布之日起 30 日后施行，但公布后不立即施行将有碍规范性文件执行的，可以自公布之日起施行。规范性文件的名称应当根据具体内容确定，一般使用“办法”、“规定”、“规则”、“制度”等名称，也可以使用“通知”、“决定”、“意见”等名称。如关于印发《企业产品成本核算制度——钢铁行业》的通知（财会〔2015〕20 号）。

（二）国务院其他部门制定各行业特殊要求的补充规定

行业对会计核算和会计监督有特殊要求的内容，并且该行业对其的特殊要求是其他行业

所没有的。而在国家统一的会计制度中只有原则规定而没有具体规定的，根据《会计法》的有关规定，由国务院行业主管部门制定实施国家统一的会计制度的补充规定，并报国务院财政部门审核批准，具体内容如下：

1. 制定主体

国家统一的会计制度制定主体是国务院财政部门，而对会计核算和会计监督有特殊要求的行业实施国家统一的会计制度的具体办法或者补充规定，则应由财政部门以外的其他行业主管部门制定，但必须报国务院财政部门审核批准。

2. 适用范围

国务院有关部门制定的具体办法或补充规定，只能对会计核算和会计监督有特殊要求的行业适用。也就是说，这些部门只能在自己的行业内，这个行业对会计核算和会计监督有特殊要求时，才能依照《会计法》的规定和国家统一的会计制度制定相应的具体办法或补充规定，这些具体办法或补充规定仅适用于本行业范围。

3. 制定程序

有关部门制定的具体办法或补充规定必须报国务院财政部门审核批准，只有经国务院财政部门审核批准后才能实施，否则不能实施。实施这一程序的目的，仍然在于保证会计制度的统一性。

（三）中国人民解放军总后勤部制定军队会计制度实施的具体办法

由于部队与地方在会计工作的管理规定等方面有一定的特殊性，所以法律对其会计制度的制定权方面作了单独的规定。根据《会计法》的有关规定，军队实施国家统一的会计制度的具体办法由中国人民解放军总后勤部制定，报国务院财政部门备案。

1. 制定主体

军队制定会计制度的具体办法的主体是中国人民解放军总后勤部，解放军的其他部门如总政治部、总参谋部等则没有制定权，这主要是由总后勤部分管部队财务会计等工作的性质所决定的。

2. 适用范围

军队制定的会计制度的具体办法适用范围限于军队范围内。

3. 制定程序

军队制定的且在军队实施的国家统一的会计制度的具体办法，要报国务院财政部门备案，不需经过审核批准即可执行。

需要强调的是，不管是国务院有关部门，还是中国人民解放军总后勤部，尽管它们在具体办法或补充规定的制定主体、适用范围及制定程序上存在着不同，但制定的内容仍然要求依照《会计法》和国家统一的会计制度的规定，不得与其相抵触。

二、会计市场管理

在市场经济条件下，政府必须加强对会计市场的管理。根据《会计法》和《注册会计师法》规定，财政部门是会计行业和注册会计师行业的主管部门，履行相应的会计市场管理职责。

（一）财政部的会计市场管理职责

财政部的会计市场管理职责包括会计市场的准入管理，过程的监管和会计市场退出管理三个方面。

1. 会计市场准入管理

会计市场准入管理包括会计从业资格的取得、注册会计师的取得、会计事务所的设立、代理记账机构的设立等。根据《会计法》规定，会计人员从事会计工作必须通过考试取得从业资格。会计人员从业资格管理是我国各级财政部门的重要职责。

我国规定从事社会审计业务的人员必须具有注册会计师资格，我国实行注册会计师全国统一考试制度，考试成绩合格并从事审计业务工作两年以上的人员，才可以申请成为注册会计师。注册会计师执行业务，必须加入会计事务所。根据《会计师事务所审批和监督暂行办法》，注册会计师可以申请设立合伙会计师事务所或者有限责任会计事务所；事务所的合伙人或股东应当具有取得注册会计师证书后最近连续五年在会计师事务所从事审计业务的经历。设立会计师事务所，由省级财政部门审批，批准后，报财政部备案。

《会计法》规定应当依法设置会计账簿，但不具备设置会计机构或会计人员条件的单位应当委托代理记账机构办理会计业务。根据《代理记账管理办法》，申请设立除会计师事务所以外的代理记账机构，应当经所在地的县级以上人民政府财政部门批准，并领取由财政部统一印制的代理记账许可证书。

2. 会计市场的运行管理

会计市场的运行管理（亦即过程的监管）。获准进入会计市场的机构和人员应当维持其法定的资格条件，并主动接受财政部门的监督检查。是否遵守各项法律法规，根据相关准则、制度和规范执行业务的过程及结果皆是监督和检查的内容。

3. 会计市场退出管理

当获准进入会计市场的机构和人员不具备相应的资格条件时，原审批机关应当撤销其许可证或者吊销其执业资格证书，强制其退出会计市场。例如对于代理记账机构，当其不符合相应条件时，经限期整改仍达不到资格条件的，原审批机关就可以撤回代理记账许可证书。对于会计人员违反法律规定，情节严重的，可吊销其执业资格，强制其退出会计市场。

对在执业过程中有违反《会计法》、《注册会计法》行为的机构和个人进行处罚时，情况严重的，可吊销其执业资格，强制其退出会计市场。

除上述三方面外，对会计出版市场、培训市场、境外“洋资格”的管理等也属于会计市场管理的职能，财政部门对违反会计法律、行政法规规定、扰乱会计秩序的行为，都有权加以管理，严格规范。

（二）财政部履行会计市场管理职责的具体分工

政府部门应当遵循“统一领导、分级管理”的原则，在宏观上对会计工作进行必要的指导、监督和管理，包括制定会计政策、会计标准，进行会计政策和标准执行情况的检查，会计人员专业技术资格的确认，会计人员行使职权的保障以及会计方面的教育和培训等。其具体分工为：

1. 国务院财政部门主管全国的会计工作

国务院财政部门主管会计工作，不仅是一种权力，更是法律赋予的一种责任。这样规定，一方面是从国家机构的设置和权责归属来考虑的，另一方面也是根据以往的实践和所积累的经验确定的。新中国成立以来，我国的会计工作一直是由财政部门管理，这是因为财务会计工作与国家财政收支的关系十分密切，是财政工作的一项基础工作。财政部门管理会计工作，有利于相互结合、相互促进，更好地为财政工作服务。财政部门把会计这项基础工作抓好，是维护财经纪律，抓好增收节支，实现财政收支平衡的主要措施。会计工作混乱，财政制度得不到贯彻执行，必然会造成财政收入流失、支出失控，最终给财政工作带来不利影响。因此，绝不能把抓好会计工作视作与财政收支无关或关系不大的额外任务，而应当自觉地把抓好会计工作放在重要位置。另外，还必须看到，《会计法》规定由财政部门管理会计工作，这是国家法律赋予财政部门的责任。如果财政部门放松针对会计工作的管理，造成会计工作混乱，则不仅是一种工作失误，而且是一种违法行为，应承担相应法律责任。各级会计机构和会计人员都应当依照法律的规定，服从国务院财政部门的统一领导，落实法律所规定的各项职责。

国务院财政部门的职责主要包括：

(1) 拟定有关加强会计工作管理的法律法规草案；

(2) 制定和执行财政、财务、会计管理的规章制度；

(3) 研究、拟定有关加强会计工作管理的方针、政策；

(4) 制定国家统一的会计制度；

(5) 拟定和监督执行会计规章制度、企业会计准则，制定和监督执行政府总预算、行政和事业单位及行业会计制度；

(6) 指导和监督注册会计师和会计事务所业务；

(7) 指导和管理社会审计，审批外国会计公司驻华代表机构的设置；

(8) 审批国务院有关部门依照《会计法》和国家统一的会计制度制定的，对会计核算和会计监督有特殊要求的行业，实施国家统一的会计制度的具体办法或者补充规定；

(9) 对国家机关、社会团体、公司、企业、事业单位和其他组织执行会计法律法规和国家统一的会计制度的情况实施监督检查；对违反会计法律法规和国家统一的会计制度的行为，依法予以处罚等。

2. 地方各级财政部门管理本行政区域内的会计工作

“统一领导，分级管理”是划分会计工作管理的重要原则，也体现了管理的效率原则。财政部门主管会计工作，主要是在统一规划、统一领导的前提下，实行分级负责、分级管理，充分调动地区、部门、单位管理会计工作的积极性和创造性。县级以上地方各级人民政府财政部门应当在所管辖的行政区域范围内，依照法律、行政法规和国家统一的会计制度的规定，积极配合国务院财政部门行使会计工作管理权限，根据上级财政的规划和要求，根据本地的实际情况，与各有关部门相互配合，管理好本区域内的会计工作。

地方各级人民政府财政部门的职责主要包括：

(1) 会计人员准入、上岗培训、继续教育、技术职称管理等；

(2) 管理和指导地方各级的会计电算化工作；

(3) 负责会计软件市场管理，评审商品化会计核算软件；

(4) 指导和管理全省计算机替代手工记账工作；

(5) 组织会计电算化的培训与考试，推广会计电算化成果；

(6) 指导基层单位开展会计电算化工作。

《注册会计师法》第五条规定：“国务院财政部门和省、自治区、直辖市人民政府财政部门，依法对注册会计师、会计师事务所和注册会计师协会进行监督、指导。”财政部和省级财政部门具有对会计师事务所的行政管理职能。但是，省级以下财政部门不具有管理会计师事务所的行政职能，任何会计师事务所不得参加由市、区、县财政部门及其会计管理局、会计处、会计科等内部机构召集的管理会计师事务所的会议。

三、会计人才评价

会计人才是国家人才战略的重要组成部分，选拔、评价会计人才是财政部门的重要职责。我国阶梯式的会计专业人才评价机制已经形成，包括初级、中级、高级会计人才评价机制和会计行业领军人才的培养评价等。

首先，会计专业技术资格考试主要用于对初级、中级、高级会计人才的评价，使得会计人员的评价标准更加客观和公正。其次，对先进会计工作者的表彰奖励也属于会计人才评价的范畴。《会计法》第六条规定："对认真执行本法，忠于职守，坚持原则，做出显著成绩的会计人员，给予精神的或者物质的奖励。"财政部门负责对会计人员的管理、表彰、奖励会计工作先进集体和优秀会计人员。为此，财政部制定了《全国先进会计工作者评选表彰办法》，明确了评选范围、条件和程序等，先进会计工作者表彰做到了经常化、制度化。对考评不合格、诚信记录不佳的会计人员，应采取必要的惩戒措施，甚至吊销其会计从业资格证书。最后，为了不断提高会计人员的专业能力，我国法律规定会计人员必须参加继续教育活动。为此财政部专门制定了《会计人员继续教育规定》。根据该规定，财政部负责全国会计人员继续教育的管理。地方财政部门和中央各单位负责本地区、本部门、本系统内的会计人员继续教育的管理工作。

会计行业领军(后备)人才培养评价是适应我国当前经济发展的一种新的会计人才评价方式。为贯彻实施人才强国战略，切实加强对高层次会计人才的选拔、评价，2005 年，财政部正式启动了会计领军(后备)人才培养工程，计划通过 10 年的努力，分企业类、行政事业类、注册会计师类和学术类，培养近千名具有国际视野、战略思维和国际竞争力的复合型高层次会计人才。财政部负责组织全国范围内的会计领军(后备)人才培养工作，地方财政部门和中央各单位负责组织本地区、本部门、本系统内的会计领军(后备)人才培养工作。

四、会计监督检查

会计监督是经济监督体系的重要组成部分。市场经济越发展，越需要加强会计监督。会计监督检查是财政部门管理会计工作的一项重要职能。《会计法》规定："财政、审计、税务、人民银行、证券监管、保险监管等部门应当按照相关法律、行政法规规定的职责，对有关会计资料实施监督检查。"其他政府管理部门也应在各自职责范围内发挥作用，参与会计管理。

(一) 会计监督检查的范围

财政部门对会计工作的监督检查主要包括会计信息质量检查和会计师事务所执业质量检查。

1. 会计信息质量检查

根据《会计法》，财政部组织实施对全国的会计信息质量检查，并对违法行为实施行政处罚；县级以上财政部门组织实施本行政区域内的会计信息质量检查，并依法对本行政区域内单位或人员的违法会计行为实施行政处罚。

2. 会计事务所执业质量检查

根据《注册会计师法》，财政部组织实施全国会计师事务所的执业质量检查，并对违反《注册会计师法》的行为实施行政处罚；省、自治区、直辖市人民政府财政部门组织实施本行政区域内的会计师事务所执业质量检查，并依法对本行政区域内会计师事务所或注册会计师违反《注册会计师法》的行为实施行政处罚。

此外，财政部门对会计市场进行监管，还应依法加强对会计行业自律组织的监督、指导。财政部和省、自治区、直辖市人民政府财政部门，依据《注册会计师法》对注册会计师协会进行监督、指导。中国会计学会接受财政部的业务指导、监督和管理，地方会计学会接受同级财政部门的业务指导、监督和管理。

（二）会计监督检查的内容

根据《会计法》第三十二条的规定，财政部门对各单位的下列情况实施监督：

1. 是否依法设置会计账簿

具体包括：按照法律、行政法规和国家统一会计制度的规定，应当设置会计账簿的单位是否设置账簿；已设置会计账簿的单位，其设置会计账簿的情况是否符合法律、行政法规和国家统一会计制度的要求；各单位是否存在账外设账的违法行为等。

2. 会计凭证、会计账簿、财务会计报告和其他会计资料是否真实、完整

具体包括：各单位对实际发生的经济业务事项是否及时办理会计手续，进行会计核算；各单位填制的会计凭证、登记的会计账簿、编制的财务会计报告是否与实际发生的经济业务事项相符。是否做到账实相符、账账相符、账证相符、账表相符；各单位提供的财务会计报告是否符合法律、行政法规和国家统一会计制度的规定等。

3. 会计核算是否符合会计法和国家统一的会计制度的规定

具体包括：各单位会计核算的内容是否真实、完整；各单位采用的会计年度、记账本位币、会计处理方法、会计记录文字等是否符合法律、行政法规和国家统一会计制度的规定；各单位对资产、负债、所有者权益、收入、支出、成本费用、利润的确认、计量、记录和报告是否符合国家统一会计制度的规定；各单位会计档案的保管是否符合国家统一会计制度的规定；各单位会计档案的保管是否符合法定要求等。

4. 从事会计工作的人员是否具备从业资格

具体包括：各单位从事会计工作的人员是否取得了会计从业资格证书并接受管理；会计机构负责人是否符合任职条件等。同时规定，财政部门在对各单位会计凭证、会计账簿、财务会计报告和其他会计资料实施监督时，如果发现有重大违法嫌疑的，国务院财政部门及其派出机构可以向与被监督单位有经济业务往来的单位、被监督单位开立账户的金融机构查询有关情况，有关单位和金融机构应予以支持和配合。

同时，根据《会计法》第三十三条的规定，财政、审计、税务、人民银行、证券监管、保险监管等部门应当依照有关法律、行政法规规定的职责，对有关单位的会计资料实施监督检查。

第三节　会计工作的行业自律管理

行业自律管理是指行业性社会团体为促进行业的健康发展，根据会员的意愿，自行制定规则，并据此对行业内成员进行的管理活动。

会计工作的行业自律管理是行政管理的必要补充。我国会计行业的自律性社会团体主要有中国注册会计师协会、中国会计学会、中国总会计师协会等。

会计行业的自律性社会团体亦可称为“会计职业[①]组织”，就是创立一种机制，包括准入条件、执业标准、制度化的培训与教育等，将会计专业人士组织起来，通过垄断方式将不合格的服务提供者排除在外，从而实现对专业服务的市场控制。职业组织具有排他性垄断权力，其形成一般由国家授权或由法律规定。因此，从业人员必须满足职业组织规定的条件，否则不能进入职业组织获得会员资格，也被禁止提供某些垄断性的服务。

最早的会计职业组织是1853年产生的苏格兰爱丁堡会计师协会，主要目的就是为了确立会计师作为专业人士的社会地位，确定行业的准入标准，并促使会员通过培训等方式掌握必要的专业技能、接受行业惩戒和承担社会义务，以纯洁会计师队伍；同时也是为了维护行业共同利益，抵制外来利益威胁。

在英国，会计职业组织五花八门，目前主要有七个会计师公会，分别是：特许公认会计师公会(ACCA)、英格兰及威尔士特许会计师协会(ICAEW)、苏格兰特许会计师协会(ICAS)、爱尔兰特许会计师协会(ICAI)、国际会计师公会(AIA)、英国特许管理会计师公会以及英国特许公共财务会计师公会(CIPFA)。根据Companies Act 1985、Companies Act 1989以及EU 8th Company Law Directive(欧盟第8号公司法指令)，英国贸易工业部(Department of Trade and Industry, DTI)指定，前五大公会为法定资格认证机构。这五大公会的准会员或者全权会员都拥有法律许可的执业权，这七个公会会员名衔分别为特许公认会计师(Chartered Certified Accountant或简称ACCA)、英格兰及威尔士特许会计师(Associate Chartered Accountant或简称ACA)、苏格兰特许会计师(Chartered Accountant或简称CA)、爱尔兰特许会计师(Chartered Accountant或简称ACA)、国际会计师(International Accountant或简称AAIA)、英国特许管理会计师(Chartered Management Accountant或简称ACMA)、英国特许公共财务会计师(Chartered Public Financial Accountant或简称CPFA)。

在美国，会计职业组织是最早成立于1887年的美国公共会计师协会(American Association of Public Accountants)，1916年AAPA更名为美利坚会计师协会(Institute of Accountants in the United States of America)。一年后，再次改名为美国会计师协会(American Institute of Accountants)。1957年它以“Certified Public Accountants”取代“Accountants”，AICPA由此得名并延续至今。

目前，美国会计职业组织有四个：一是美国注册会计师协会(AICPA)，这是美国全国性会计职业组织，也是世界上最大的会计师专业协会，在全球128个国家与地区拥有近37万名会员，其宗旨是：提高职业水平；联合全国的注册会计师，建立统一的会计职业组织；通过授课方式交流职业知识；建立行业图书馆；确保注册会计师这一称号被各州法律所承认。二是美国会计学会(American Accounting Association，简称AAA)，这是美国最大的会计学术组织。其前身是1916年成立的美国大学会计教师联合会(The American Association of University Instructors in Accounting，简称AAUIA)；三是美国管理会计师协会(The Institute of Management Accountants，简称IMA)，这是一家全球领先的国际管理会计师组织，一直致力于支持企业内部的财会专业人士推动企业的整体绩效和表现。IMA成立于1919年，由美国成本会计师协会(NACA)衍生而来，总部设立在美国新泽西州，拥有遍布全球265个分会的超

① 职业(Tom Lee,1995)是以团体形式组织起来并由专业人士组成的行业。这里的专业人士是职业团体中拥有独立身份，掌握必要知识并对公众利益承担明确义务的从业人员。

过65 000名会员。在国际上,作为COSO委员会的创始成员及国际会计师联合会(IFAC)的主要成员。IMA在管理会计、公司内部规划与控制、风险管理等领域均参与到全球最前沿实践。此外,IMA还在美国财务会计准则委员会(FASB)和美国证券交易委员会(SEC)等组织中起着非常重要的作用。四是美国注册法务会计师协会(Forensic Certified Public Accountant Society),FCPAS是目前美国唯一的、专业性最强、会员人数最多的注册法务会计师协会。美国注册法务会计师协会(FCPAS)是在此领域中的权威专业机构,也是一个自我监管非营利性机构,其宗旨是促进法务会计行业的专业化、国际化。FCPAS通过对会员的培训、考试、认证和实践,确立行业操守及专业标准,只有确保法务会计在从业生涯中的专业素质及服务达到国际标准,才颁发FCPA资格证书。FCPA是美国注册法务会计师协会(FCPAS)创建并向全球推广,其课程不但获得了美国注册会计师公会(AICPA)的认可,可作为后续教育学分,而且得到了美国注册舞弊审查师协会中国分会(ACFE-China Chapters)的学术支持,注册法务会计师获得了世界500强、中国500强、大中型国有企业、外企及私企广泛认同。在全球,FCPAS具有广泛的影响力及权威性。

一、中国注册会计师协会

中国注册会计师协会成立于1988年11月,是依据《注册会计师法》和《社会团体登记条例》的有关规定设立,在财政部党组和理事会领导下开展行业管理和服务的法定组织。

(一)《注册会计师法》相关规定

根据《注册会计师法》第三十三条规定,注册会计师应当加入注册会计师协会。第三十五、三十六、三十七条强调:中国注册会计师协会依法拟订注册会计师执业准则、规则,报国务院财政部门批准后施行;应当支持注册会计师依法执行业务,维护其合法权益,向有关方面反映其意见和建议;应当对注册会计师的任职资格和执业情况进行年度检查。

(二)注册会计师协会的组织结构

1. 全国会员代表大会

全国会员代表大会是中国注册会计师协会的最高权力机构。

全国会员代表大会的职权是:制定、修改协会章程;选举协会理事;讨论决定工作方针和任务;审议、批准理事会的工作报告;制定、修改会费管理办法;审议理事会提请全国会员代表大会审议的其他事项。

2. 理事会

理事会对全国会员代表大会负责。其职权是:提议召开全国会员代表大会;选举常务理事会成员;选举领导成员;聘任协会常设执行机构领导成员;增补或更换协会理事;审议协会常设执行机构职能部门的设置;审议、批准协会常设执行机构的年度工作报告;审议、批准协会的年度会费收支报告;其他应由理事会办理的事项。

理事会选举会长一人、副会长若干人、常务理事若干人。常务理事会于理事会闭会期间行使理事会职权。会长代表协会,召集、主持理事会和常务理事会会议,并监督、检查其决议的贯彻实施。

3. 秘书处

秘书处,为常设执行机构,设有秘书长一人、副秘书长若干人。秘书长为法定代表人,主持秘书处日常工作。秘书处负责具体落实会员代表大会、理事会、常务理事会的各项决议、决定，承担协会的日常工作。

4. 专门委员会和专业委员会

注册会计师协会设有审计准则委员会、惩戒委员会、申诉委员会、维权委员会、教育培训委员会、财务委员会、《中国注册会计师》编辑委员会 7 个专门委员会和 1 个专业委员会，即专业技术咨询委员会。专门委员会、专业委员会的设置、调整、具体职责和运作规则以及委员的聘任和解聘，由秘书长提出方案，理事会批准。

（三）注册会计师协会的宗旨和职责

1. 注册会计师协会的宗旨

注册会计师协会的宗旨是：服务、监督、管理、协调，即以诚信建设为主线，服务协会会员，监督会员执业质量、职业道德，依法实施注册会计师行业管理，协调行业内、外部关系，维护社会公众利益和会员合法权益，促进行业健康发展。

2. 注册会计师协会的主要职责

注册会计师协会的主要职责是：

（1）审批和管理协会会员，指导地方注册会计师协会办理注册会计师注册；

（2）拟订注册会计师执业准则、规则，监督、检查实施情况；

（3）组织对注册会计师的任职资格、注册会计师和会计师事务所的执业情况进行年度检查；

（4）制定行业自律管理规范，对违反行业自律管理规范的行为予以惩戒；

（5）组织实施注册会计师全国统一考试；

（6）组织和推动会员培训工作；

（7）组织业务交流，开展理论研究，提供技术支持；

（8）开展注册会计师行业宣传；

（9）协调行业内、外部关系，支持会员依法执业，维护会员合法权益；

（10）代表中国注册会计师行业开展国际交往活动；

（11）指导地方注册会计师协会工作；

（12）办理法律、行政法规规定和国家机关委托或授权的其他有关工作。

二、中国会计学会

中国会计学会创立于 1980 年，是财政部所属的，由全国会计领域各类专业组织，以及会计理论界、实务界会计工作者自愿结成的学术性、专业性、非营利性的社会组织。目前中国会计学会已成为联系政府机构、工商界和学术界的桥梁和纽带，是会计精英就财务会计改革与实践进行交流的高层次平台。

（一）中国会计学会的组织结构

1. 会员代表大会

会员代表大会是中国会计学会的最高权力机构。它的职权是：制定和修改章程；选举和罢免理事；审议理事会的工作报告；决定终止事宜；决定其他重大事宜。会员代表大会须有 2/3 以上的会员代表出席方能召开，其决议须经到会会员代表半数以上表决通过方能生效。会员代表大会每届五年。因特殊情况需提前或延期换届的，须由常务理事会表决通过，报财政部审核并经民政部批准同意。但延期换届最长不超过1年。

2. 理事会

理事会是会员代表大会的执行机构，在会员代表大会闭会期间领导学会开展日常工作，对会员代表大会负责。理事候选人原则上由单位会员、个人会员、中国会计学会各分会和国家财政部相关部门的代表组成，经会员代表大会选举产生理事。每届理事任期为五年，因特殊情况需延长任期的，须经会员代表大会2/3以上会员代表表决通过，报业务主管单位审查并经社团登记管理机关批准同意后方可任职。理事在任期内因故不能履行职务需要更换的，由原推荐单位另行推荐理事人选，经常务理事会通过后继任。

理事会的职权是：执行会员代表大会的决议；选举和罢免会长、副会长、秘书长，聘请顾问；筹备召开会员代表大会；向会员代表大会报告工作；决定会员的入会和除名；决定设立办事机构、分支机构；决定副秘书长、各机构主要负责人的聘任；领导学会各机构开展工作；制定内部管理制度；决定其他重大事项。理事会须有2/3以上理事出席方能召开，其决议须经到会理事2/3以上表决通过方能生效。每届理事会原则上召开两次会议；情况特殊的也可采取通讯形式召开。

3. 常务理事会

学会设立常务理事会，对理事会负责。常务理事会由理事会选举产生。常务理事人数不超过理事人数的1/3。在理事会闭会期间行使理事会的职权。常务理事会须有2/3以上常务理事出席方能召开，其决议须经到会常务理事2/3以上表决通过方能生效。常务理事会至少每半年召开一次会议；情况特殊的也可采用通讯形式召开。

4. 学会会长、副会长、秘书长

学会会长、副会长、秘书长任期五年。秘书长为法定代表人，不兼任其他社会团体的法定代表人。学会会长行使下列职权：召集和主持理事会和常务理事会；检查会员代表大会、理事会和常务理事会决议的落实情况；处理其他应由会长决定的事项。学会秘书长行使下列职权：主持学会秘书处日常工作；组织实施年度工作计划；代表学会签署有关文件；协调各分支机构开展工作；提名副秘书长以及学会秘书处内部办事机构主要负责人，交常务理事会决定；决定学会秘书处专职工作人员的聘用；办理经常务理事会授权的事项；处理其他日常事务。

（二）中国会计学会的宗旨和主要职责

1. 中国会计学会的宗旨

中国会计学会的宗旨：以马列主义、毛泽东思想、邓小平理论和“三个代表”重要思想为指导，全面落实科学发展观、构建社会主义和谐社会，遵守中华人民共和国法律，遵守社会道德风尚，坚持百花齐放，百家争鸣和理论联系实际的方针，团结广大会计工作者，组织和推动会计学术研究活动，建立和完善适应社会主义市场经济发展需要的、具有国际影响力的会计理论与方法体系。

2. 中国会计学会的主要职责

中国会计学会接受财政部和民政部的业务指导、监督和管理。中国会计学会的主要职责如下：

（1）组织协调全国会计科研力量，开展会计理论研究和学术交流，促进科研成果的推广和运用；

(2) 总结我国会计工作和会计教育经验，研究和推动会计专业的教育改革；

(3) 编辑出版会计刊物、专著、资料；

(4) 发挥学会的智力优势，开展多层次、多形式的智力服务工作，包括组织开展中高级会计人员培养、会计培训和会计咨询与服务等；

(5) 开展会计领域国际学术交流与合作；

(6) 发挥学会联系政府与会员的桥梁和纽带作用，接受政府和其他单位委托，组织开展有关工作；

(7) 其他符合学会宗旨的业务活动。

三、中国总会计师协会

(一) 中国总会计师协会及历史沿革

1. 中国总会计师协会概念

中国总会计师协会是经财政部审核同意、民政部正式批准，依法注册登记成立的财政部所属的跨地区、跨部门、跨行业、跨所有制的非营利性国家一级社团组织，是总会计师行业的全国性自律组织。

2. 中国总会计师协会历史沿革

中国总会计师协会成立于 1990 年 5 月 26 日，其前身为中国总会计师研究会，地点在鞍钢；1991 年民政部批准中国总会计师研究会为全国性一级组织；1995 年 10 月，民政部批准中国总会计师研究会更名为中国总会计师协会，颁发社团登记证书。2002 年 11 月，全国人大常委、全国人大财经委员会副主任张佑才同志当选为中国总会计师协会会长；2014 年 2 月 20 日，中国总会计师协会在北京国家会计学院隆重召开第五次全国会员代表大会。财政部党组副书记、副部长张少春受部长楼继伟的委托，在会上宣读了楼继伟部长的讲话。楼继伟在讲话中指出：如果说打造中国经济“升级版”的关键在于推动经济转型，那么，打造中国会计工作“升级版”的重点就在于大力培育和发展管理会计。

(二) 中国总会计师协会的会员

中国总会计师协会的会员有单位会员和个人会员。

1. 单位会员

单位会员主要为各省、市、自治区，计划单列市总会计师协会，中央企、事业单位，国有大中型企业以及具有一定规模的民营企业等。单位会员的加入条件是：

(1) 国有大中型企业、上市公司、规模以上民营企业、大专院校、中央和省级行政事业和科研单位等在职的单位负责人、总会计师、财务主管、首席财务官、财务总监以及未设总会计师的财务部门主要负责人，代表本单位加入中总协，为单位会员；

(2) 大中型中外合资、合作企业中方在职财务总监或财务主要负责人，代表该企业加入中总协，为单位会员；

(3) 经批准在内地设立的香港、澳门、台湾独资企业的在职的财务总监或财务负责人，代表该企业加入中总协，为单位会员；

(4) 全国性社团组织负责人代表该组织参加中总协，为单位会员；

(5) 会计、税务、证券、投资等社会中介组织负责人、行业代表人士加入中总协，为单位会员。

2. 个人会员

个人会员主要是企业、行政事业单位的总会计师，包括首席财务官、管理合伙人、财务主管、财务总监等，以及在企业、行政事业单位和民间非营利组织履行总会计师职责的会计师等。个人会员的申请条件是：

(1) 取得高级会计师、高级审计师、高级经济师等职称或相关职业资质或相关专业的副教授、副研究员以上人员（含本职级）申请参加中总协，为个人会员；

(2) 取得财务、会计、审计、经济、金融、管理等专业硕士、博士学位的人员申请参加中总协，为个人会员。

(三) 中国总会计师协会的宗旨及主要职责

1. 中国总会计师协会的宗旨

中国总会计师协会的宗旨：以邓小平理论、"三个代表"重要思想、科学发展观和习近平总书记系列讲话精神为指导，坚持务实创新、家兴桥通的理念，及时反映市场对行业的需求，服务经济建设和社会发展；引导会员遵守国家法律、法规和政策，坚持诚信为本，操守为重；引导会员在企业和单位的战略规划、经营决策、过程控制、业绩评价中发挥专业支撑作用，有力促进管理升级，增强效益和价值创造力；服务会员，维护会员合法权益。

2. 中国总会计师协会的主要职责

中国总会计师协会接受社团登记管理机关民政部和业务主管单位财政部的业务指导和监督管理。中国总会计师协会的主要职责如下：

(1) 组织开展总会计师、履行总会计师职责的会计师及高级财会人员的岗位培训和继续教育，组织开展会计人员岗位培训和继续教育；

(2) 组织开展总会计师任职资格认证和总会计师后备人员的职业资质培训认证工作；

(3) 依法主办本会的刊物和网站，开展行业宣传和业务培训；

(4) 组织会计理论研究和开展专题调研，提供政策建议；

(5) 组织会计信息交流，开展业务咨询服务；

(6) 代表我国总会计师行业开展对外交流和国际交往活动；

(7) 制定行业自律规范，开展诚信守法教育，促进会计人员树立良好职业道德；

(8) 为维护会员合法权益提供法律帮助；

(9) 接受财政部和有关部门授权和委托，组织开展有关工作。

四、中国管理会计师协会

(一) 中国管理会计师协会及主要职权

1. 中国管理会计师协会概念

中国管理会计师协会（China Management Accountant Association）成立于中国香港，经中华人民共和国香港特区政府有关部门注册登记，并设立机构对外开展活动，负责引领财务与管理会计教育的发展。

2. 中国管理会计师协会的主要职权

(1) 办理会员入会登记，进行年度查验；

(2) 拟定中国管理会计师行业自律管理办法、职业准则、从业规则和制度等，监督检查实施情况；

(3) 向政府及有关部门提交行业政策建议；

(4) 向政府及有关部门反映行业及会员的诉求；

(5) 支持会员依法诚信从业，维护会员合法权益；

(6) 协调行业及会员内、外部关系，维护公平竞争的市场秩序；

(7) 组织和推动会员培训工作，颁发证书；

(8) 组织行业交流，开展行业理论研究；

(9) 负责中国管理会计师行业宣传，出版有关书刊，建立行业信息网络，提供专业信息服务；

(10) 制定、修改本会章程。

(二) 会员代表大会及主要职权

本会最高权力机构为会员代表大会。会员代表大会每五年举行一次。必要时，本会则提前或延期举行，期限不得超过规定一年时限。会员代表大会代表采取选举、协商和特邀的办法产生，其产生办法，由届时的理事会决定。

会员代表大会的职权是：

1. 讨论决定本会工作方针和任务；
2. 审议、批准本会相关的工作报告；
3. 修改经费管理办法；
4. 审议代表提交的其他事项。

第四节　会计工作的单位内部管理

一、会计工作管理的责任主体

《会计法》明确规定单位负责人为本单位会计行为的责任主体，要求单位负责人加强自身建设，增强法律意识和法律责任，组织有关人员或部门建立健全内部约束机制和内部控制制度，采取有效的方法和措施，督促会计机构、会计人员和会计工作其他相关负责人依法做好会计工作。

(一) 单位负责人的含义

单位负责人，是指单位法定代表人或者法律、行政法规规定代表单位行使职权的主要负责人。单位负责人主要包括两类人员：一是单位的法定代表人，即是指依法代表法人单位行使职权的负责人，如国有工业企业的厂长(经理)、公司制企业的董事长、国家机关的最高行政官员等；二是按照法律、行政法规规定代表单位行使职权的负责人，如代表合伙企业执行合伙企业事务的合伙人、个人独资企业的投资人等。根据《会计法》的规定，单位负责人并不是指具体负责经营管理事务的负责人，如公司制企业的总经理等。

(二) 单位负责人的会计责任

《会计法》第四条规定："单位负责人对本单位的会计工作和会计资料的真实性、完整性负责。”第二十八条规定：“单位负责人应当保证会计机构、会计人员依法履行职责，不得授意、指使、强令会计机构、会计人员违法办理会计事项。”按照《会计法》规定，单位负责人对依法履行职责、抵制违反会计法规定行为的会计人员以降级、撤职、调离工作岗位、解聘或者开除等方式实行打击报复，构成犯罪的，依法追究刑事责任。依据《会计法》规定，单位负责人的会计责任主要有：

1. 领导本单位会计工作，并承担单位会计行为责任主体的责任；

2. 必须依法设置会计账簿，并保证其真实、完整的责任；

3. 对本单位的会计工作和会计资料的真实性、完整性负责；

4. 组织会计机构、会计人员和其他人员严格遵守《会计法》各项规定，依法进行会计核算，实行会计监督的责任；

5. 在财务会计报告上签名并盖章，且保证真实、完整的责任；

6. 建立、健全单位内部会计监督制度，并保证有效实施的责任；

7. 支持和保证会计机构、会计人员依法履行职责，不得授意、指使、强令会计机构或会计人员违法办理会计事项的责任；

8. 对会计机构、会计人员在执业过程中提交的书面报告，应当及时答复或做出处理决定的责任；

9. 如实向受托的会计师事务所提供会计资料和有关情况，不得以任何方式要求或示意出具不实的审计报告的责任；

10. 接受财政、审计、税务、人民银行等有关监督检查部门依法实施的会计工作的监督检查，如实提供会计资料和有关情况，不得拒绝、隐匿、谎报的责任；

11. 依法任用具有会计从业资格的会计人员，配备合格的会计机构负责人，健全会计机构，加强会计人员教育和培训的责任；

12. 对做出显著成绩的会计人员进行表彰奖励，不得对依法履行职责、抵制违法会计行为的会计人员实行打击报复的责任；

13. 依法办理会计工作移交和保管会计档案资料的责任。

二、会计机构的设置

会计机构，指单位内部所设置的专门办理会计事项的机构，会计机构和会计人员是会计工作的主要承担者。我国会计机构主要包括主管会计工作的机构、业务主管部门的会计机构和单位的会计机构。

我国《会计基础工作规范》第六条规定：“各单位应当根据会计业务的需要设置会计机构；不具备单独设置会计机构条件的，应当在有关机构中配备专职会计人员。事业行政单位会计机构的设置和会计人员的配备，应当符合国家统一事业行政单位会计制度的规定。设置会计机构，应当配备会计机构负责人；在有关机构中配备专职会计人员，应当在专职会计人员中指定会计主管人员。”

《会计基础工作规范》第八条规定：“没有设置会计机构和配备会计人员的单位，应当根据《代理记账管理暂行办法》委托会计师事务所或者持有代理记账许可证书的其他代理记帐机构进行代理记帐。”

三、会计人员的选拔任用和回避制度

我国《会计法》第三十八条规定:“从事会计工作的人员,必须取得会计从业资格证书。担任单位会计机构负责人(会计主管人员)的,除取得会计从业资格证书外,还应当具备会计师以上专业技术职务资格或者从事会计工作三年以上经历。”根据《会计基础工作规范》第七条规定,会计机构负责人、会计主管人员应当具备下列基本条件:

(一)坚持原则,廉洁奉公;

(二)具有会计专业技术资格;

(三)主管一个单位或者单位内一个重要方面的财务会计工作时间不少于两年;

(四)熟悉国家财经法律、法规、规章和方针、政策,掌握本行业业务管理的有关知识;

(五)有较强的组织能力;

(六)身体状况能够适应本职工作的要求。

会计人员回避制度是指为了规范会计行为,加强会计管理,保证会计资料的真实、完整,维护经济秩序,对可能影响会计信息的执业人员实行职务回避和业务回避的一种制度。《会计基础工作规范》第十六条规定:“国家机关、国有企业、事业单位任用会计人员应当实行回避制度。单位领导人的直系亲属不得担任本单位的会计机构负责人、会计主管人员。会计机构负责人、会计主管人员的直系亲属不得在本单位会计机构中担任出纳工作。需要回避的直系亲属为夫妻关系、直系血亲关系、三代以内旁系血亲以及配偶亲关系。”

四、会计机构和会计人员的基本职责

《会计法》在规定了单位负责人为本单位会计行为责任主体的同时也规定了会计机构、会计人员和其他人员的职责和法律责任。会计人员和会计工作其他相关人员不仅要对单位负责人负责,也应当对法律负责。

《会计法》第五条第一款规定:“会计机构、会计人员依照本法规定进行会计核算,实行会计监督。”它明确规定了会计机构、会计人员的基本职责是进行会计核算、实行会计监督。《会计法》第五条第二款规定:“任何单位或者个人不得以任何方式授意、指使、强令会计机构、会计人员伪造、变造会计凭证、会计账簿和其他会计资料,提供虚假财务会计报告。”第三款规定:“任何单位或者个人不得对依法履行职责、抵制违反本法规行为的会计人员实行打击报复。”

五、单位内部会计管理制度

单位内部会计管理制度是指各单位根据国家会计法律、法规、规章的规定,结合本单位经营管理和业务管理的特点及要求而制定的旨在规范单位内部会计管理活动的制度、措施和办法,包括内部跨级管理体系、会计人员岗位责任制度、内部牵制制度、稽核制度、原始记录管理制度、定额管理制度、计量验收制度、财产清查制度、财务收支审批制度、财务会计分析制度、成本核算制度。

根据《会计基础工作规范》,各单位制定内部会计管理制度应当遵循下列原则:

(一)应当执行法律、法规和国家统一的财务会计制度;

(二)应当体现本单位的生产经营、业务管理的特点和要求;

(三)应当全面规范本单位的各项会计工作,建立健全会计基础,保证会计工作的有序

进行；

（四）应当科学、合理，便于操作和执行；

（五）应当定期检查执行情况；

（六）应当根据管理需要和执行中的问题不断完善。

第五节　案例分析

【案例 2－1】

【案例分析目的】考察对会计制度相关标准规范的制定和组织实施的掌握

【案例分析资料】

2014 年年末，注册会计师王某对豫章机械股份有限公司进行审计，在审计该公司内部会计制度时，发现该公司规定研究开发费用按实际发生额一次性计入当期管理费用，与国家统一的会计制度不符。王某基于谨慎性原则，在查阅了相关资料和法律文献后，认定该处理方法不符合国家统一的会计制度的规定，于是王某向该公司的会计主管钱某反映这一情况并要求合理解释。

会计主管钱某解释："各个行业的情况有所不同，不能一概而论。按照《会计法》的规定，行业对会计核算和会计监督有特殊要求的，可以根据行业对其的特殊要求进行补充规定。豫章机械股份有限公司所处的行业为特殊行业，对研究开发费用的处理自然有别于其他企业。这一特殊的会计处理方法，严格遵守了《会计法》，是合理的。"注册会计师王某笑道："你的解释只有一部分是对的，对《会计法》可不能一知半解啊。"会计主管钱某表示依然很困惑，不知道哪里出了问题。

【案例分析要求】

豫章机械股份有限公司的会计主管的辩解是否有理有据？

【案例评析】

豫章机械股份有限公司会计主管的辩解站不住脚。会计法规定："国务院有关部门可以依照本法和国家统一的会计制度，制定对会计核算和会计监督有特殊要求的行业实施国家统一的会计制度的具体办法或者补充规定，报国务院财政部门审核批准。"这一规定明确，在保证国家统一的会计制度规范统一的前提下，对会计核算和会计监督有特殊要求的行业，由国务院业务主管部门在与《会计法》和国家统一的会计制度不相抵触的前提下制定实施国家统一的会计制度的具体办法或者补充规定，报国务院财政部门审核批准后实施。该企业的会计处理方法不符合国家统一的会计制度的规定，是违法的会计行为。

【案例 2－2】

【案例分析目的】了解财政部门的会计监督检查职能

【案例分析资料】

2015 年 3 月 5 日，豫章机械股份有限公司接到通知，本市财政局将对该公司会计工作情况进行监督检查。刚入职的出纳刘某不解，向会计徐某询问："我们公司每年都会委托会计事务所对会计工作情况进行审计并出具审计报告，为什么市财政局还要进行监督检查？这样不就是重复的监督检查了吗？"会计徐某答道："当然不是重复的监督检查，会计监督检查是财政部门管理会计工作的一项重要职能。《会计法》第七条规定：国务院财政部门主管全国的会计工作，县级以上地方各级人民政府财政部门管理本行政区域内的会计工作。财政部门对企业会计工作情况的监督检查与会计事务所的审计是不同的，两者的区别我就不赘述了。财政部门进行会计监督的意义是不可替代的，你需要去查阅资料自行学习，这也算你入职的第一项学习内容。”

【案例分析要求】财政部门进行会计监督检查有何意义？

【案例评析】

国务院财政部门主管全国的会计工作，县级以上地方各级人民政府的财政部门管理本行政区域内的会计工作，依法对本行政区域的单位或者人员的违法会计行为实施处罚。财政部门加强会计监督检查可以有效地堵塞漏洞、消除隐患，保护财产、防止舞弊，遏制和打击经济犯罪行为，促进社会主义市场经济的健康发展。

【案例 2－3】

【案例分析目的】了解对会计人员的选拔任用和回避制度

【案例分析资料】

豫章机械有限责任公司会计主管离任，董事长李某立即安排其女儿接任会计主管。其女儿曾在甲公司担任会计，在任职的三年里廉洁奉公，表现优异。任职期间，甲公司的会计主管突然离职，其女儿曾代任会计主管四个月，有较强的组织能力且对会计主管的工作十分熟悉。董事长李某认为其女儿完全有能力胜任会计主管这一职位。

【案例分析要求】

李某的女儿已具有会计专业技术资格，李某能否安排其任会计主管？为什么？

【案例评析】

李某不能安排其女儿任会计主管。首先，其女儿不符合会计主管人员的任职要求。根据《会计基础工作规范》第七条规定，会计机构负责人、会计主管人员应当具备下列基本条件：

（1）坚持原则，廉洁奉公；

（2）具有会计专业技术资格；

（3）主管一个单位或者单位内一个重要方面的财务会计工作时间不少于 2 年；

（4）熟悉国家财经法律、法规、规章和方针、政策，掌握本行业业务管理的有关知识；

（5）有较强的组织能力；

（6）身体状况能够适应本职工作的要求。

李某的女儿只代任会计主管四个月，不符合上述第三个条件：主管一个单位或者单位内一个重要方面的财务会计工作时间不少于 2 年；其次，根据《会计基础工作规范》第十六条规定：“国家机关、国有企业、事业单位任用会计人员应当实行回避制度。单位领导人的直系亲属不得担任本单位的会计机构负责人、会计主管人员。会计机构负责人、会计主管人员的直系亲属不得在本单位会计机构中担任出纳工作。需要回避的亲属为夫妻关系、直系血亲关系、三代以内旁系血亲以及配偶亲关系。”李某身为会计机构负责人，其女儿作为直系亲属显然不能出任豫章机械有限公司的会计主管。

本章小结与关键词

本章小结

我国会计工作行政管理体制实行统一领导、分级管理的原则，主要包括会计工作的行政管理、会计工作的自律管理和单位会计工作管理。会计工作管理体制的形成，满足了国家宏观调控、协调利益关系、稳定资本市场的需要，对国家干预、干涉或控制会计活动的进行有十分重要的作用。

国务院财政部门主管全国的会计工作，县级以上地方各级人民政府财政部门管理本行政区域内的会计工作。会计工作的行政管理主要包括：制定国家统一的会计准则制度；会计市场管理；会计专业人才评价；会计监督检查。

我国会计工作的自律管理组织主要包括中国注册会计师协会、中国会计学会、中国总会计师协会。

单位负责人为本单位会计行为的责任主体。单位内部的会计工作管理主要包括：单位负责人的职责；会计机构的设置；会计人员的选拔任用；会计人员回避制度。《会计法》明确规定了会计机构、会计人员的基本职责是进行会计核算、实行会计监督。

本章关键词

会计工作管理体制　会计工作行政管理　会计工作行业自律管理　会计市场管理　会计人才评价　会计监督检查　中国注册会计师协会　中国会计学会　中国总会计师协会　会计机构　会计人员回避制度　单位内部会计管理制度

本章思考与案例分析题

一、思考题

1. 会计工作管理体制的三个层次分别是什么？包含哪些内容？
2. 财政部门的会计行政管理职能主要有哪几种？
3. 简述单位负责人的定义、范围以及主要责任。
4. 什么是会计工作的行业自律管理？在我国，会计行业的自律性社会团体有哪些？
5. 中国注册会计师协会有哪些职责？
6. 制定单位内部会计管理制度应遵循哪些原则？

二、案例分析题

［**案例 1**］

目的：考察对财政部门会计监督检查职能的掌握

案例资料：

某市财政部门对豫章机械股份有限公司的财务收支情况例行检查。检查人员赵某在审阅其会计报表和会计账簿等会计资料时发现“其他应收款”科目年末余额较年初余额有大幅上升。赵某接着调阅了与“其他应收款”账户相关的会计凭证，发现在年度借方发生额中，有 2 笔应收款金额共计 15 万元，在记账凭证后未附原始凭证。

赵某经查证得知豫章机械股份有限公司有关负责人林某与甲公司有关负责人邓某来往密切，经林某签字先后向甲公司借出 15 万元资金并在合同里规定低于市场利率的利息。年末甲公司向豫章机械股份有限公司偿还 15 万元资金及利息，林某私吞了甲公司返还的借款利息，且甲公司返还的 15 万元资金还未入账。

案例分析要求：请分析财政部门对豫章机械股份有限公司财务收支情况的例行检查属于何种类型的会计监督，除此以外，还有哪些类型的会计监督。

［**案例 2**］

目的：考察会计人员的任职要求

案例资料：

2015 年 5 月，豫章机械股份有限公司出纳王某离职，总经理邓某马上将其朋友的儿子李某调入会计科任出纳，此时李某没有取得会计从业资格证。总经理邓某要求李某尽快取得会计从业资格证，李某在任职五个月后才取得会计从业资格证。

案例分析要求：指出上述情况中哪些行为不符合法律规定，并说明理由。

第三章　会计核算的法律规定

本章学习目的

1. 了解我国会计核算的总体要求。
2. 了解会计凭证和账簿填制审核的基本要求。
3. 掌握财务报告编制的基本内容。
4. 了解会计档案管理的基本要求。

导入案例

豫章机械有限公司王经理任职期间经营业绩不理想，眼看任职期满难以完成利润考核指标。王经理找到唐主管会计，授意唐主管会计改善经营业绩。唐心想王经理上任后对自己委以重任，应该帮他渡过这一关。为此，唐主管会计将明年销售合同提早"发货"，提早开具销售发票，并确认收入。有了这笔"提前收入"的支撑，便超额完成了利润考核指标。但是这一切被公司的助理会计师小周看在眼里，他暗自诧异：这难道不属于伪造经济事项吗？伪造会计凭证不符合国家统一的会计制度啊，虚列收入应该不符合财务报告的列示要求吧？

同学们，唐主管会计的行为是否妥当？

第一节　会计核算法律规定概述

会计核算是以货币为主要计量尺度，对会计主体的资金运动进行的反映，主要是指对已经发生或完成的经济事项进行的事后核算，是会计工作的基本职责之一。企业通过会计核算，将已经发生的经济业务以货币形式表现出来，形成一系列真实、完整的会计资料，同时满足企业内外部对会计信息的需要，为考核企业经营目标完成情况，经营决策制定和国民经济计划的综合平衡提供可靠的信息和资料。

一、总体要求

（一）会计核算的依据

根据国家统一的会计制度规定，各单位的会计核算工作必须依据实际发生的经济业务事项进行，任何单位都不得虚构经济业务事项，依据虚假的经济事项进行会计核算是违法行为。同时，为了各单位之间的会计资料具有可比性，企业应坚持按照法律法规规定的会计处理方法进行会计核算。

以实际发生的经济业务事项为依据进行会计核算是会计核算工作的前提，是填制会计凭证、登记会计账簿继而编制财务会计报表的基础，是保证会计资料真实的关键。倘若经济业务事项不具有真实性，以其为依据编制的会计资料就是虚假的，这对会计信息使用者势必会产生一定的误导，影响投资者做出经济决策。因此，会计核算必须依据实际发生的经济事项编制。

（二）会计资料的基本要求

会计资料是对企业发生的经济事项进行会计核算后产生的结果，是反映企业经营成果，管理层受托责任履行情况的重要载体，也是投资者、债权人选择合作对象，进行投资决策的重要依据。因此，国家统一的会计制度对会计资料进行了规范，主要体现在编造会计凭证、会计账簿和财务会计报告上。

根据国家统一的会计制度，会计凭证、会计账簿、财务会计报告和其他的会计资料的内容和要求必须符合国家统一会计制度的规定，不得伪造、变更会计凭证和会计账簿，不得设置账外账，不得提供虚假的财务会计报告①。

所谓伪造会计凭证和会计账簿，是指企业并未发生某种经济事项，却以虚构的业务为凭据编制会计凭证和会计账簿，试图以假充真。变更会计凭证和会计账簿则是指对已经编制完成的会计凭证或会计账簿采用涂改、挖补的手段，改变其真实的经济业务。设置账外账则是指企业在进行会计核算的过程中，同时设置多套账，根据账簿使用者的不同而提供不同的账簿。例如，交给税务部门的是一套利润较少的账簿，意图偷税漏税；交给银行等金融机构的账簿则显示企业盈利能力较好，利润丰厚，以骗取资金支持。上述手段均是严重的违法行为，必须杜绝。

二、会计核算的具体规范

（一）会计核算的前提和会计信息质量要求

1. 会计核算的前提是企业进行核算工作赖以生存的假设，即会计主体、持续经营、会计分期和货币计量。这四大会计假设是企业会计确认、计量和报告的前提。

2. 会计信息质量要求

新会计准则体系将原来的会计核算一般原则修改为对会计信息质量的要求。将原有的一般原则分成了两部分，一部分改为对会计信息质量提出要求，即真实性、相关性、明晰性、可比性、实质重于形式、谨慎性、重要性、及时性。

（1）真实性

真实性是指企业的会计核算应当以实际发生的经济事项为依据进行，如实反映企业的经营状况，使会计核算与真实情况相符。

（2）相关性

相关性要求企业提供的会计资料与财务报告使用者的需求切实相关，会计信息对使用者做出经济决策能够提供参考，帮助使用者对企业过去、现在或未来的情况做出评价或预测。

（3）明晰性

明晰性要求企业对外提供的会计信息必须清晰、简明，便于使用者理解和使用，有利于增加企业信息的透明度，以便接受全社会的监督。

---

① 《会计法释义》第十三条对会计凭证、会计账簿、财务会计报告和其他的会计资料作了如上规定。

(4) 可比性

可比性是指企业提供的会计信息一般应当采用同一原则编制，以方便使用者进行企业纵向数据对比及行业比较，具体要求如下：

同一企业不同时期可比。同一企业处理不同时期发生的相同或相似交易，原则上应当采用一致的会计政策，确需变更的应在报表附注中披露。

不同企业相同会计期间可比。不同企业在同一会计期间内发生的相同或相似事项，应当采用规定的会计政策，保证不同企业信息可做比较。

(5) 实质重于形式

该原则要求企业的会计核算工作应以交易或者事项的经济实质为依据进行，不应局限于交易或事项的法律形式。

(6) 谨慎性

谨慎性要求企业在确认经济事项时保持一定的谨慎，不应过分乐观高估企业拥有的资产或预计的收益，也不应低估企业在外的负债或将发生的费用。

(7) 重要性

重要性要求企业对外提供的会计信息应当涵盖所有与企业经营状况有关的、对报告使用者做出决策有帮助的重要交易或事项。对其是否具有重要性的界定主要依据一个"倘若该事项被省略"的假定，如果该经济事项被省略影响到了财务报告使用者的使用，则该事项具有重要性。

(8) 及时性

及时性要求企业在经济事项发生后应当及时进行会计数据的收集工作，进行会计核算并将信息及时传递，保持会计信息的时效性。

(二) 会计核算的方法

会计核算的方法有以下七种：设置账户、复式记账、填制和审核会计凭证、登记会计账簿、成本核算、财产清查、编制会计报表。七种方法相互联系，相辅相成，构成了完整的会计核算方法体系。在这个过程中，最重要的是对会计凭证、会计账簿和会计报表的处理这三个会计程序。详细内容见本章第二、三、四节。

(三) 会计核算的内容

会计核算的内容是指企业的经济事项一经发生，应当及时办理会计手续、进行核算的部分。根据国家统一的会计制度规定，主要包括以下七项内容：

1. 款项和有价证券的收付

款项在企业中是指可以作为支付手段的货币资金，包括库存现金、银行存款和其他货币资金。有价证券是指表示企业对一定财产具有支配权的证明，一般指证券，如股票、国库券等。款项和有价证券的收付在企业资产中属于流动性较强的资产，发生的频次较多或者数额较大，容易出现纰漏。因此，企业应加强对其的核算，及时登记发生内容，加强对该经济事项的监督管理，建立健全企业的内部控制。

2. 财物的收发、增减和使用

企业的财物是指用来经营业务、维持企业运转的具有实物形态的经济资源，例如原材料、周转材料、库存商品等流动资产，机器、运输工具、办公家具等固定资产都是企业的财物，是看得见摸得着的。财物的收发是一个经常性业务，企业生产领用原材料、销售商品、购置办公用固定资产等，每一项都关系到财物的增减变动。加强企业内部对财物的会计核算职能，有利于保证财产物资的安全、完整，大大减少对财物的浪费、私吞情况出现。

3. 债权债务的发生和结算

债权是指企业拥有的一种向债务人收取款项的权利，包括应收账款、预付账款等。债务则是企业向其他单位以货币支付或者劳务清偿的义务，包括应付账款、预收账款等。债权债务一般产生于企业的购销商品、买卖股权、债务重组等经济事项。对债权债务的结算同时涉及双方的经济利益，关系到企业的资金流转。因此企业应当给予重视，防止债权债务核算出现漏洞，杜绝利用应收应付账款操纵利润、转移资金等违法现象出现。

4. 资本、基金的增减

一个企业的资本是企业的资产减去负债后的净值，是所有者对企业净资产的所有权，包括实收资本或股本、资本公积、盈余公积、未分配利润和其他综合收益。基金是指机关、事业单位中规定了具有特定用途的资金，例如集体福利基金、后备基金等。企业的资本是企业的生存之本，企业的基金又为企业的部分经济事项留有充足的后备资源，两者都扮演了十分重要的角色。并且，资本和基金的具体用途都有比较明确的规定，受益人也十分明晰。办理资本和基金核算工作应当严格遵守规章制度，依据合同、协议、董事会的决议等具有证明力的文件开展，切忌听信个人指示，未经法定程序批准办理。

5. 收入、支出、费用、成本的计算

收入是企业在日常经营活动中由于销售商品、提供劳务等取得的款项或者收取款项的权利。支出，从广义上定义指的是一个企业发生的所有开支和耗费；从狭义上定义则是指企业在生产经营过程中为获得另一项资产、清偿债务所发生的资产流出。费用相对于支出而言范围更窄，主要指企业在生产、经营和管理过程中发生的耗费和损失。成本的侧重点在企业的生产活动上，例如生产产品过程中的各项耗费，但也包含其他情况，例如购置商品、提供劳务过程中的耗费、支出。这四个会计要素从不同的方面对企业的经营管理水平和效率进行考核，承担着计算企业盈亏的重要责任。在会计核算过程中应当注意虚报收入、支出，对成本费用的分摊不合理等情况，提高对外报送会计信息的质量。

6. 财务成果的计算和处理

企业的财务成果主要指企业通过经营活动在财务上所取得的变动，表现为盈利或者亏损。对企业财务成果的核算主要体现在利润的计算和分配、所得税的上缴，这些关系到企业、国家双方的利益，应予以高度重视。核算过程中，应当避免出现为了偷税漏税故意调整利润的情况，严厉打击蓄意操纵利润的人员。

7. 需要办理会计手续、进行会计核算的其他事项

（四）会计年度、记账本位币、会计记录文字

会计年度是指以年度为会计期间对本单位发生的经济事项进行核算的时间区间。由于企业是一个持续不断的经营过程，为了更好地反映企业的经营状况，应将企业的经营活动划分为一个个连续、等长的区间进行对外报送。根据《会计法》的规定，会计年度自公历 1 月 1 日起至 12 月 31 日止。

《会计法》明文规定“会计核算应以人民币为记账本位币。业务收支以人民币以外的货币为主的单位，可以选定其中一种货币作为记账本位币，但是编制的财务会计报告应当折算为人

民币[①]。”

会计记录文字是进行会计核算时，记载企业所发生的经济业务所使用的文字。《会计法》规定：“会计记录的文字应当使用中文。在民族自治区地方，会计记录可以同时使用当地通用的一种民族文字。在中华人民共和国境内的外商投资企业、外国企业和其他外国组织的会计记录可以同时使用一种外国文字。”

（五）账目核对

会计核算是一个各步骤连续、完整、相互衔接的体系。各单位应当定期核对企业的实物资产、会计凭证、会计账簿及会计报告，使达到账实相符、账证相符、账账相符和账表相符的要求。这是国家统一的会计制度对企业账目核对提出的要求。

（六）会计处理方法

会计处理方法是指企业在会计核算中采用的具体方法，例如收入确认方法有权责发生制和收付实现制。固定资产折旧方法有直线法、双倍余额递减法、加速折旧法和工作量法。选用不同的方法会造成企业的会计处理不相同。会计数据不能进行相互比较，影响会计资料的使用。因此，国家统一的会计制度对企业选用会计制度进行了约束：“各单位采用的会计处理方法，前后各期应当一致，不得随意变更；确有必要的，应当按照国家统一的会计制度的规定将变更的原因、情况及影响在财务会计报告中说明。”

（七）或有事项的披露

或有事项虽然比预计负债事项发生的概率小，但也会对会计报告使用者做决策带来影响，因此《会计法》第十九条规定：“单位提出的担保、未决诉讼等或有事项，应当按照国家统一的会计制度的规定，在财务会计报告中予以说明。”

（八）会计电算化

随着电算化技术的不断发展，越来越多的企业采用电算化进行企业核算，即使用电子计算机对企业发生的经济事项进行核算。国家统一的会计制度对此也做了相应的规定：“使用电子计算机进行会计核算的，其软件及其生成的会计凭证、会计账簿、财务报告及其他会计资料，也必须符合国家统一的会计制度的规定。”

第二节　填制、审核会计凭证和登记会计账簿的基本要求

一、会计凭证

会计凭证是指按一定格式编制的，记录已经发生的经济业务、明确经济责任、据以登记会计账簿的书面证明。例如，企业销售商品时开给购货单位的发票，年度末申报纳税填制的纳税申报单等都是会计凭证。填制和审查会计凭证具有十分重要的意义，各单位在按照《会计法》和《会计基础工作规范》的有关规定办理会计手续、进行会计核算时，必须以会计凭证为依

① 《会计法释义》第十一条对会计核算中记账本位币的选择作了如上规定。

据[①]。会计凭证贯穿了整个会计处理阶段的始终。

会计凭证按照来源和用途的不同,又可以分为原始凭证和记账凭证两种。

(1) 原始凭证

原始凭证是指在经济业务事项发生时,由业务办理人员直接取得或填制,以表明某项经济业务事项已经发生或反映其完成进度,并明确有关经济责任的一种书面会计凭证。原始凭证还可以称作单据。

1. 原始凭证的分类

原始凭证种类多样,根据来源不同,可分为外来原始凭证和单位内部自制原始凭证;按所起作用不同,可分为通知凭证、执行凭证和计算凭证;按填制手续不同,可分为一次凭证、累计凭证和汇总凭证。

2. 原始凭证的填制要求

及时填制或取得原始凭证,是会计核算工作得以正常进行的前提条件[②]。《会计法》第十四条规定:"办理本法第十条所列的经济业务事项,必须填制或取得原始凭证并及时送交会计机构。"

原始凭证必须包含以下内容:凭证的名称、填制的日期、填制凭证单位的名称或者填制人的名称、经办人员的签名或盖章、接受凭证单位的名称、经济业务内容、经济业务的数量、单价和金额。同时,原始凭证最好注明凭证的附件和凭证的编号[③]。填制原始凭证必须符合会计法规的规定,同时保证内容真实完整,填制规范,书写清楚,送交及时。填制或取得的原始凭证允许推迟送交会计机构或专职人员的时间最长不得超过一个会计结算期。

3. 原始凭证的错误更正

为了规范原始凭证的内容,明确有关人员的经济责任,防止利用修改原始凭证进行造假,《会计法》对原始凭证错误的更正做出了以下规定:

(1) 原始凭证所记载的各项内容均不得涂改。

(2) 原始凭证记载的内容有错误的,应当由开具单位重开或更正,更正工作须由原始凭证出具单位进行,并在更正处加盖出具单位印章。

(3) 原始凭证金额出现错误的不得更正,只能由原始凭证开具单位重新开具。

(4) 原始凭证开具单位应当依法开具准确无误的原始凭证,对于填制有误的原始凭证,负有更正和重新开具的法律义务,不得拒绝[④]。

4. 原始凭证的审核

审核原始凭证是保证原始凭证填写无误,提高会计资料质量的重要手段。经审核无误、合法的原始凭证才能用作进行相应会计处理的依据。《会计法》第十四条明确规定:"会计机构、会计人员必须按照国家统一的会计制度的规定对原始凭证进行审核。对不真实、不合法的原始凭证有权不予接受,并向单位负责人报告,请求查明原因,追究有关当事人的责任;对记载不准确、不完整的原始凭证予以退回,并要求经办人员按照国家统一的会计制度的规定进行更

① 廖又泉等著:《新编财经法规与会计职业道德》,华中科技大学出版社,第 43 页。

② 廖又泉等著:《新编财经法规与会计职业道德》,华中科技大学出版社,第 43 页。

③ 《会计基础工作规范》第四十八条对原始凭证的内容做出了如上规定。

④ 《会计法释义》第十四条对原始凭证的更改做了如上规定。

正、补充[1]。”

对该条规定的理解，需要准确区分不真实、不合法与记载不准确、不完整。不真实即原始凭证上所记载的经济事项与现实情况不相符，凭证所记载的业务事实上并未发生，是虚构出来的；不合法即该经济事项确有发生，但是该经济业务本身违反了会计相关法律的规定；记载不准确是指原始凭证没有准确地将该经济事项表述出来，例如在数字上发生差错；不完整是原始凭证的填制没有遵循会计法的规定，凭证要素不齐全。

（二）记账凭证

记账凭证是一种按照经济业务事项性质的不同进行分类，同时确定会计分录，并据以登记会计账簿的凭证。记账凭证必须根据原始凭证和有关资料进行编制，是原始凭证向会计账簿过渡的重要中间环节。记账凭证也可以称作传票。

1. 记账凭证的填制要求

（1）填制记账凭证时，应当对记账凭证进行连续编号。连续编号的目的是分清会计事项处理的先后顺序，便于记账凭证与会计账簿核对，确保记账凭证完整无缺。

（2）记账凭证可以根据每一张原始凭证填制或者根据若干张同类原始凭证汇总填制，但不得将不同内容和类别的原始凭证汇总填制在一张记账凭证上。

（3）除结账和更正的记账凭证可以不附原始凭证外，其他记账凭证必须附原始凭证，并注明所附原始凭证的张数。

（4）与其他单位共同负担费用的情况下，保存原始凭证的主办单位应当给其他应负担部分费用支出的单位开具原始凭证分割单，以证明支出了费用。

（5）如果在填制记账凭证时发生错误的，可以用红字注销法进行更正，如果会计科目没有错误，只是金额错误，可以将正确数字与错误数字之间的差额，另编一张调整的记账凭证。如果发现以前年度记账凭证有错误的，应当用蓝字填制一张更正的记账凭证。

（6）记账凭证填制完经济业务事项后，如有空行，应当自最后一笔金额数字下的空行处至合计数上的空行处划线注销。

（7）实行会计电算化的单位，对于机制记账凭证应当符合记账凭证的一般要求，打印出来的机制记账凭证要加盖制单人员、审核人员、记账人员及会计机构负责人（会计主管人员）印章或者由上述人员签字，以加强审核，明确责任[2]。

由于记账凭证是会计资料形成过程中的一个重要环节，编制记账凭证在满足上述要求时首先应该确保依据的原始凭证和有关资料必须审核无误，以保证记账凭证的真实性。

2. 记账凭证的书写格式

（1）书写阿拉伯数字时不能连笔，要一笔一划写清楚；以元为单位的阿拉伯数字，一律写到角分；无角分的，角和分可写为“00”或“—”；有角无分的，分不得用“—”代替。

（2）阿拉伯数字前应填写币种符号，如“￥”。

（3）中文大写金额数字到元或角为止的，在“元”或“角”字之后加“整”字或“正”字。

（4）大写金额数字前未印有币种名称的，应加填货币名称，且该货币名称与数字之间不得留有空白。

---

① 《会计法释义》第十四条对原始凭证的审核做了如上规定。

② 《会计法释义》第十四条对记账凭证的填制做了如上规定。

(5) 阿拉伯数字中间有“0”时,中文大写金额中间要写“零”字,但有多个“零”时只需写一个“零”。

3. 记账凭证的审核

记账凭证填制完毕,必须通过审核保证记账凭证的真实、完整。审核主要集中在以下几方面:

(1) 记账凭证是否附有原始凭证,已附有的原始凭证应检查是否和记账凭证相符;

(2) 记账凭证内容是否填写齐全;

(3) 会计分录是否合理准确;

(4) 记账凭证编号是否连续。

二、会计账簿

会计账簿是指由多张具有一定格式且相互联系的账页组成,用以序时、分类记载和反映企业已发生的经济事项的簿籍。会计账簿是会计资料的重要组成部分,它将会计凭证提供的信息归集整理,重新组合,形成一份更为直观的资料。

(一) 会计账簿的分类

会计账簿按不同的依据有不同的分类方式。按会计账簿的用途不同,可以分为总账、明细账、日记账和辅助账簿;按会计账簿的形式不同,可以分为订本式、活页式和卡片式。

1. 总账

总账又称总分类账,是根据一级会计科目设立的,用以分类登记企业发生的经济业务,反映资金增减变化和结存情况的账簿。总账一般有订本式和活页式两种,企业可以根据采用的记账方法,自行选择账簿类型。

2. 明细账

明细账又称明细分类账,是根据总账的一级科目下设科目进行分类核算,详细记录企业的经济事项的账簿。明细账又分为三栏式、多栏式和数量金额式。

3. 日记账

日记账是每日终了,对已发生的经济业务进行逐笔登记的账簿,包括现金日记账和银行存款日记账。通过日记账的核算,能够更为清晰地反映企业的库存现金和银行存款变动,加强资金管理。日记账必须采用订本式。

4. 其他辅助账簿

其他辅助账簿也称备查账簿,是独立于总账、明细账和日记账之外的一种,核算前三种账簿未能记载、但必须补充登记的经济事项的账簿。该账簿主要用于记载租借设备情况、应收款项的收回情况、委托代销情况等。

5. 订本式账簿

订本式是指在启用之前,就已经按照一定的顺序将账页装订成册的账簿,在使用过程中不得随意撕毁账页。

6. 活页式账簿

活页式账簿是指账页不固定,可以根据需要取、添账页的账簿。

7. 卡片式账簿

卡片式账簿是指具有固定格式的一系列硬卡片按一定顺序排放,存放在卡片箱或卡片夹中，随用随取的一种账簿。常见于固定资产卡片账。

（二）会计账簿的启用

企业启用新的会计账簿时，需要如实填写账簿封面和扉页上的“启用表”。账簿封面仅需填写单位名称和启用的账簿名称。“启用表”上则涉及以下几个内容：启用日期、账簿起止页数（若为活页式账簿，于装订活页账时填写）、记账人员以及会计机构负责人姓名。同时还应在“启用表”上加盖名章和单位公章。当企业内部的记账人员或者会计机构负责人出现工作调动时，应在“启用表”上注明交接日期、接办人员和督查人员姓名，并由交接双方签名或盖章。

（三）会计账簿的登记

会计账簿是以记账凭证为依据编制的，同时自身又是编制会计报表的依据，在会计资料形成过程中充当了十分重要的角色。因此，编制会计账簿应当严格遵守法规的要求。

1. 总体要求

（1）登记会计账簿必须以经审核无误的会计凭证为依据，同时保证登记工作质量，以达到会计账簿完整、正确的要求。

（2）会计账簿的设置和登记，应当符合有关法律、行政法规和国家统一的会计制度规定①。

（3）对于实行会计电算化的单位，其会计账簿的设置、登记及后续工作也应当符合国家统一的会计制度的规定。

（4）禁止账外设账。

2. 具体要求

（1）登记会计账簿应该使用蓝黑墨水或者碳素墨水书写，不得使用圆珠笔或铅笔。

（2）会计凭证内的各要素，如会计凭证日期、编号、业务内容摘要、金额以及其他相关内容应当全部计入账簿内，同时保证字迹清晰，数据准确，登记及时。

（3）使用会计账簿应该按照账簿编排好的顺序即按连续编号的页码顺序书写，不得跳行、隔页。如果会计账簿登记错误，应当按照规定使用划线更正法、补充登记法及红字冲正法对其进行修正，并由会计人员和会计机构负责人盖章确认。

（4）对于会计账簿中需要结出余额的账户，应当定期结出余额。现金日记账和银行存款日记账必须统一日结。

（5）对于已经登记的会计账簿应当及时核对，保证做到账实相符、账证相符、账账相符及账表相符。核对内容主要为检查会计账簿的相关记录与库存实物、货币资金、有价证券、往来单位或个人等是否相符，且每年至少进行一次对账工作。

（6）对于会计账簿中的科目应当定期结账。结账是指将本会计期间所发生的经济事项全部登记完毕以后，对每一账户按规定结算出发生额及余额，同时将余额结转至下一会计期间的期初。根据结账的会计期间不同，分为月结、季结和年结。

① 廖又泉等著：《新编财经法规与会计职业道德》，华中科技大学出版社，第49页。

第三节　编制财务会计报告的基本要求

财务会计报告，是指企业根据经审核过的会计账簿及相关资料，编制并对外提供的反映企业某一时点的财务状况和某一会计期间的经营成果、现金流量的资料文件。

一、财务会计报告的作用

编制财务报告是会计核算工作链的最终端，是对企业经营活动的总结，也是及时提供企业会计资料的重要环节。编制财务报告的作用主要体现在以下几点：

（一）有助于所有者和债权人合理地进行投资决策。

只有充分地了解企业的经营状况、发展动力、持续经营能力等，投资者才能更好地在可供选择的企业中做横向比较，优化投资决策。

（二）有助于反映企业管理者的受托责任履行情况。

在当前企业所有者与管理层相分离的情况下，管理层对企业的尽职程度有待考核，必须引入监督机制。对外提供财务报告就是一个较好的衡量企业管理层工作业绩的标准。

（三）有助于评价和预测未来的现金流量。

财务报告使用者可以依据报告提供的数据对企业进行财务分析，对近几年的报告进行纵向分析，预测现金流量走势。

（四）有助于国家经济管理部门进行宏观调控和管理。

二、财务会计报告的内容

企业的财务报告包含年度、半年度、季度和月度财务会计报告，其中年度和半年度至少包括财务报表和财务报表附注两部分，二者缺一不可。季度和月度财务会计报告则指财务报表。

（一）财务报表

财务报表是财务会计报告中的重要组成部分，按照现行会计准则的规定，包括以下四项：资产负债表、利润表、现金流量表及其他附表。它们从不同的方面提供了企业的财务状况、经营成果及现金流量变动情况，反映了企业管理层受托责任的履行情况。

1. 资产负债表

资产负债表是反映企业在某一特定时点的资产、负债及所有者权益情况的会计报表，它依照“资产＝负债＋所有者权益”这一恒等式，根据一定的顺序排列编制而成。该表在会计报表中的作用主要是从静态的角度反映企业的财务状况。

2. 利润表

利润表是反映企业在某一会计期间经营成果的会计报表，因为其内容的时段性，也称其为动态报表或损益表。通过列示收入、成本、费用等项目，反映企业的经营业绩，即盈利或亏损情况。

3. 现金流量表

现金流量表是反映企业在某一时段内现金和现金等价物流入和流出情况的会计报表。现金流量表将企业现金流量分为三个版块进行分析，即经营活动、投资活动、筹资活动，使报表使用者更为直观地明晰现金及现金等价物的走向。

4. 其他附表

其他附表中主要包括股东权益变动表、利润分配表等。股东权益变动表是反映企业所有者权益在当期发生增减变动情况的会计报表。利润分配表是主要反映企业在某一会计期间内利润分配情况的会计报表。

(二) 财务报表附注

财务报表附注是对财务报表未能反映的，但是对报告使用者所做经济决策有影响的经济事项做出的补充说明，是财务报告的重要组成部分。由于财务报表反映的信息有限，尤其是一些较为重要的非财务信息无法充分披露，因此需要财务报表附注对其进行进一步的解释说明。

三、财务会计报告的编制

财务报告作为企业对外提供信息的主要媒介，具有十分重要的作用。企业不得虚构并未发生的经济事项，也不得隐藏已经发生的重要事实，企业负责人应当对该财务报告的真实性、完整性负责。因此，企业应当按照法律规定，依据经审核的会计账簿等会计资料进行编制，同时满足下列要求：

(一) 企业应当遵守国家统一的会计制度，于每一会计期间终了的时候编制相应的财务会计报告。企业完整的财务会计报告应当包括年度、季度和月度财务会计报告。股份有限公司还应当在此基础上编制半年度财务会计报告。

(二) 企业财务会计报告的编制依据应当为真实发生的经济事项以及经审核无误的会计资料，同时按照国家统一的会计制度规定的编制基础、编制依据、编制原则和方法进行编制。

(三) 企业应当根据国家统一的会计制度和《企业财务会计报告条例》规定，对会计报表中各项会计要素进行合理的确认和计量。会计要素和计量标准一经确认，不得随意更改。

(四) 企业应当依照有关法律法规和《企业财务会计报告条例》的规定，在结账日对企业进行结账，不得提前或者推迟。年度结账日为公历年度每年的 12 月 31 日；半年度、季度、月度结账日分别为公历年度每半年、每季、每月的最后一天。

(五) 企业在编制年度财务会计报告前，应当对企业的资产、负债进行系统详细的盘查。盘查内容如下：

1. 清查核实结算款项，包括应收款项、应付款项、应交税金等是否存在，与债务、债权单位的相应债权、债务金额是否一致。

2. 清查核实原材料、在产品、自制半成品、库存商品等各项存货的实存数量与账面数量是否一致，是否有报废损失和积压物资等。

3. 清查核实各项投资是否存在，投资收益是否按照国家统一的会计制度规定进行确认和计量。

4. 清查核实房屋、建筑物、机器设备、运输工具等各项固定资产的实存数量与账面数量是否一致。

5. 清查核实在建工程的实际发生额与账面记录是否一致。

6. 需要清查核实的其他内容[①]。

(六) 企业在编制财务会计报告前,除应当全面清查资产、核实账务外,还应当完成下列工作:

1. 核对各会计账簿记录与会计凭证的内容、金额等是否一致,记账方向是否相符;

2. 依照《企业财务会计报告条例》规定的结账日进行结算;

3. 检查相关的会计核算是否按照国家统一的会计制度的规定进行;

4. 对于国家统一的会计制度没有规定统一核算方法的交易、事项,检查其是否按照会计核算的一般原则进行确认和计量,以及相关账务处理是否合理;

5. 检查是否存在由于会计差错、会计政策变更等原因需要调整前期或者本期相关项目。

(七) 企业应当按照国家统一的会计制度规定的会计报表格式和内容,根据登记完整、核对无误的会计账簿记录和其他有关资料编制会计报表,做到内容完整、数字真实、计算准确,不得漏报或者任意取舍。

(八) 企业报表之间、会计报表各项目之间,凡有对应关系的数字,应当相互一致。

第四节 会计档案管理的基本要求

会计档案是指企业在核算经济业务事项的过程中记录、存留下来的重要历史资料和证据,主要包括会计凭证、会计账簿、会计报表及其他会计资料四类。

一、会计档案的分类

(一) 会计凭证类包括原始凭证、记账凭证、汇总凭证以及其他会计凭证。

(二) 会计账簿类包括总账、明细账、日记账、固定资产卡片、辅助账簿、其他会计账簿。

(三) 财务报告类包括月度、季度、年度财务报告,包括会计报表、附表、附注及文字说明、其他财务报告。

(四) 其他类包括银行存款余额调节表、银行对账单、其他应当保存的会计核算专业资料、会计档案移交清册、会计档案保管清册、会计档案销毁清册[②]。

二、会计档案的归档和保管

(一) 会计档案的归档要求

按照《会计档案管理办法》的规定,企业每年形成的会计档案,应当由会计机构负责遵照规章指导,整理立卷并装订成册,同时编制会计档案保管清册。企业当年形成的会计档案,从下一年度开始计算,可由会计机构保管一年,保管期满由会计部门编制清册,移交档案部门继续保管,有特殊情况除外。

---

① 王建辉等著:《财经法规与会计职业道德》,中国财政经济出版社,2013 版。

② 廖又泉等著:《新编财经法规与会计职业道德》,华中科技大学出版社,第 53 页。

（二）会计档案的保管、借阅要求

1. 保管要求

会计部门移交档案部门保管的档案，原则上应保持原密封状态。有特殊情况需要对原卷册进行重新整理的，需与会计部门及经办人共同拆封。除此以外，档案在保管过程中还应当遵循以下要求：

（1）会计档案室的选址应考虑到防水、防火要求，设立在干燥的地方，同时应配备防火器材。

（2）将档案按一定顺序在档案架上排放好后，需另采取防尘措施，遮盖所有档案架。

（3）会计档案室内应定期喷洒消毒药剂，并保持通风透光，以达到档案室清洁卫生，防虫防鼠的效果。

（4）采用会计电算化进行核算的单位，应当注意防盗、防磁等安全措施。

企业合并后未以法人实体形式存在的单位档案应交由合并后的单位统一保管；如若合并各方仍继续存在，档案则由原单位保管。

2. 会计档案的保管期限

会计档案的保管期限分为永久和定期两种类型。对于保管期限为永久的会计档案，企业应当永久保存，例如会计档案保管清册、会计档案销毁清册以及年度财务报告、财政总预算、行政单位和事业单位决算以及税收年报(决算)。保管期限为定期，则表示企业应当将会计档案保存至规定期限。定期保管期限分为 3 年、5 年、10 年、15 年和 25 年五类。

3. 会计档案的借阅管理

会计档案是企业核算形成的会计资料，原则上不得借出。确有特殊情况时，应经本单位负责人批准，办理登记手续方可提供查阅或复制。由于会计档案的重要性，《会计档案管理办法》规定各单位应当建立健全会计档案查阅、复制登记制度，大体要求如下：

（1）会计档案原则上不得借出，有特殊需要应获得上级主管、会计主管人员或单位领导批准。

（2）企业外部人员借阅会计档案，应当持有单位正式介绍信，同时获得会计主管人员或单位负责人的批准；企业内部人员借阅会计档案，同样需经会计主管人员或单位负责人批准。

（3）借阅人应当如实填写档案借阅登记手册，将借阅人姓名、所属部门或单位、借阅日期、借阅类别、借阅数量及归还日期等信息填写完整。同时保证不得在档案中涂抹、标记，不得拆散原卷册，如需携带外出需要经过领导批准。

（4）会计档案管理人员应根据档案借阅登记簿，如期收回借出的档案，并办理注销借阅登记。

三、会计档案的销毁

（一）可销毁的会计档案处理办法

根据《会计档案管理办法》的规定，会计档案保管期满以后可以按照规定程序对其进行销毁处理。销毁具体程序如下：

1. 首先，由本单位档案管理部门与会计部门联合提出销毁意见，确定可以销毁的按照程序编制会计档案销毁清册，如实登记销毁档案的名称、卷号、册数、档案编号、起止年度、应保管期限、已保管期限和销毁时间等内容。

2. 会计档案销毁清册应上报单位负责人批准，单位负责人审核无误应在会计档案销毁清册上签署"同意销毁意见"。机关、团体和事业单位，报本单位领导批准后销毁；国有企业经企业领导审查，报经上级主管单位批准后销毁。

3. 各单位在销毁档案时应由档案部门和会计部门联合监销。档案销毁主体机构若为国家机关，还应由统计财政部门与审计部门同时在场监销；若为财政部门，则由同级审计部门派员监销即可。监销人员在销毁档案前应清点档案销毁清册内容，销毁后在档案销毁清册上签名盖章，并将监销情况上报单位负责人。

（二）不得销毁的会计档案

《会计档案管理办法》明确规定，以下会计档案不得销毁：

1. 保管期未满的会计档案不得销毁。

2. 对于保管期满但尚未结清的债权债务原始凭证和涉及其他未了事项的原始凭证，不得销毁，应当单独抽出立卷，保管到未了事项完结时为止。单独抽出立卷的会计档案，应当在会计档案销毁清册和会计档案保管清册中列明。

3. 尚在项目建设期间的建设单位，无论其是否保管期满都不得销毁，需待项目办理竣工决算后按规定的交接手续移交给项目的接受单位进行妥善保管。

第五节　案例分析

【案例 3－1】

【案例分析目的】掌握《会计法》的相关规定

【案例分析资料】

豫章机械股份有限公司，20×5 年度发生以下事项：

(1) 2 月 14 日，公司从外地购买了一批货物，收到发票后，经办人员张某发现发票金额与实际支付金额不相符，便将发票退回给出具单位，要求对方重开。

(2) 3 月 22 日，公司从事收入、支出、费用账目登记工作的林某休假，公司决定由出纳员李某临时顶替其工作，并按规定办理了交接手续。

(3) 5 月 15 日，公司财务部门负责人郭某根据工作需要，对部分会计工作岗位进行调整，原从事总账登记工作的陈某被调到稽核岗位协助另一位稽核员进行稽核工作，致使该岗位一岗两人。

(4) 6 月 8 日，市财政部门要求到该公司进行检查，公司领导以"分管财务工作领导及财务部门负责人出差"为由，予以拒绝。

【案例分析要求】

根据以上材料及会计法律制度的有关规定，回答下列问题：

(1) 该公司经办人员张某退回金额错误的发票，要求出具单位重开的做法是否符合会计法律制度的规定？为什么？

(2) 该公司决定由出纳人员李某临时顶替林某兼管收入、成本、费用账目的登记工作是否符合会计法律制度的规定？为什么？

(3) 该公司财务部门负责人调整部分会计工作岗位，使稽核岗位一岗两人的做法是否符合会计法律制度的规定？为什么？

(4) 该公司领导拒绝市财政部门检查的做法是否符合会计法律制度的规定？

【案例解析】

(1) 答：合法。

因为《会计法》对原始凭证错误更正做了具体的规定：原始凭证内金额出现错误不得更正，只能由原始凭证开具单位重新开具。所以该公司张某的做法正确。

(2) 答：不符合会计法律制度规定。

因为《会计法》规定，出纳人员不得兼任稽核、会计档案保管和收入、支出、费用、债权债务账目的登记工作。

(3) 答：合法。

因为会计的岗位可以是一人一岗，一人多岗，或者一岗多人，所以该公司一岗两人的做法符合会计法律制度的规定。

(4) 答：不符合规定。

因为会计的两大职能是核算和监督，《会计法》规定财政部门可以依法对各单位的下列情况实施监督：1. 是否依法设置会计账簿；2. 会计凭证、会计账簿、财务会计报告和其他会计资料是否真实、完整；3. 会计核算是否符合《会计法》和国家统一的会计制度；4. 从事会计工作的人员是否具备从业资格证；5. 财政部门对会计资料实施监督，发现重大违法嫌疑时行使查询权。所以该公司领导拒绝市财政部门检查的做法是不符合会计法律制度的规定的。

【案例 3－2】

【案例分析目的】考察会计工作交接及会计档案管理的相关规定

【案例分析资料】

20×5 年 1 月，豫章机械股份有限公司发生如下事项：

(1) 7 日，该企业会计人员郑某脱产学习一个星期，会计科长指定出纳王某兼管郑某的债权债务账目的登记工作，但未办理会计工作交接手续。

(2) 10 日，档案科同会计科销毁了一批保管期限已满的会计档案，未报经领导批准，也未编造会计档案销毁清册。销毁后未履行任何手续。

(3) 该公司 20×4 年度亏损 20 万元。20 日，会计科长授意会计人员采取伪造会计凭证等手段调整企业的财务会计报告，将本年度利润调整为盈利 50 万元，并将调整后的企业财务会计报告经单位负责人及有关人员签名、盖章后向有关单位报送。

【案例分析要求】根据以上事实，回答下列问题：

(1) 会计人员郑某脱产学习一个星期，是否需要办理会计工作交接手续？

(2) 该公司档案科会同会计科销毁保管期满的会计档案在程序上是否符合规定？为什么？

(3) 该公司负责人对会计科长授意会计人员采取伪造会计凭证等手段调整企业财务会计报告的行为是否承担法律责任？为什么？

【案例解析】

(1) 需要办理会计工作交接手续。

(2) 不符合规定。

会计档案保管期满需要销毁的，需编造会计档案销毁清册，经单位负责人签署意见后方可销毁。销毁后，监销人应当在会计档案销毁清册上签章，并将监销情况报告单位负责人。

(3) 应承担法律责任。根据我国《会计法》的规定，单位负责人对本单位的会计工作和会计资料的真实性、完整性负责。

本章小结与关键词

本章小结

会计核算是以货币为主要计量尺度，对会计主体的资金运动进行的反映。企业通过会计核算，将已经发生的经济业务以货币形式表现出来，形成一系列真实、完整的会计资料，同时满足企业内外部对会计信息的需要，为考核企业经营目标完成情况，经营决策制定和国民经济计划的综合平衡提供可靠的信息和资料。

会计核算有七种基本核算方法，即：设置会计科目（设置账户）、复式记账、填制和审核凭证、登记账簿、成本核算、财产清查、编制会计报表。其中最重要的是对会计凭证、账簿和会计报告的核算。

会计凭证是指具有一定格式、用以记录经济业务事项发生和完成情况的书面证明，也是登记账簿的依据。填制和审查会计凭证，是一项十分重要的会计基础工作，它是会计工作的开始，也是会计对经济业务进行监督的重要环节。

会计账簿是指由一定格式、相互联系的账页所组成，用来序时地、分类地记载和反映有关经济业务的会计账簿籍。会计账簿的主要作用是对会计凭证提供的大量分散数据或资料进行分类归集整理，以全面、连续、系统地记录和反映经济活动情况，是编制财务会计报告，检查、分析和控制单位经济活动的重要依据。会计账簿包括总账、日记账、明细账和其他辅助性账簿。

财务报告是企业对外提供的反映企业某一特定日期财务状况和某一会计期间经营成果，现金流量等会计信息的文件。财务报告有财务报表和财务报表附注组成，其中财务报表包括资产负债表、现金流量表、利润表和损益表。财务报告对投资者进行投资有着重要的作用，因此财务报告的编制必须按照《会计法》的相关规定进行。财务报告属于重要的会计档案，企业对会计的保管、移交、销毁必须按照有关法律、法规的规定进行。

本章关键词

会计凭证　会计账簿　会计报告　会计档案

本章思考与案例分析题

一、思考题

1. 《会计法》规定的会计核算的内容包括哪些？

2. 会计凭证填制和审核及保管的要求有哪些？

3. 会计档案的保管要求是什么？

二、本章案例分析

【案例 1】

案例分析目的：掌握会计档案管理办法

案例分析资料：

20×5 年 3 月 10 日，企业会计科会同档案科对单位会计档案进行了清理，编制了会计档案销毁清册，将保管期已满的会计档案按规定程序全部销毁，其中包括一些保管期满但尚未结清债权债务的原始凭证。3 月 21 日，会计科在例行审核有关单据时，发现一张购买计算机的发票，其金额栏“8 000”元的数字有更改迹象。经查阅相关买卖合同、单据，确认更改后的金额数字是正确的。于是，会计科要求该发票的出具单位在发票金额栏更改之处加盖出具单位印章。之后，该企业予以受理并据此登记入账。

案例分析要求：

1. 下列各项中，保管期满仍不能销毁的会计档案为(　　)。

A. 未结清债权债务的原始凭证

B. 尚未报废的固定资产的购买凭证

C. 没有完工的建设项目的会计档案

D. 会计账簿

2. 会计档案定期保管期限为(　　)。

A. 1 年　　B. 3 年　　C. 5 年　　D. 20 年

3. 对于保管期满的会计档案，应由(　　)部门提出销毁意见，编制会计档案销毁清册。

A. 单位档案管理部门　　B. 会计机构

C. 单位负责人　　D. 会计机构负责人

4. 会计机构、会计人员在审核原始凭证时，对不真实、不合法的原始凭证应当(　　)。

A. 有权不予受理

B. 向单位负责人报告

C. 请求查明原因，追究有关当事人的责任

D. 予以退回，要求更正、补充

5. 下列事项填写错误的，可以更改并在更改处盖章(　　)。

A. 填制凭证的日期　　B. 金额

C. 经济业务内容　　D. 经办人员签名

【案例 2】

案例分析目的：掌握日记账的登记规则

案例分析资料：

某厂 20×5 年 5 月以来的现金日记账和银行存款日记账是用圆珠笔书写的，未按页次顺序连续登记，有跳行、隔页的现象。

案例分析要求：分析该案例中有哪些行为不合法。

第四章　会计监督的法律规定

学习目的与要求

1. 掌握我国会计监督体系，并了解相应的法律法规。
2. 掌握单位内部会计监督、政府监督、社会监督三者各自的内容及三者的关系。
3. 掌握单位内部会计监督与内部控制的关系，以及内部控制的内容。
4. 掌握注册会计师审计与内部审计的区别与联系。

导入案例

小李是豫章机械股份有限公司的一名会计人员，在工作中一直勤勤恳恳，安于本分，日子也过得安安稳稳，开开心心，但是最近却一直愁眉苦脸。在好朋友小王的关心下，他说出了原因。由于市场经济不景气，公司业绩也呈现下滑趋势，公司的财务经理授意他将财务报告变得"漂亮"一些，并告诉他，会找熟识的注册会计师进行审计。财务经理在这期间也会时不时暗示他，这件事做好了会大有前途，当然，如果他不这样做，恐怕是在这个公司不能待了。小李考虑到社会的就业形势又是如此严峻，更重要的是小李也是上有老下有小。这让小李非常焦虑。

如果你是小王，帮助小李分析公司目前情况是由于哪个环节没有做好，导致单位内部会计监督出现这样的问题？告诉小李对于这种违反会计监督法律规定行为的严重性。会计监督不仅仅包括单位内部监督和社会监督，还包括政府监督。如果东窗事发，他将面临的情况是怎样的？告诉小李现在应该怎么做？

第一节　会计监督概述

一、会计监督的概念

会计监督是指单位内部会计机构和会计人员依法享有经济监督检查职权的政府有关部门、依法批准成立的社会审计中介组织，依据《会计法》等法律规定，对单位经济业务事项的合法性、真实性、合理性、完整性、准确性进行监督，保证单位会计事项的依法办理。

《会计法》第五条规定："会计机构、会计人员依照本法规定进行会计核算，实行会计监督。"单位的会计机构、会计人员的会计监督不仅仅是内部监督，也是外部监督。《会计法》第十四条规定："会计人员对不真实、不合法的原始凭证有权不予接受。"本单位会计人员对来自其他单位的不真实、不合法的原始凭证，依法拒绝接受时，其正在行使会计监督职权。这种会计监督对于本单位来说是一种单位内部监督，而对于其他单位却是一种外部监督。

会计监督人员在工作中要行使会计监督的职权，并且行使的会计监督职权的行为要符合

《会计法》等法律的规定，而法律也会对符合法律规定的会计监督行为予以保护。《会计法》第二十八条规定："单位负责人应当保证会计机构、会计人员依法履行职责，不得授意、指使、强令会计机构、会计人员违法办理会计事项。"第二十九条规定："会计机构、会计人员发现会计账簿记录与实物、款项及有关资料不相符的，按照国家统一的会计制度的规定有权自行处理的，应当及时处理；无权处理的，应当立即向单位负责人报告，请求查明原因，作出处理。"第五条规定："任何单位或者个人不得对依法履行职责，抵制违反本法规定行为的会计人员实行打击报复。"第四十六条规定："单位负责人对依法履行职责，抵制违反本法规定行为的会计人员以降级、撤职、调离工作岗位、解聘或者开除等方式实行打击报复，构成犯罪的，依法追究刑事责任；尚不构成犯罪的，由其所在单位或者有关单位依法给予行政处分。对受打击报复的会计人员，应当恢复其名誉和原有职务、级别。"《中华人民共和国刑法》第二百五十五条规定了打击报复会计、统计人员罪："公司、企业、事业单位、机关、团体的领导人，对依法履行职责、抵制违反会计法、统计法行为的会计、统计人员实行打击报复，情节恶劣的，处三年以下有期徒刑或者拘役。"

会计监督是会计的基本职能之一，是保证会计信息质量的关键环节，也是我国经济监督体系的重要组成部分。贯彻执行有效的会计监督，便于会计人员及时发现并纠正会计工作中可能存在的偏差和错误，有利于强化单位内部控制的管理。通过会计监督保证真实性、完整性、合法性等会计信息质量特征，有利于制定合理的经济管理制度，保证企业在遵循国家法律法规进行经济核算的同时，制定符合本单位的经济发展战略和经济管理要求等，减少企业的经营成本，提高企业的经营利润。便于执法人员及时查处会计人员的舞弊造假行为，确保会计信息的真实、可靠、合法、合理、完整，保证单位的财务收支符合国家法律法规的要求。这样可以有效防止单位不法偷税漏税现象，从而合理调整社会财富分配，改善国民经济结构，并且可以有效防止国有资产的流失，保证国家的财政收入，促进国民经济健康稳定发展。

二、会计监督的内容

会计根据报告对象不同可以分为财务会计和成本管理会计。财务会计是以货币为计量单位，对企业已发生的交易或事项进行确认、计量，并以财务会计报告的形式向利益相关者提供会计信息的企业外部会计。管理会计是为企业内部管理层提供企业日常生产经营情况的财务数据，使企业各级管理人员能据以对日常发生的各项经济活动进行规划与控制，并帮助决策者做出各种专门决策的企业内部会计。因此，可以将会计监督划分为财务会计监督和成本管理会计监督两种。

（一）财务会计监督

财务会计监督是指会计机构和会计人员，在遵循法律法规的前提下，对本单位的财务会计活动进行监督。财务会计监督的具体内容包括：

1. 对原始凭证进行审核和监督

对原始凭证的监督，主要从以下两个方面进行：一是对原始凭证的合法性、真实性进行监督。二是对原始凭证的完整性、准确性进行监督。《会计法》第十四条规定："会计机构、会计人员必须按照国家统一的会计制度的规定对原始凭证进行审核，对不真实、不合法的原始凭证有权不予接受，并向单位负责人报告；对记载不准确、不完整的原始凭证予以退回，并要求按照国家统一的会计制度的规定更正、补充。原始凭证记载的各项内容均不得涂改；原始凭证有错误的，应当由出具单位重开或者更正，更正处应当加盖出具单位印章。原始凭证金额有错误的，应当由出具单位重开，不得在原始凭证上更正。”

2. 对会计账簿的监督

对会计账簿的监督，主要从会计账簿的设立启用、日常经营活动中会计账簿的登记、更改，以及会计账簿的保管三个方面进行监督。对于会计账簿的设立启用要符合会计法律法规的要求，会计账簿在日常经营活动使用过程中，要以经过审核的会计凭证为依据进行登记，会计账簿要按照连续编号的页码顺序登记，会计账簿记录的更改要符合国家统一会计制度的规定。同时，会计账簿在年度终了后要按照会计准则要求进行保管等。

3. 对实物、款项的监督

对实物、款项的监督，主要从实物、款项的收发、保管两方面进行监督，对于实物、款项的收发和保管要符合会计法律法规规定，并严格执行财产清查制度，以此保证实物、款项的账实相符。《会计法》第二十九条规定：“会计机构、会计人员发现会计账簿记录与实物、款项及有关资料不相符的，按照国家统一的会计制度的规定有权自行处理的，应当及时处理；无权处理的，应当立即向单位负责人报告，请求查明原因，作出处理。”

4. 对财务报告的监督

对于财务报告的监督，主要是对财务报告编制过程的监督，《会计法》第二十条规定：“财务会计报告应当根据经过审核的会计账簿记录和有关资料编制，并符合本法和国家统一的会计制度关于财务会计报告的编制要求、提供对象和提供期限的规定；其他法律、行政法规另有规定的，从其规定。”通过对财务会计报告的监督，保证财务报告的会计信息真实可靠，有利于财务报表使用者做出正确的抉择。

5. 对财务收支的监督

对财务收支的监督，是从财务的收支中，对原始凭证的真实性、合法性、合理性、准确性、完整性方面进行审核，对于审批手续不全的原始凭证，应当退回并要求补充；对违反会计法律法规的财务收支，应当拒绝办理并予以纠正，当制止和纠正无效时，应向单位提出书面意见请求处理；对于严重违反国家利益和社会公众利益的财务收支，应向会计信息的利益相关者披露。

单位在接受政府监督和社会监督时要积极配合，如实提供会计凭证、会计账簿、会计报表等其需要的会计信息，不得拒绝、隐匿、谎报。《会计法》第三十一条规定：“任何单位或者个人不得以任何方式要求或者示意注册会计师及其所在的会计师事务所出具不实或者不当的审计报告。”

（二）成本管理会计监督

成本管理会计监督是指单位为了完成其成本、管理目标，对其生产、管理的经济业务活动进行监督。单位成本管理会计监督的目的是以尽可能少的投入获得尽可能多的产出。成本管理会计监督分为三个部分：事前预测、事中控制和事后评价。事前预测是指在进行一项产品生产或一个项目的实施前，对其进行详细系统的成本管理预算，根据预算金额做出决策，以便更好地控制成本。事中控制，是在产品生产或项目实施过程中，对其成本费用进行控制。事后评价，就是事后成本费用分析，根据实际金额与预算金额的对比，总结分析产生差异的原因。发现单位在成本管理中存在的问题，提出相关解决建议，加强成本管理能力。

三、会计监督的体系

会计监督体系是由若干相互联系、相互依赖、相互制约的会计监督机构组成。我国根据《会计法》的规定，形成了单位内部会计监督、政府监督和社会监督三位一体的会计监督体系。其中政府监督和社会监督属于单位外部监督。单位内部会计监督是会计机构和会计人员对本单位会计事项的监督，单位内部会计监督实质上是一种内部控制制度，是单位内部控制的重要组成部分。社会监督是指由依法成立的社会审计中介组织所组织实施的会计监督，是对单位内部监督的再监督，其具有独立性和无偿性的特征。政府监督是指由依法享有经济监督检查权的有关部门所实施的监督行为，是对单位内部监督和社会监督的再监督，其具有强制性和无偿性的特征。

第二节　单位内部会计监督

一、单位内部会计监督的概念

单位内部会计监督是指一个单位为了保护其资产的安全完整，保证其经营所得符合国家法律、法规和内部规章要求，提高经营管理水平和效率，防止舞弊，控制风险等目的，而在单位内部采取的一系列相互联系、相互制约的制度和方法①。单位内部会计监督实质上是单位的内部控制，是单位的一种自我监督，是单位内部控制的重要组成部分。

二、单位内部会计监督的主体和对象

（一）单位内部会计监督的主体

《会计法》第五条规定："会计机构、会计人员依照本法规定进行会计核算，实行会计监督。"《会计基础工作规范》第七十三条规定："各单位的会计机构、会计人员对本单位的经济活动进行会计监督。单位内部会计监督的主体是各单位的会计机构、会计人员。"

虽然我国法律法规明确指出单位内部会计监督的主体是单位的会计机构和会计人员，但这并不是说单位内部会计监督仅仅是单位会计机构和会计人员的责任，《会计法》第二十八条规定："单位负责人应当保证会计机构、会计人员依法履行职责，不得授意、指使、强令会计机构、会计人员违法办理会计事项。"可见，单位负责人必须遵守法律法规，积极建立和组织实施单位内部会计监督，保证单位会计机构和会计人员履行单位内部会计监督的职权，承担单位内部会计监督有效实施的最终责任。

（二）单位内部会计监督的对象

单位内部会计监督的对象是本单位的经济活动。根据《会计法》和其他有关会计法规的规定，会计人员进行会计监督的对象和内容是本单位的经济活动。具体内容包括：

1. 对会计凭证、会计账簿和会计报表等会计资料进行监督，以保证会计资料的真实、准

① 刘总理、崔洁，《财经法规与会计职业道德》，立信会计出版社，2014 年版，第 18 页。

确、完整、合法；

2. 对各种财产和资金进行监督，以保证财产、资金的安全完整与合理使用；

3. 对财务收支进行监督，以保证财务收支符合财务制度的规定；

4. 对经济合同、经济计划及其他重要经营管理活动进行监督，以保证经济管理活动的科学、合理；

5. 对成本费用进行监督，以保证用尽可能少的投入，获得尽可能多的产出；

6. 对利润的实现与分配进行监督，以保证按时上缴税金和进行利润分配，等等。

三、单位内部会计监督的分类

单位内部会计监督按照监督实施的时间不同，可以分为事前监督、事中监督和事后监督三种；按照不同的监督要求，可以划分为政策性监督和技术性监督。

（一）按监督实施的时间不同分类

1. 事前监督是指单位会计机构和会计人员对本单位的经济活动实施以前所进行的监督。有效的事前监督可以保证单位经济活动的顺利进行，例如在单位某项业务开展前，对资金准备状况进行了详细的预算监督，则可以避免业务在实施时不必要的浪费以及为实施业务所面临的不必要的麻烦。

2. 事中监督是指单位会计机构和会计人员在本单位经济活动实施过程中所进行的监督。事中监督有利于会计机构和会计人员及时发现经济活动在执行过程中存在的问题，以便及时纠正错误，保证经济业务的顺利进行。

3. 事后监督是指在经济活动实施完成后，单位会计机构和会计人员对这项经济活动的整个过程进行监督分析，考核评价单位在会计监督中存在的问题，提出相应的解决方案，提高单位的会计监督。

（二）按监督的要求不同分类

1. 政策性监督

政策性监督是指单位会计机构和会计人员根据国家的法律法规和有关政策来检验单位的经济活动是否真实合法。

2. 技术性监督

技术性监督是针对会计信息的准确性、完整性和全面性特征而言，主要是通过监督会计信息的计量、确认过程是否符合财务会计信息核算的技术性要求来实现。

四、单位内部会计监督的要求

从我国会计工作的实际出发，《会计法》第二十七条规定："各单位应当建立、健全本单位内部会计监督制度。"

（一）会计人员分工明确，职责清晰

《会计法》第二十七条规定："记账人员与经济业务事项和会计事项的审批人员、经办人员、财物保管人员的职责权限应当明确，并相互分离、相互制约。"在会计岗位进行分工时，既要使记账人员、审批人员、经办人员、财物保管人员的职务分离，又要使其能够相互制约，从而合理控制会计的舞弊、造假行为。

（二）重要业务事项的决策和执行程序应当明确

《会计法》第二十七条规定："重大对外投资、资产处置、资金调度和其他重要经济业务事项的决策和执行的相互监督、相互制约程序应当明确。"在对重大经济业务事项的决策和执行过程中，既要考虑决策和执行的明确化，做到制度化、规范化，又要体现决策人员与执行人员之间的相互监督、相互制约；既要防止权限过于集中，也要防止政出多门、各行其是[①]。

（三）财产清查

《会计法》第二十七条规定："财产清查的范围、期限和组织程序应当明确。"各单位必须遵循法律法规，定期或不定期地进行财产清查，要制定财产清查制度，明确财产清查的范围、期限和组织程序，保证财产清查的顺利进行。

（四）会计资料的内部审计

《会计法》第二十七条规定："对会计资料定期进行内部审计的办法和程序应当明确。"

五、单位内部会计监督和内部控制

单位内部会计监督是单位会计机构、会计人员依据《会计法》等法律法规对本单位的经济活动进行监督，实质上是一种单位内部控制制度，但并不等同于内部控制。

（一）内部控制的概念与目标

根据《企业内部控制基本规范》第三条之规定，内部控制是由企业董事会、监事会、经理层和全体员工实施的，旨在实现控制目标的过程。内部控制的目标是合理保证企业经营管理合法合规，资产安全，财务报告及相关信息真实完整，提高经营效率和效果，促进企业实现发展战略。

（二）内部控制的责任人

《企业内部控制基本规范》第五条规定："单位负责人对本单位内部控制的建立健全及有效实施负责。"

对于企业而言，董事会负责内部控制的建立健全和有效实施。监事会对董事会的建立与实施内部控制进行监督；经理层负责组织领导企业内部控制的日常进行；企业应当成立专门机构或者指定适当的机构具体负责组织协调内部控制的建立、实施及日常工作[②]。

对于行政事业单位而言，单位负责人对本单位内部控制的建立健全和有效实施负责。单位应当建立适合本单位实际情况的内部控制体系，并组织实施[③]。

（三）内部控制的内容

根据《企业内部控制基本规范》第五条之规定，企业建立与实施有效的内部控制，应当包括下列要素：

1. 内部环境

内部环境是企业实施内部控制的基础，一般包括治理结构、机构设置及权责分配、内部审

---

① 廖又泉、王莲君，《新编财经法规与会计职业道德》，华中科技大学出版社，2013年版，第56页。

② 王建辉，《财经法规与会计职业道德》，中国财经经济出版社，2013年版，第2－180页。

③ 王建辉，《财经法规与会计职业道德》，中国财经经济出版社，2013年版，第2－180页。

计、人力资源政策、企业文化等。

2. 风险评估

风险评估是企业及时识别、系统分析经营活动中与实现内部控制目标相关的风险，合理确定风险应对策略。

3. 控制活动

控制活动是企业根据风险评估结果，采用相应的控制措施，将风险控制在可承受度之内。

4. 信息与沟通

信息与沟通是企业及时、准确地收集、传递与内部控制相关的信息，确保信息在企业内部、企业与外部之间进行有效沟通。

5. 内部监督

内部监督是企业对内部控制建立与实施情况进行监督检查，评价内部控制的有效性，发现内部控制缺陷，并及时加以改进。

单位内部会计监督是为了使会计机构、会计人员在经济活动中，遵循法律、国家统一会计制度和单位内部规章的要求，规范地处理会计事项，在保证会计信息的真实性、合法性、合理性、完整性、准确性的同时，提高经济效益，控制风险，保护单位财产，贯彻执行单位管理方针。所以单位内部会计监督实质上是一种单位内部控制制度。

（四）内部控制的原则

1. 全面性原则

根据《内部会计控制基本规范》第七条之规定，内部控制应当涵盖单位内部的各项经济业务、各个部门和各个岗位，并针对业务处理过程中的关键控制点，将内部控制落实到决策、执行、监督、反馈等各个环节。

2. 重要性原则

内部控制要遵循全面性原则，对公司的经济活动实现全面控制的同时，要重点关注公司的重大经营活动。

3. 制衡性原则

根据《内部会计控制基本规范》第七条之规定，内部控制应当符合国家有关法律法规和本单位的实际情况，全体员工必须遵照执行，任何部门和个人都不得拥有超越内部控制的权力；内部控制应当保证单位内部机构、岗位及其职责权限的合理设置和分工，坚持不相容职务相互分离，确保不同机构和岗位之间权责分明、相互制约、相互监督。

4. 适应性原则

企业的内部控制要与公司目前的战略目标、竞争环境、风险水平等相适应，并且要随着公司内部和外部环境的变化而变化。

5. 成本效益原则

根据《内部会计控制基本规范》第七条之规定，内部控制应当正确处理成本与效益的关系，保证以合理的控制成本达到最佳的控制效果。

（五）内部控制的方法

根据《内部会计控制基本规范》第十八条之规定，内部控制的方法主要包括：组织结构控制、授权批准控制、会计系统控制、预算控制、财产保全控制、人员素质控制、风险控制、内部报告控制、电子信息系统控制等。

1. 组织结构控制

根据《内部会计控制基本规范》第十九条之规定，组织结构控制要求贯彻不相容职务相分离的原则，合理设置内部机构，科学划分职责权限，形成相互制衡机制。不相容职务主要包括授权批准与业务经办、业务经办与会计记录、会计记录与财产保管、业务经办与业务稽核、授权批准与监督检查等职务。

2. 授权批准控制

根据《内部会计控制基本规范》第二十条之规定，授权批准控制要求单位明确规定授权批准的范围、权限、程序、责任等相关内容，单位内部的各级管理层必须在授权范围内行使相应职权，经办人员也必须在授权范围内办理经济业务。

3. 会计系统控制

根据《内部会计控制基本规范》第二十一条之规定，会计系统控制要求单位必须依据会计法和国家统一的会计制度等法律法规，制定适合本单位的会计制度，明确会计凭证、会计账簿和财务会计报告的处理程序，实行会计人员岗位责任制，建立严密的会计控制系统。

4. 预算控制

根据《内部会计控制基本规范》第二十二条之规定，预算控制要求单位加强预算编制、预算执行、预算分析、预算考核等环节的管理，明确预算项目，建立预算标准，规范预算的编制、审定、下达和执行程序，及时分析和控制预算差异，采取改进措施，确保预算的执行。

预算内资金实行责任人限额审批，限额以上资金实行集体审批。严格控制无预算的资金支出。

5. 财产保全控制

根据《内部会计控制基本规范》第二十三条之规定，财产保全控制要求单位严格限制未经授权的人员对财产的直接接触，采取定期盘点、财产记录、账实核对、财产保险等措施，确保各种财产的安全完整。

6. 职工素质控制

根据《内部会计控制基本规范》第二十四条之规定，职工素质控制要求单位建立和实施科学的聘用、培训、轮岗、考核、奖惩、晋升、淘汰等人事管理制度，保证职工具备相应的工作能力。

7. 风险控制

根据《内部会计控制基本规范》第二十五条之规定，风险控制要求单位树立风险意识，针对各个风险控制点，建立有效的风险管理系统，通过风险预警、风险识别、风险评估、风险报告等措施，对财务风险和经营风险进行全面防范和控制。

8. 内部报告控制

根据《内部会计控制基本规范》第二十六条之规定，内部报告控制要求单位建立和完善内部管理报告制度，全面反映经济活动情况，及时提供业务活动中的重要信息，增强内部管理的时效性和针对性。

9. 电子信息系统控制

根据《内部会计控制基本规范》第二十七条之规定，电子信息系统控制要求运用电子信息技术手段建立控制系统，减少和消除内部人为控制的影响，确保内部控制的有效实施，同时要加强对电子信息系统开发与维护、数据输入与输出、文件储存与保管、网络安全等方面的控制。

六、会计机构和会计人员在单位内部会计监督中的职权

（一）会计机构和会计人员有权拒绝办理或者按照职权纠正会计事项

《会计法》第二十八条规定："会计机构、会计人员对违反本法和国家统一的会计制度规定的会计事项，有权拒绝办理或者按照职权予以纠正。"会计机构和会计人员在处理不符合法律法规的会计事项时，可以在遵循《会计法》、国家统一会计制度和单位内部规章制度的前提下，拒绝办理或者纠正该会计事项。

（二）会计机构和会计人员有权对单位内部会计资料和财产物资进行监督

会计资料是会计工作的最终产品，对其实施有效的控制和监督，是会计机构和会计人员的基本职责。单位的财产物资及其货币表现，是会计工作的对象。保证单位的账实相符、账款相符、账账相符、账表相符，是会计机构和会计人员的基本工作职责和要求[①]。《会计法》第二十九条规定："会计机构、会计人员发现会计账簿记录与实物、款项及有关资料不相符的，按照国家统一的会计制度的规定有权自行处理的，应当及时处理；无权处理的，应当立即向单位负责人报告，请求查明原因，做出处理。"各单位应建立健全账簿、款项和实物的清点盘存制度，定期或不定期对其进行清点，以保证财产物资的实存数与会计资料的记录相同，即各单位要保证财产物资的账账相符、账款相符、账实相符和账表相符。发生账实不符时，会计机构、会计人员要按照会计法律法规的规定进行相应的处理。

（三）对违反法律法规的行为有权检举

《会计法》第三十条规定："任何单位和个人对违反本法和国家统一的会计制度规定的行为，有权检举。"收到检举的部门有权处理的，应当依法按照职责分工及时处理；无权处理的，应当及时移送有权处理的部门处理。收到检举的部门、负责处理的部门应当为检举人保密，不得将检举人姓名和检举材料转给被检举单位和被检举人个人。

第三节　会计工作的政府监督

一、会计工作的政府监督的概念

会计工作的政府监督是指财务、审计、税务、人民银行、证券监管、保险监管等部门代表国家对各单位和单位中相关人员的会计行为实施的监督检查，以及对发现的违法会计行为实施行政处罚，是一种外部监督，与单位内部会计监督起互补作用，是我国会计监督体系的重要组成部分，具有强制性和无偿性的特点。应当注意的是会计工作的政府监督中，工商部门无权代表国家对各单位的财务会计工作实行监督。

二、会计工作的政府监督的主体

《会计法》第三十三条第一款规定："财政、审计、税务、人民银行、证券监管、保险监管等部

① 廖又泉、王莲君，《新编财经法规与会计职业道德》，华中科技大学出版社，2013 年版，第 58 页。

门应当依照有关法律、行政法规规定的职责，对有关单位的会计资料实施监督检查。”可见，财政、审计、税务、人民银行、证券监管、保险监管等部门是会计工作的政府监督的主体。

要注意的是，财政部门是依据《会计法》等对各单位的会计资料实施监督检查，而审计、税务、人民银行、证券监管、保险监管等部门是依据法律法规对有关单位的会计资料实施监督检查，并且相关法律明确指出有关部门应在法定的范围和权限内对单位实施监督检查。

另外，《会计法》第三十三条第二款规定：“前款所列监督检查部门对有关单位的会计资料依法实施监督检查后，应当出具检查结论。有关监督检查部门已经做出的检查结论能够满足其他监督检查部门履行本部门职责需要的，其他监督检查部门应当加以利用，避免重复查账。”新修订的《会计法》为了树立政府监督的权威，完善会计监督机制，从四个方面规范了政府监督：一是明确了财政部门为各单位的会计工作的监督检查部门，对各单位的会计工作行使普遍监督权；二是界定了其他监督检查部门的检查范围，避免重复查账；三是对实施监督检查的部门及其工作人员规定了保密要求；四是规定了各单位必须履行接受政府部门监督检查的义务。

三、会计工作的政府监督的对象和范围

由于会计工作的政府监督的主体不同，其所进行的会计监督的对象和范围也会有所不同。因此，我们针对不同的监督主体，分别进行分析。

（一）财政监督

财政监督是指各级财政部门在资金积累、分配和使用过程中，对企业的经济活动及其成果实行的监督[①]。财政部门会计监督的对象是单位的会计行为。根据《会计法》的有关规定，财政监督的范围包括：

1. 是否依法设置账簿

根据《财政部门实施会计监督办法》第九条规定，财政部门依法对各单位设置会计账簿的下列情况实施监督检查：

（1）应当设置会计账簿的是否按规定设置会计账簿；

（2）是否存在账外设账的行为；

（3）是否存在伪造、变造会计账簿的行为；

（4）设置会计账簿是否存在其他违反法律、行政法规和国家统一的会计制度的行为。

2. 会计凭证、会计账簿、财务会计报告和其他会计资料是否真实、完整

根据《财政部门实施会计监督办法》第十条规定，财政部门依法对各单位会计凭证、会计账簿、财务会计报告和其他会计资料的真实性、完整性实施监督检查，内容包括：

（1）《会计法》第十条规定的应当办理会计手续、进行会计核算的经济业务事项是否如实在会计凭证、会计账簿、财务会计报告和其他会计资料上反映；

（2）填制的会计凭证、登记的会计账簿、编制的财务会计报告与实际发生的经济业务事项是否相符；

（3）财务会计报告的内容是否符合有关法律、行政法规和国家统一的会计制度的规定；

（4）其他会计资料是否真实、完整。

---

① 王建辉，《财经法规与会计职业道德》，中国财政经济出版社，2013年版，第20－200页。

3. 会计核算是否符合本法和国家统一的会计制度的规定

根据《财政部门实施会计监督办法》第十一条规定，财政部门依法对各单位会计核算的下列情况实施监督检查：

（1）采用会计年度、使用记账本位币和会计记录文字是否符合法律、行政法规和国家统一的会计制度的规定；

（2）填制或者取得原始凭证、编制记账凭证、登记会计账簿是否符合法律、行政法规和国家统一的会计制度的规定；

（3）财务会计报告的编制程序、报送对象和报送期限是否符合法律、行政法规和国家统一的会计制度的规定；

（4）会计处理方法的采用和变更是否符合法律、行政法规和国家统一的会计制度的规定；

（5）使用的会计软件及其生成的会计资料是否符合法律、行政法规和国家统一的会计制度的规定；

（6）是否按照法律、行政法规和国家统一的会计制度的规定建立并实施内部会计监督制度；

（7）会计核算是否有其他违法会计行为。

4. 从事会计工作的人员是否具备从业资格

根据《财政部门实施会计监督办法》第十四条规定，财政部门依法对各单位任用会计人员的下列情况实施监督检查：

（1）从事会计工作的人员是否持有会计从业资格证书；

（2）会计机构负责人（会计主管人员）是否具备法律、行政法规和国家统一的会计制度规定的任职资格。

此外，根据《财政部门实施会计监督办法》第十五条规定，国务院财政部门及其派出机构和省、自治区、直辖市财政部门依法对会计师事务所出具的审计报告的程序和内容实施监督检查。

（二）审计监督

政府审计监督，是各级人民政府审计部门依据我国宪法和法律对各级政府的财政收支、国家的财政金融机构财务收支和企事业单位的财务收支进行审计监督[①]。审计部门会计监督的对象是各级政府的财政收支、国家的财政金融机构财务收支和企事业单位的财务收支。

《审计法》第三十二条规定："国家机关进行审计时，有权检查被审计单位的会计凭证、会计账簿、会计报表以及其他与财政收支有关的资料和资产，被审计单位不得拒绝。"根据《审计法》第十六条至第二十七条的规定，审计机关对有关单位进行审计监督的内容可以归纳为五个方面：

1. 对各级财政收支进行审计监督；
2. 对国有金融机构、国有企事业组织的财务收支进行审计监督；
3. 对社会公共基金和国外援助、贷款项目的财务收支进行审计监督；
4. 对国有建设项目预算的执行情况和决算进行审计监督；
5. 对其他法律、法规规定的事项以及特定事项进行专项审计监督。

① 王建辉，《财经法规与会计职业道德》，中国财政经济出版社，2013年版，第20－200页。

(三) 税务监督

税务监督是指国家税务机关在税收征收管理过程中,根据税法和财务制度的规定,对纳税人的纳税及影响纳税的其他因素所实行的专门性的经济监督[①]。税务部门会计监督的对象是纳税人的纳税及影响纳税的其他因素。

根据《中华人民共和国税收征收管理法》第五十四条之规定,税务机关有权进行下列税务检查:

1. 检查纳税人的账簿、记账凭证、报表和有关资料,检查扣缴义务人代扣代缴、代收代缴税款账簿、记账凭证和有关资料;

2. 到纳税人的生产、经营场所和货物存放地检查纳税人应纳税的商品、货物或者其他财产,检查扣缴义务人与代扣代缴、代收代缴税款有关的经营情况;

3. 责成纳税人、扣缴义务人提供与纳税或者代扣代缴、代收代缴税款有关的文件、证明材料和有关资料;

4. 询问纳税人、扣缴义务人与纳税或者代扣代缴、代收代缴税款有关的问题和情况;

5. 到车站、码头、机场、邮政企业及其分支机构检查纳税人托运、邮寄应纳税商品、货物或者其他财产的有关单据、凭证和有关资料;

6. 经县以上税务局(分局)局长批准,凭全国统一格式的检查存款账户许可证明,查询从事生产、经营的纳税人、扣缴义务人在银行或者其他金融机构的存款账户。税务机关在调查税收违法案件时,经设区的市、自治州以上税务局(分局)局长批准,可以查询案件涉嫌人员的储蓄存款。税务机关查询所获得的资料,不得用于税收以外的用途。

(四) 金融监督

根据《中华人民共和国人民银行法》(以下简称《人民银行法》)第三十条规定,中国人民银行依法对金融机构及其业务实施监督管理,维护金融业的合法、稳健运行。人民银行会计监督的对象是金融机构及其业务。

人民银行会计监督的范围,根据《人民银行法》第三十一条至三十六条,可以划分为以下几个方面:

1. 中国人民银行按照规定审批金融机构的设立、变更、终止及其业务范围。

2. 中国人民银行有权对金融机构的存款、贷款、结算、呆账等情况随时进行稽核、检查监督。

3. 中国人民银行有权对金融机构违反规定提高或者降低存款利率、贷款利率的行为进行检查监督。

4. 中国人民银行有权要求金融机构按照规定报送资产负债表、损益表以及其他财务会计报表和资料。

5. 中国人民银行负责统一编制全国金融统计数据、报表,并按照国家有关规定予以公布。

6. 中国人民银行对国家政策性银行的金融业务,进行指导和监督。

7. 中国人民银行应当建立健全本系统的稽核、检查制度,加强内部的监督管理。

---

① 王建辉,《财经法规与会计职业道德》,中国财政经济出版社,2013 年版,第 20－200 页。

（五）证券监督

根据《中华人民共和国证券法》(以下简称《证券法》)第一百七十八条之规定，国务院证券监督管理机构依法对证券市场实行监督管理，维护证券市场秩序，保障其合法运行。

根据《证券法》第一百七十九条之规定，证券监管的会计监督的范围包括：

1. 依法制定有关证券市场监督管理的规章、规则，并依法行使审批或者核准权；

2. 依法对证券的发行、上市、交易、登记、存管、结算，进行监督管理；

3. 依法对证券发行人、上市公司、证券公司、证券投资基金管理公司、证券服务机构、证券交易所、证券登记结算机构的证券业务活动，进行监督管理；

4. 依法制定从事证券业务人员的资格标准和行为准则，并监督实施；

5. 依法监督检查证券发行、上市和交易的信息公开情况；

6. 依法对证券业协会的活动进行指导和监督；

7. 依法对违反证券市场监督管理法律、行政法规的行为进行查处；

8. 法律、行政法规规定的其他职责。

国务院证券监督管理机构可以和其他国家或者地区的证券监督管理机构建立监督管理合作机制，实施跨境监督管理。

（六）保险监督

《中华人民共和国保险法》(以下简称《保险法》)第一百三十四条规定："保险监督管理机构依照本法和国务院规定的职责，遵循依法、公开、公正的原则，对保险业实施监督管理，维护保险市场秩序，保护投保人、被保险人和受益人的合法权益。"保险监管部门会计监督的对象是保险业。

根据《会计法》第一百五十五条之规定，保管监管部门会计监督的范围是：

1. 对保险公司、保险代理人、保险经纪人、保险资产管理公司、外国保险机构的代表机构进行现场检查；

2. 进入涉嫌违法行为发生场所调查取证；

3. 询问当事人及与被调查事件有关的单位和个人，要求其对与被调查事件有关的事项做出说明；

4. 查阅、复制与被调查事件有关的财产权登记等资料；

5. 查阅、复制保险公司、保险代理人、保险经纪人、保险资产管理公司、外国保险机构的代表机构以及与被调查事件有关的单位和个人的财务会计资料及其他相关文件和资料；对可能被转移、隐匿或者毁损的文件和资料予以封存；

6. 查询涉嫌违法经营的保险公司、保险代理人、保险经纪人、保险资产管理公司、外国保险机构的代表机构以及与涉嫌违法事项有关的单位和个人的银行账户；

7. 对有证据证明已经或者可能转移、隐匿违法资金等涉案财产或者隐匿、伪造、毁损重要证据的，经保险监督管理机构主要负责人批准，申请人民法院予以冻结或者查封。

第四节　会计工作的社会监督

一、会计工作的社会监督的概念

会计工作的社会监督主要是指由注册会计师及其所在的会计师事务所依法对委托单位的经济活动进行的审计、鉴证的一种监督制度[①]。此外，《会计法》还规定任何单位和个人对违反本法和国家统一的会计制度规定的行为，有权检举。因此，单位和个人对违反《会计法》和国家统一的会计制度规定行为的检举也属于会计工作的社会监督的范畴。会计工作的社会监督是一种外部监督，是对单位内部会计监督的再监督，具有有偿性和独立性的特点。

二、会计工作的社会监督的主体

由会计工作社会监督的定义我们可以得出：会计工作的社会监督的主体是注册会计师及其所在的会计师事务所，此外对违反法律法规的会计行为进行检举的单位和个人也是社会监督的主体。《注册会计师法》第二条规定："注册会计师是依法取得注册会计师证书并接受委托从事审计和会计咨询、会计服务业务的执业人员。"注册会计师是以会计师事务所为单位从事审计业务。会计工作的社会监督正是由于其中介性和公正性，从而获得法律和社会公众的认可，具有权威性。

三、注册会计师及其所在会计师事务所业务范围

根据《注册会计师法》第十四条和四十五条规定，注册会计师及其所在会计师事务所的业务范围：

（一）注册会计师承办下列审计业务

1. 审查企业会计报表，出具审计报告；
2. 验证企业资本，出具验资报告；
3. 办理企业合并、分立、清算事宜中的审计业务，出具有关的报告；
4. 法律、行政法规规定的其他审计业务。

注册会计师依法执行审计业务出具的报告，具有证明效力。

（二）注册会计师可以承办会计咨询、会计服务业务

为便于会计师事务所更好地执行《注册会计师法》所规定的业务，根据财政部《关于会计师事务所承办会计咨询、会计服务业务的有关问题的通知》的规定，会计师事务所可以承办会计咨询、会计服务业务，主要包括：

1. 设计会计制度；
2. 担任会计顾问；
3. 代理纳税申报；

---

① 刘总理、崔洁，《财经法规与会计职业道德》，立信会计出版社，2014 年版，第 21 页。

4. 代理记账；
5. 办理投资评估、资产评估和项目可行性研究中的有关业务；
6. 提供会计咨询、税务咨询和管理咨询；
7. 代理申请工商注册登记，协助拟订合同、章程和其他业务文件；
8. 培训会计、审计和财务管理人员；
9. 其他的会计咨询、会计服务业务。

四、注册会计师审计与内部审计的关系

注册会计师审计是指注册会计师接受委托对被审计单位的会计报表及相关资料进行独立审查，并出具审计意见的行为，其实质是确立或者解除被审计单位的受托经济责任。

内部审计是一种独立客观的保证工作与咨询活动，它以系统的、专业的方法对风险管理、控制及治理过程的有效性进行评价和改善，从而帮助组织实现其目标。它是由被审计单位内部机构或人员，对其内部控制的有效性、财务信息的真实性和完整性以及经营活动的效率和效果等开展的一种评价活动。

（一）注册会计师审计与内部审计的联系

1. 相同的审计对象

注册会计师审计和内部审计都关注被审计单位内部控制的健全性和有效性，都是现代审计体系的重要组成部分，都是以财务审计为起点，对被审计单位的经济业务活动进行审计。

2. 相似的审计手段

注册会计师审计和内部审计都是运用询问、函证、盘点、重新计算、重新执行、分析程序等审计方法进行审计。

（二）注册会计师审计与内部审计的区别

1. 审计独立性不同

注册会计师审计属于外部审计，并不隶属于被审计单位，因此其具有很强的独立性。内部审计是被审计单位的一个职能部门，其受到被审计单位的制约，因此仅仅具有相对的独立性。

2. 审计方式不同

注册会计师审计是受托审计，其审计内容、审计程序等都要严格遵循《注册会计师法》以及《注册会计师执业准则》等法律法规。内部审计是根据单位内部管理的需要而进行的审计。

3. 审计的职责和作用不同

注册会计师审计的审计报告需要对外报出，是注册会计师就鉴证对象信息提供的保证。因此，注册会计师既要对委托人负责，也要对财务报告使用者负责，更要对国家法律负责。内部审计的审计报告是不对外报出的，仅供本单位管理层使用，不具有鉴证作用。

4. 接受审计的资源程度不同

注册会计师审计，被审计单位可以自主选择注册会计师事务所。内部审计则是单位内部机构必须接受的。

五、注册会计师的审计责任

审计责任是指注册会计师对被审计单位进行审计，出具审计报告所应承担的责任。例如

注册会计师在审计过程中要依法实施独立的审计程序，搜集充分适当的审计证据，对被审计单位的会计报表发表独立的审计意见等。一般来说，会计师事务所负责人对整个事务所的工作成果和各个审计项目形成的审计结论负有直接责任；审计项目负责人对制定审计工作计划，确定审计工作程序和形成审计报告负有直接责任；注册会计师及其助理人员都对自己负责的具体审计项目或审计领域的工作质量负有直接责任。

注册会计师法律责任：行政责任、民事责任和刑事责任。

（一）行政责任

注册会计师的行政责任包括：注册会计师在审计过程中，没有完全遵循或根本没有遵循法规的要求执业，因技术上的原因导致审计业务报告不恰当；或者遵循了法规的要求，但是由于注册会计师在执业过程中的粗心大意，导致审计业务报告不恰当；注册会计师在执业过程中违反注册会计师道德行为规范要求产生的对客户、同行和其他的责任。

注册会计师的行政制裁分为行政处分和行政处罚两种，包括警告、暂停执业、吊销注册会计师证书、没收违法所得、罚款和撤销等方式。

（二）民事责任

注册会计师需要承担民事责任的情形有：1. 违约责任，注册会计师在接受委托后，不履行合同义务或者履行合同义务不符合规定时，注册会计师应当赔偿被审计单位的损失；2. 侵权责任，注册会计师执业行为不正当，侵犯了委托客户的合法权益时，应承担民事责任。

（三）刑事责任

注册会计师在执业过程中违反国家法律法规，如舞弊等，构成刑事犯罪的要承担刑事责任，刑事处罚的方式包括拘役、罚金、有期徒刑等。

第五节　案例分析

【案例 4-1】

【案例分析目的】综合理解我国会计监督体系

【案例分析资料】

李某是豫章机械股份有限公司的总经理，2014 年 12 月，李某发现受当前经济环境不景气的影响，公司的效益严重下滑，出现了亏损的情况。李某立即电话请示了董事长，董事长授意其将财务数据进行修改。李某通知了总会计师，让他虚构若干笔销售收入，将财务报告转亏为盈。李某又找了熟识的会计师事务所，对其公司的财务报表进行审计，出具了无保留意见审计报告。当公司的财务报告和审计报告对外报出后，公司的股价迅速上升。

但是，在 2015 年 4 月，当地财政部门通过检查发现该公司存在重大会计造假行为。因此根据《会计法》以及相关法律法规对该公司的董事长、总经理、总会计师以及审计该公司财务报表的注册会计师、会计师事务所做出了相应的处罚。

【案例分析要求】

（1）分析上述案例中哪些行为违反了会计监督。

（2）试述我国的会计监督体系。

【案例评析】

在上述案例中，单位内部会计监督和社会监督均出现问题。在单位内部会计监督中，首先，公司董事长、总经理未履行其应负担的责任，授意、指示公司总会计师伪造销售收入。《会计法》第四条规定："单位负责人对本单位的会计工作和会计资料的真实性、完整性负责。"第二十八条规定："单位负责人应当保证会计机构、会计人员依法履行职责，不得授意、指使、强令会计机构、会计人员违法办理会计事项。"此外，总经理还示意注册会计师出具无保留意见审计报告。《会计法》第三十一条规定："任何单位或者个人不得以任何方式要求或者示意注册会计师及其所在的会计师事务所出具不实或者不当的审计报告。"其次，总会计师在总经理授意虚构销售收入后，没有履行作为会计人员应履行的义务，而是篡改了财务数据。《会计法》第二十八条规定："会计机构、会计人员对违反本法和国家统一的会计制度规定的会计事项，有权拒绝办理或者按照职权予以纠正。"《会计法》第十三条规定："任何单位和个人不得伪造、变造会计凭证、会计账簿及其他会计资料，不得提供虚假的财务会计报告。"最后，注册会计师及其所在会计事务所对该公司造假的财务报表出具了无保留意见财务报告，违反了注册会计师的执业准则。而社会监督的主体主要是注册会计师，在该案例中注册会计师严重违反了社会监督的中介性和公正性的特征，给财务报表使用者带来了严重损失。

会计监督体系是由若干相互联系、相互依赖、相互制约的会计监督机构组成。我国根据《会计法》的规定形成了单位内部会计监督、政府监督和社会监督三位一体的会计监督体系。单位内部会计监督是指一个单位为了保护其资产的安全完整，保证其经营符合国家法律、法规和内部规章要求，提高经营管理水平和效率，防止舞弊，控制风险等目的，而在单位内部采取的一系列相互联系、相互制约的制度和方法①。会计工作的政府监督是指财务、审计、税务、人民银行、证券监管、保险监管等部门代表国家对各单位和单位中相关人员的会计行为实施的监督检查，以及对发现的违法会计行为实施行政处罚，是一种外部监督，与单位内部会计监督起互补作用，是我国会计监督体系的重要组成部分，具有强制性和无偿性的特点。社会监督是指由依法成立的社会审计中介组织所组织实施的会计监督，是对单位内部监督的再监督，其具有独立性和无偿性的特征。政府监督是指由依法享有经济监督检查权的有关部门所实施的监督行为，是对单位内部监督和社会监督的再监督，其具有强制性和无偿性的特征。

【案例 4－2】

【案例分析目的】考察政府监督、单位内部会计监督的有关内容

【案例分析资料】

豫章机械股份有限公司是一家股份有限公司，2014 年度发生以下事项：

(1) 3 月 25 日，公司会计稽核人员林某休病假，公司让出纳人员于某监管其工作，并按照规定办理了交接手续。

(2) 5 月 6 日，当地财政部门对该公司进行账务检查，该公司领导以"分管财务工作领导及财务部门负责人出差"为理由，拒绝接受检查。

(3) 9 月 28 日，公司收到之前购入货物的发票，该业务的经办人员肖某发现发票上的金额与实际支付的金额不符，便将该发票退回给出票单位，要求其重新出具票据。

① 刘总理、崔洁，《财经法规与会计职业道德》，立信会计出版社，2014 年版，第 18 页。

【案例分析要求】

(1) 从会计监督的角度分析该公司以上业务的处理是否正确?

(2) 试述我国会计工作政府监督的主体是谁?各主体的监督对象是否相同。

【案例评析】

从会计监督的角度看,豫章机械股份有限公司的上述业务中,第三项业务的处理是正确的,第一项和第二项业务的处理不正确。第一项业务不符合单位内部会计监督的不相容岗位相分离制度的要求。《会计法》第三十七条规定:"出纳人员不得兼管稽核、会计档案保管和收入、费用、债权债务账目的登记工作。"《内部会计控制基本规范》第十九条规定:"组织结构控制要求贯彻不相容职务相分离的原则,合理设置内部机构,科学划分职责权限,形成相互制衡机制。"不相容职务主要包括:授权批准与业务经办、业务经办与会计记录、会计记录与财产保管、业务经办与业务稽核、授权批准与监督检查等职务。第二项业务违反了《会计法》第三十五条关于各单位必须依照有关法律、行政法规的规定,接受有关监督检查部门依法实施的监督检查,如实提供会计凭证、会计账簿、财务会计报告和其他会计资料以及有关情况,不得拒绝、隐匿、谎报的规定。第三项业务的处理符合《会计法》第二十九条之规定:"会计机构、会计人员发现会计账簿记录与实物、款项及有关资料不相符的,按照国家统一的会计制度的规定有权自行处理的,应当及时处理;无权处理的,应当立即向单位负责人报告,请求查明原因,做出处理。"

《会计法》第三十三条规定:"财政、审计、税务、人民银行、证券监管、保险监管等部门应当依照有关法律、行政法规规定的职责,对有关单位的会计资料实施监督检查。"可见,会计工作的政府监督的主体是财政、审计、税务、人民银行、证券监管、保险监管等部门。但是,财政部门是依据《会计法》等对各单位的会计资料实施监督检查,而审计、税务、人民银行、证券监管、保险监管等部门是依据法律法规对有关单位的会计资料实施监督检查,并且相关法律明确指出:有关部门应在法定的范围和权限内对单位实施监督检查。

本章小结与关键词

本章小结

会计监督是会计的基本职能之一,是保证会计信息质量的关键环节,也是我国经济监督体系的重要组成部分。我国已经形成了三位一体的会计监督体系,即单位内部监督、政府监督和社会监督。

单位内部会计监督是指一个单位为了保护其资产的安全完整,保证其经营符合国家法律、法规和内部规章要求,提高经营管理水平和效率,防止舞弊,控制风险等目的,而在单位内部采取的一系列相互联系、相互制约的制度和方法。

会计工作的政府监督是指财务、审计、税务、人民银行、证券监管、保险监管等部门代表国家对各单位和单位中相关人员的会计行为实施的监督检查,以及对发现的违法会计行为实施行政处罚,是一种外部监督,与单位内部会计监督起互补作用,是我国会计监督体系的重要组成部分,具有强制性和无偿性的特点。

会计工作的社会监督主要是指由注册会计师及其所在的会计师事务所依法对委托单位的

经济活动进行的审计、鉴证的一种监督制度。会计工作的社会监督是一种外部监督，是对单位内部会计监督的再监督，具有有偿性和独立性的特点。

单位内部监督、政府监督和社会监督共同组成我国的会计监督体系，三种监督相互补充、相互制约、不可代替。

本章关键词

会计监督　单位内部会计监督　政府监督　社会监督　内部控制　注册会计师审计　内部审计

本章思考与案例分析题

一、思考题

1. 我国会计监督体系由哪些内容组成？
2. 单位内部会计监督有哪些要求？
3. 财政部门会计监督的主要内容是什么？
4. 注册会计师审计和内部审计的区别与联系？

二、案例分析题

［**案例 1**］

案例分析目的：掌握财政部门的监督

案例资料：

豫章机械股份有限公司是一家中外合资企业，当地县级财政部门在年度例行检查中，抽中其作为检查对象，但豫章机械股份有限公司的总经理却以该企业是中外合资企业为理由，拒绝接受财政部门的检查。

案例分析要求：

(1) 财政部门的监督属于什么监督？

(2) 豫章机械股份有限公司以其是一家中外合资企业为由拒绝检查是否正确？

［**案例 2**］

案例分析目的：掌握会计监督

案例分析资料：

财政部门在对豫章机械股份有限公司 2014 年的经济活动进行核查时发现该公司存在舞弊现象，财政部门对其进行详细的调查，发现公司总经理钱某存在指使财务人员做假账、打击压制坚持原则的会计人员等问题，具体问题如下：

(1) 该公司存在两套账，一套对外，一套对内。

(2) 钱某为私利，授意、指使有关财务人员做假账，虚增企业利润。

(3) 财务人员李某因不服从钱某做假账的命令，钱某利用职权之便将其开除。

案例分析要求：

从会计监督的角度分析钱某的上述行为。

第五章 会计机构和会计人员的法律规定

学习目的与要求

1. 掌握单位设置会计机构应当考虑的因素。
2. 掌握单位会计机构设置原则。
3. 了解会计人员及会计机构负责人任职资格。
4. 了解会计工作岗位设置规定。
5. 了解会计专业职务与会计专业技术资格任职条件。
6. 了解会计人员工作交接规定。
7. 掌握代理记账有关规定。

导入案例

豫章机械股份有限公司是一家国有中型机械制造企业，2013年因市场变化导致主要产品销售不畅，发生经营性亏损2 500万元。2013年末公司总经理谢某因管理不善被免职。2014年初张某被任命为公司总经理。张某就职时承诺当年实现扭亏为盈，以后每年净利润增长20%以上。2014年末经会计部门初步测算，当年公司仍将发生1 200万元左右的亏损。由于无法完成上任时承诺的利润目标，张某找公司财务部门负责人徐某商量，责成徐某在编制会计报表时务必采取一些"技术手段"，实现"扭亏为盈"。徐某知道，按照我国现行会计准则规定编制财务报表，公司当年不可能实现"扭亏为盈"。如果编制财务报表时不采取一些"技术手段"实现"扭亏为盈"，自己很可能会被免职；如果照总经理意见办，明显属于会计舞弊，一定会承担法律责任。为此，财务负责人徐某不知如何是好。

思考：你认为财务负责人徐某应如何处理，并简要说明理由。

第一节 会计机构和会计人员概述

一、会计机构和会计人员的含义及设置规定

会计机构是各单位办理会计事务的职能机构，会计人员是各单位直接从事会计工作的相关人员。

《会计法》规定，各单位应当根据会计业务的需要，设置会计机构，或者在有关机构中设置会计人员并指定会计主管人员；不具备设置条件的，应当委托经批准设立从事会计代理记账业务的中介机构代理记账。

国有的和国有资产占控股地位或者主导地位的大、中型企业必须设置总会计师。总会计

师的任职资格、任免程序、职责权限由国务院规定。

从事会计工作的人员，必须取得会计从业资格证书。担任单位会计机构负责人（会计主管人员）的，除取得会计从业资格证书外，还应当具备会计师以上专业技术职务资格或者从事会计工作三年以上经历。会计人员应当遵守职业道德，提高业务素质。

二、我国会计机构的种类

我国会计机构主要包括：主管会计工作的机构、业务主管部门的会计机构和单位的会计机构。

（一）主管会计工作的机构

《会计法》规定，国务院财政部门是主管全国会计工作的机构，地方各级人民的财政部门是主管该地区会计工作的机构。国家各级会计管理部门分别设置会计司、处、科等。

国家管理部门会计机构的主要任务包括：组织、指导、监督所属单位的会计工作；审核、汇总所属单位上报的会计报表；核算本单位和上、下级之间缴、拨款等事项。

（二）业务主管部门的会计机构

业务主管部门包括审计、税务、人民银行、证券监管、保险监管部门以及国务院各业务主管部门。《会计法》规定，业务主管部门应当依照法律、行政法规规定的职责，对有关单位的会计资料实施监督检查，国务院各业务主管部门的财务会计机构，对其所属单位的会计工作负有指导、管理、监督的责任。

（三）单位的会计机构

单位会计机构指的是单位内部所设置的、专门办理会计事项的机构，单位会计机构和会计人员是各单位会计工作的主要承担者。本章主要探讨单位会计机构的设置及单位会计人员法律责任。

第二节　会计机构与会计工作岗位设置

《会计法》规定，各单位应当根据会计业务的需要，设置会计机构，或者在有关机构中设置会计人员并指定会计主管人员；不具备设置条件的，应当委托经批准设立从事会计代理记账业务的中介机构代理记账。

一、单位设置会计机构应当考虑的因素

单位是否单独设置会计机构，主要考虑下列各因素：

（一）单位规模大小

一般来说，大中型企业和具有一定规模的事业行政单位，以及财务收支数额较大，会计业务较多的社会团体和其他经济组织，都应单独设置会计机构，以便及时组织本单位各项经济活动和财务收支的核算，实行有效的会计监督。

（二）经济业务数量

经济业务较多的单位，应当单独设置会计机构，以保证会计工作的效率和会计信息的质

量；经济业务较少的单位，可以在有关机构中设置会计人员并指定会计主管人员；经济业务很少的单位，一般可以委托经批准设立从事会计代理记账业务的中介机构代理记账。

(三) 单位内部管理的要求

有效的内部管理有赖于高质量的会计信息。单位内部管理上要求越高，对会计信息的质量要求越高，对会计信息系统的设置要求也越高。因此，内部管理要求高的单位，应当设置独立的会计机构，为内部管理提供高质量的会计信息。

二、单位内部会计机构设置原则

各单位内部会计机构设置应当遵循以下原则：

(一) 合法原则

各单位应当按照国家有关法律法规和会计基础工作规范的规定设置会计机构。不具备单独设置会计机构条件的，应当委托经批准设立从事会计代理记账业务的中介机构代理记账。

(二) 实用原则

各单位应当考虑单位组织形式、所处行业、经济业务多少、自身业务特点等因素，设置适合单位特点的会计机构。

(三) 权责明确、相互制衡原则

单位会计机构设置，应当保证会计机构内部各个岗位的合理设置及其职责权限的合理划分，保证不相容职务相互分离及不同岗位之间权责分明、相互制约、相互制衡、相互监督。

(四) 成本效益原则

单位会计机构设置应当遵循成本效益原则，保证人员配备合理，机构运转高效，在保证会计信息质量的前提下尽量降低提供会计信息的成本。

(五) 动态原则

单位会计机构设置应当遵循动态原则。各单位应当随着会计环境的变化和管理要求的变化，不断完善会计机构的设置，保证会计机构能够适应不断变化的会计环境和管理要求。

三、会计机构负责人(会计主管人员)的任职资格

(一) 会计机构负责人(会计主管人员)的概念

会计机构负责人(会计主管人员)是指在一个单位内具体负责会计工作的中层领导人员。

根据《会计法》规定，设置会计机构，应当配备会计机构负责人；不单独设置会计机构，而在有关机构中配备专职会计人员的，应当在专职会计人员中指定会计主管人员，行使会计机构负责人的职权。会计机构负责人(会计主管人员)应当按照规定的程序任免。

(二) 会计机构负责人(会计主管人员)的任职资格

一个单位的会计工作，主要依靠会计主管人员和会计人员共同努力来完成。从外部经济环境来看，每个单位都要与社会发生多方面的联系或多种形式的经济往来，这些经济关系需要会计主管人员来处理。从内部经济环境来看，每个单位都要按经济规律管理经济工作，特别是在市场竞争日趋激烈的环境中尤为重要，这就需要会计主管人员认真细致地研究生财、聚财、

用财等理财之道。如果会计主管人员任用不当，就会造成工作失误，给单位带来经济损失。所以会计主管人员不仅要求具有一定的政治素质和业务素质，还应具备较高的素质。

《会计法》规定，担任单位会计机构负责人（会计主管人员）的，除取得会计从业资格证书外，还应当具备会计师以上专业技术职务资格或者从事会计工作三年以上经历。

四、会计工作岗位设置

（一）会计工作岗位的概念

会计工作岗位是指单位会计机构内部根据业务分工而设置的从事会计工作，办理会计事项的具体职位。《会计基础工作规范》规定，无论单位是否设置单独的会计机构，均应根据会计业务需要设置会计工作岗位。会计工作岗位设置，应当保证各个岗位的合理设置及其职责权限的合理划分，保证不相容职务相互分离及不同岗位之间权责分明、相互制约、相互制衡、相互监督。

（二）会计工作岗位设置的要求

会计工作岗位设置具体要求包括：

1. 按需设岗

会计工作岗位设置应根据会计业务需要设置，应与本单位业务活动的规模、特点和管理要求相适应。会计岗位可以一人一岗、一人多岗、一岗多人。具体来说，业务活动规模大，业务过程复杂，经济业务较多，管理比较严格的单位，会计机构相应较大，会计机构内部分工相应较细，会计人员和会计岗位相应较多；相反，业务活动规模小，业务过程简单，经济业务量较少和管理要求不高的单位，会计机构相应较小，会计机构内部分工相对较粗，会计人员和会计岗位也相应较少。

2. 符合内部牵制制度的要求

会计内部牵制是指通过实施岗位分离，自动实现账目间的相互核对，来保证相关账目正确无误的一种控制机制。会计工作岗位设置应当符合内部牵制制度的要求，主要包括：(1) 凡是涉及款项和财务收付、结算及登记的任何一项工作，必须由两人或两人以上分工办理，相互制约。(2) 出纳不得兼管稽核、会计档案保管、收入、费用、债权债务账目的登记工作（而不是所有记账工作）。(3) 出纳以外的人员不得经管现金、有价证券、票据。

3. 建立轮岗制度

对会计人员的工作岗位要有计划进行轮岗。定期或不定期轮换会计人员工作岗位，有利于会计人员全面熟悉业务，不断提高业务素质，也有利于增强会计人员之间的团结合作意识。

4. 建立岗位责任制

会计机构内部岗位责任制是指明确各项具体会计工作的职责范围、具体内容和要求，并落实到每个会计工作岗位或会计人员的一种会计工作责任制度。会计岗位责任制是单位会计人员履行职责、提高工作效率的有效保证。在设置会计工作岗位时，应当明确每个岗位的责任、权利和义务，做到责、权、利相结合。

（三）会计工作岗位的构成

根据单位规模大小及业务核算需要和管理要求不同，会计岗位设置可以一人一岗、一人多岗、一岗多人。单位会计工作岗位一般包括：总会计师（或行使总会计师职权）岗位、会计机构负责人(会计主管人员)岗位、出纳岗位、稽核岗位、资本及基金核算岗位、收入支出及债权债务核算岗位、工资核算岗位、成本费用核算岗位、财产物资收发核算岗位、总账岗位、财务会计报告编制岗位、会计电算化岗位、会计档案管理岗位等。

需要说明的是,会计机构内部的会计档案管理岗位属于会计岗位,而单位档案管理部门的工作岗位不属于会计工作岗位。另外,单位业务部门的收费员、营业员、单位内部审计人员等工作岗位不属于会计工作岗位。

五、会计工作交接

会计工作交接是指会计人员工作调动或者因故离职时,与接替人员办理交接手续的一种工作程序。

(一) 会计工作交接的范围

会计工作交接范围包括以下三种情况:

第一,临时离职或因病不能工作需要接替或代理的,会计机构负责人(会计主管人员)或单位负责人必须指定专人接替或者代理,并办理会计工作交接手续;

第二,临时离职或因病不能工作的会计人员恢复工作时,应当与接替或代理人员办理交接手续;

第三,移交人员因病或其他特殊原因不能亲自办理移交手续的,经单位负责人批准,可由移交人委托他人代办交接,但委托人应当对所移交的会计凭证、会计账簿、财务会计报告和其他有关资料的真实性、完整性承担法律责任。

(二) 会计工作交接的程序

1. 交接前的准备工作

(1) 已经受理的经济业务尚未填制会计凭证的应当填制完毕。

(2) 尚未登记的账目应当登记完毕,结出余额,并在最后一笔余额后加盖经办人印章。

(3) 整理好应该移交的各项资料,对未了事项和遗留问题写出书面说明材料。

(4) 编制移交清册,列明应该移交的会计凭证、会计账簿、财务会计报告、公章、现金、有价证券、支票簿、发票、文件、其他会计资料和物品等内容;实行会计电算化的单位,从事该项工作的移交人员应在移交清册上列明会计软件及密码、数据盘、磁带等内容。

(5) 会计机构负责人(会计主管人员)移交时,应将财务会计工作、重大财务收支问题和会计人员等情况向接替人员介绍清楚。

2. 按照移交清册逐项移交

接管人员应认真按照移交清册逐项点收。具体要求是:

(1) 现金要根据会计账簿记录余额进行当面点交,不得短缺,接替人员发现不一致或“白条抵库”现象时,移交人员在规定期限内负责查清处理。

(2) 有价证券的数量要与会计账簿记录一致,有价证券面额与发行价不一致时,按照会计账簿余额交接。

(3) 所有会计资料必须完整无缺。如有短缺,必须查明原因,并在移交清册中加以说明,由移交人负责。

(4) 银行存款账户余额要与银行对账单核对相符,如有未达账项,应编制银行存款余额调节表调节相符；各种财产物资和债权债务的明细账户余额，要与总账有关账户的余额核对相符；对重要实物要实地盘点；对余额较大的往来账户要与往来单位、个人核对。

(5) 公章、收据、空白支票、发票、科目印章以及其他物品等必须交接清楚。

(6) 实行会计电算化的单位，交接双方应在电子计算机上对有关数据进行实际操作，确认有关数字正确无误后，方可交接。

3. 专人负责监交

对监交的具体要求是：

(1) 一般会计人员办理交接手续，由会计机构负责人(会计主管人员)监交。

(2) 会计机构负责人(会计主管人员)办理交接手续，由单位负责人监交，必要时主管单位可以派人会同监交。

其中需要主管部门派人会同监交的情况主要包括：

① 所属单位负责人不能监交。如因单位撤并而办理交接手续等；

② 所属单位负责人不能尽快监交。如主管单位责成所属单位撤换不合格的会计机构负责人(会计主管人员)，所属单位负责人却以种种借口拖延不办交接手续时，主管单位就应派人督促会同监交等；

③ 不宜由所属单位负责人单独监交，而需要主管单位会同监交。如所属单位负责人与办理交接手续的会计机构负责人(会计主管人员)有矛盾，交接时需要主管单位派人会同监交，以防可能发生单位负责人借机刁难等；

④ 主管单位认为交接中存在某种问题需要派人监交时，也可派人会同监交。

4. 交接后的有关事项

(1) 会计工作交接完毕后，交接双方和监交人在移交清册上签名或盖章，并应在移交清册上注明：单位名称，交接日期，交接双方和监交人的职务、姓名，移交清册页数以及需要说明的问题和意见等。

(2) 接管人员应继续使用移交前的账簿，不得擅自另立账簿，以保证会计记录前后衔接，内容完整。

(3) 移交清册一般应填制一式三份，交接双方各执一份，存档一份。

第三节　会计人员的法律规定

会计人员是指单位内部从事会计工作的专职人员。在我国，会计人员按职权划分主要有总会计师、会计机构负责人、会计主管人员、一般会计人员；按照专业技术职务划分为高级会计师、中级会计师、初级会计师、会计员。

一、会计从业资格

会计从业资格是指进入会计职业、从事会计工作的一种法定资质，是进入会计职业的“门槛”。《会计法》第三十八条规定，从事会计工作的人员，必须取得会计从业资格，持有会计从业资格证书。

（一）会计从业资格证书的适用范围

在国家机关、社会团体、公司、企业、事业单位和其他组织中，从事下列会计工作的人员（包括香港特别行政区、澳门特别行政区、台湾地区人员，以及外籍人员在中国大陆境内从事会计工作的人员），必须取得并持有会计从业资格证书。具体来说，从事下列工作的人员，必须取得并持有会计从业资格证书：

（1）会计机构负责人（会计主管人员）；（2）出纳；（3）稽核；（4）资本、资金核算；（5）收入、支出、债权债务核算；（6）工资、成本费用、财务成果核算；（7）财产物资的收发、增减核算；（8）总账；（9）财务会计报告编制；（10）会计机构内会计档案管理。

单位不能任用不具备会计从业资格的人员从事会计工作。不具备会计从业资格的人员，不能从事会计工作。不具备会计从业资格的人员，不得参加会计专业技术资格考试或评审及会计专业技术职务的聘任。

（二）会计从业资格证书的取得

1. 会计从业资格实行考试制度

取得会计从业资格证：考生需同时考试通过《会计学基础》、《财经法规与会计职业道德》、《初级电算化》或者珠算，考生须参加全部科目的考试（会计电算化和珠算任选其一）。

考试时长：每科目考试时间为60分钟，三科总时长为180分钟；实行连续考试的方式，三科试卷同时发放，可任选科目开始考试；每科目考试时间相对独立，剩余时间其他科目不能续用。

2013年7月1日起，全国实行无纸化考试，会计从业资格证的3科必须同时考过方可有效，同时没有任何免考政策。所有人都必须同时考过3科方可取得该证书。

财政部负责全国会计从业资格考试工作，省级财政部门、新疆生产建设兵团财务局和中央主管单位负责管理本地区（部门、系统）会计从业资格考试工作。

2. 会计从业资格报名条件

符合下列条件的人员，可以申请参加会计从业资格考试：

（1）遵守会计和其他财经法律、法规；

（2）具备良好的道德品质；

（3）具备会计专业基础知识和技能。

因有《会计法》第四十二条、第四十三条、第四十四条所列违法情形，被依法吊销会计从业资格证书的人员，自被吊销之日起5年以内不得参加会计从业资格考试，不得重新取得会计从业资格证书。

因有提供虚假财务会计报告，做假账，隐匿或者故意销毁会计凭证、会计账簿、财务会计报告，贪污、挪用公款，职务侵占等与会计职务有关的违法行为，被依法追究刑事责任的人员，不得参加会计从业资格考试，不得取得或者重新取得会计从业资格证书。

县级以上地方人民政府财政部门、新疆生产建设兵团财务局、中共中央直属机关事务管理局、国务院机关事务管理局、铁道部、中国人民解放军总后勤部、中国人民武装警察部队后勤部（以下简称会计从业资格管理机构）应当对申请参加会计从业资格考试人员的条件进行审核，符合条件的，允许其参加会计从业资格考试。

（三）会计从业资格证的管理规定

中华人民共和国财政部令第73号——《会计从业资格管理办法》规定，县级以上地方人民政府财政部门负责本行政区域内的会计从业资格管理；财政部委托中共中央直属机关事务管理局、国务院机关事务管理局按照各自权限分别负责中央在京单位的会计从业资格的管理；新疆生产建设兵团财务局负责所属单位的会计从业资格的管理；财政部委托中国人民解放军总后勤部、中国人民武装警察部队后勤部分别负责中国人民解放军、中国人民武装警察部队系统的会计从业资格的管理。

1. 信息化管理规定

《会计从业资格管理办法》规定，会计从业资格实行信息化管理。会计从业资格管理机构应当建立持证人员从业档案信息系统，及时记载、更新持证人员下列信息：

(1) 持证人员的相关基础信息；

(2) 持证人员从事会计工作情况；

(3) 持证人员的变更、调转登记情况；

(4) 持证人员换发会计从业资格证书情况；

(5) 持证人员接受继续教育情况；

(6) 持证人员受到表彰奖励情况；

(7) 持证人员因违反会计法律、法规、规章和会计职业道德被处罚情况。

2. 监督检查规定

《会计从业资格管理办法》规定，会计从业资格管理机构对下列情况实施监督检查：

(1) 从事会计工作的人员持有会计从业资格证书情况；

(2) 持证人员换发、调转、变更登记会计从业资格证书情况；

(3) 持证人员从事会计工作和执行国家统一的会计制度情况；

(4) 持证人员遵守会计职业道德情况；

(5) 持证人员接受继续教育情况。

会计从业资格管理机构在实施监督检查时，持证人员应当如实提供有关情况和材料，有关单位应当予以配合。

3. 持证人员继续教育规定

会计从业资格持证人员应当接受继续教育，提高业务素质和会计职业道德水平。持证人员参加继续教育采取学分制管理制度。会计从业资格管理机构应当加强对持证人员继续教育工作的监督、指导。单位应当鼓励和支持持证人员参加继续教育，保证学习时间，提供必要学习条件。会计从业资格管理机构应当对开展会计人员继续教育的培训机构进行监督和指导，规范培训市场，确保培训质量。

4. 变更登记规定

《会计从业资格管理办法》规定，持证人员的姓名、有效身份证件及号码、照片、学历或学位、会计专业技术职务资格、开始从事会计工作时间等基础信息，以及第十九条第(五)和第(六)项内容发生变化的，应当持相关有效证明和会计从业资格证书，到所属会计从业资格管理机构办理从业档案信息变更。会计从业资格管理机构应当在核实相关信息后，为持证人员办理从业档案信息变更。

持证人员的其他相关信息发生变化的，应当登陆所属会计从业资格管理机构指定网站进行信息变更，也可以到所属会计从业资格管理机构办理。

5. 调转登记规定

《会计从业资格管理办法》规定，持证人员所属会计从业资格管理机构发生变化的，应及时办理调转登记手续。

持证人员所属会计从业资格管理机构在各省级财政部门、新疆生产建设兵团财务局、中央主管单位各自管辖范围内发生变化的，应当持会计从业资格证书、工作证明(或户籍证明、居住证明)到调入地所属会计从业资格管理机构办理调转登记。

持证人员所属会计从业资格管理机构在各省级财政部门、新疆生产建设兵团财务局、中央主管单位管辖范围之间发生变化的，应当及时填写调转登记表，持会计从业资格证书，到原会计从业资格管理机构办理调出手续。持证人员应当自办理调出手续之日起 3 个月内，持会计从业资格证书、调转登记表和在调入地的工作证明(或户籍证明、居住证明)，到调入地会计从业资格管理机构办理调入手续。

6. 定期换证规定

会计从业资格管理办法规定，会计从业资格证书实行 6 年定期换证制度。

持证人员应当在会计从业资格证书到期前 6 个月内，填写定期换证登记表，持有效身份证件原件和会计从业资格证书，到所属会计从业资格管理机构办理换证手续。

7. 会计从业资格的撤销规定

《会计从业资格管理办法》规定，有下列情形之一的，会计从业资格管理机构可以撤销持证人员的会计从业资格：

(1) 会计从业资格管理机构工作人员滥用职权、玩忽职守，作出给予持证人员会计从业资格决定的；

(2) 超越法定职权或者违反法定程序，作出给予持证人员会计从业资格决定的；

(3) 对不具备会计从业资格的人员，作出给予会计从业资格决定的。

持证人员以欺骗、贿赂、舞弊等不正当手段取得会计从业资格的，会计从业资格管理机构应当撤销其会计从业资格。

8. 会计从业资格的注销规定

《会计从业资格管理办法》规定，持证人员具有下列情形之一的，会计从业资格管理机构应当注销其会计从业资格：

(1) 死亡或者丧失行为能力的；

(2) 会计从业资格被依法吊销的。

9. 会计从业资格证书的补发规定

持证人员应当妥善保管会计从业资格证书。如有遗失，持证人员应当在履行公告程序后，填写补发申请表，持有关证明材料，向所属会计从业资格管理机构申请补发会计从业资格证书。会计从业资格管理机构核实无误后，应当自受理之日起 20 个工作日内予以补发。

此外，《会计从业资格管理办法》规定，会计从业资格管理机构应当将领取会计从业资格证书和办理会计从业资格证书换发、调转、变更登记的条件、程序、期限以及需要提交的材料和相关申请登记表格示范文本等在办公场所公示，或者在会计从业资格管理机构指定网站进行公示。相关申请登记表格示范文本应当置放于会计从业资格管理机构办公场所，免费提供或者由申请人从会计从业资格管理机构指定网站下载。单位和个人对违反本办法规定的行为有权检举，会计从业资格管理机构应当及时核实、处理，并为检举人保密。持证人员对会计从业资格管理机构的处罚决定，享有陈述权、申辩权，有权依法申请行政复议或者提起行政诉讼。

二、会计专业技术资格与职务

（一）会计专业技术资格

1. 会计专业技术资格的分类

会计专业技术资格是指担任会计专业职务的任职资格，分为初级资格、中级资格和高级资格。初级、中级会计资格的取得实行全国统一考试制度；高级会计师资格实行考试与评审相结合制度。

2. 会计专业技术资格考试基本条件

报名参加会计专业技术资格考试人员，应当符合以下基本条件：

(1) 坚持原则，具备良好的道德品质；

(2) 遵守国家法律、法规；

(3) 具备一定的会计专业知识和技能；

(4) 热爱会计工作，秉公办事；

(5) 具有会计从业资格，持有会计从业资格证书。

被吊销会计从业资格证书的人员，符合重新申请取得会计从业资格条件的，均须参加会计从业资格考试。

3. 会计专业技术资格考试科目

(1) 初级资格考试科目

初级资格包括两个科目《初级会计实务》、《经济法基础》，试题全部采用客观题，采用无纸化上机考试。

(2) 中级资格考试科目

中级资格考试科目包括《财务管理》、《经济法》、《中级会计实务》三科，考试采用客观题和主观题结合方式。

(3) 高级资格考试科目

高级会计资格考试只考《高级会计实务》一科，主要考案例分析题(开卷考试)。

4. 各级会计专业技术资格的报考条件

(1) 初级资格报考条件

报名参加会计专业技术初级资格考试的人员，除具备上述第 2 条基本条件外，还必须具备教育部门认可的高中毕业以上学历。

(2) 中级资格报考条件

报名参加会计专业技术中级资格考试的人员，除具备上述第 2 条基本条件外，还必须具备下列条件之一：

① 取得大学专科学历，从事会计工作满五年；

② 取得大学本科学历，从事会计工作满四年；

③ 取得双学士学位或研究生毕业，从事会计工作满二年；

④ 取得硕士学位，从事会计工作满一年；

⑤ 取得博士学位。

(3) 高级资格

高级会计师，是指我国会计专业技术职称中的高级会计专业技术资格。高级会计师须遵守中华人民共和国宪法和法律，具有良好的职业道德，在业务能力上应具有坚实的专业理论知识，掌握国内外现代的经济管理科学方法并了解发展趋势，有较高的政策理论水平和丰富的经济工作实践经验，能够解决重要经济活动中的实际问题，提出有价值的政策性意见，在加强经济管理和提高经济效益、社会效益方面贡献显著。

高级会计师在学历和工作资历、外语、计算机技术、会计专业知识上，都有严格要求。高级会计师资格实行考试与评审相结合制度。

高级会计师的评定办法：必须先参加全国统一的《高级会计师实务》考试。考试合格并符合下述相关要求后，由本人申请，单位推荐。经所在单位、省直主管部门、地市财政部门或基层职称评委会进行考核评议，并提出考核推荐材料，报省、自治区、直辖市财政部门会计专业高级职务评审委员会评审通过，省级人社部门备案批准。

高级会计师报考条件主要包括：

① 较系统地掌握经济、财务会计理论和专业知识；

② 具有较高的政策水平和丰富的财务会计工作经验，能担负一个地区、一个部门或一个系统的财务会计管理工作；

③ 取得博士学位，并担任会计师职务两至三年；取得硕士学位、第二学士学位或研究生班结业证书，或大学本科毕业并担任会计师职务五年以上；

④ 较熟练地掌握一门外语。

（二）会计专业技术职务

会计专业职务，是区别会计人员业务技能的技术等级。根据 1986 年 4 月中央职称改革工作领导小组转发财政部制定的《会计专业职务试行条例》的规定，会计专业职务分为高级会计师、会计师、助理会计师和会计员；高级会计师为高级职务，会计师为中级职务，助理会计师和会计员为初级职务。

1. 会计员任职的基本条件

《会计专业职务试行条例》规定，会计员的基本条件包括：

（1）初步掌握财务会计知识和技能；

（2）熟悉并能按照有关会计法规和财务会计制度执行；

（3）能担负一个岗位的财务会计工作；

（4）大学专科或中等专业学校毕业，在财务会计工作岗位上见习一年期满；

（5）取得全国会计专业技术资格考试初级证书。

2. 助理会计师任职的基本条件

《会计专业职务试行条例》规定，助理会计师任职条件主要包括：

（1）掌握一般的财务会计基础理论和专业知识；

（2）熟悉并能正确执行有关的财务方针、政策和财会法规、制度；

（3）能担负一个方面或某个重要岗位的财务会计工作；

（4）取得硕士学位或取得第二学士学位或研究生结业证书，具备履行助理会计师职责能力，大学本科毕业，在财务会计工作岗位上见习 1 年期满，大学专科毕业并担任会计员职务 2 年以上，中等专业学校毕业并担任会计员职务 4 年以上；

（5）取得全国会计专业技术资格考试初级证书。

3. 会计师任职的基本条件

《会计专业职务试行条例》规定，会计师任职条件主要包括：

(1) 较系统地掌握财务会计基础理论和专业知识；

(2) 掌握并能正确贯彻执行有关的财经方针、政策和财务会计法规、制度；

(3) 具有一定的财务会计工作经验，能担负一个单位或管理一个地区、一个部门、一个系统某个方面的财务会计工作；

(4) 取得博士学位，并具有履行会计师职责的能力；取得硕士学位并担任助理会计师职务两年左右；取得第二学士学位或研究生结业证书，并担任助理会计师职务两至三年；大学本科或大学专科毕业并担任助理会计师职务四年以上；

(5) 掌握一门外语；

(6) 取得全国会计专业技术资格考试中级证书。

4. 高级会计师任职的基本条件

《会计专业职务试行条例》规定，高级会计师任职的基本条件包括：

(1) 较系统地掌握经济、财务会计理论和专业知识；

(2) 具有较高的政策水平和丰富的财务会计工作经验，能担负一个地区、一个部门或一个系统的财务会计管理工作；

(3) 取得博士学位，并担任会计师职务两至三年；取得硕士学位、第二学士学位或研究生结业证书，或大学本科毕业并担任会计师职务五年以上；

(4) 较熟练地掌握一门外语；

(5) 取得会计专业资格考试高级证书。

第四节　总会计师的设置及职责权限

国有和国有资产占控股地位或者主导地位的大、中型企业必须设置总会计师。总会计师的任职资格、任免程序、职责权限由国务院规定。

总会计师，是组织领导本单位的财务管理、成本管理、预算管理、会计核算和会计监督等方面的工作，参与本单位重要经济问题分析和决策的单位行政领导人员。总会计师协助单位主要行政领导人员工作，直接对单位主要行政领导人负责。总会计师不是一种专业技术职务，也不是会计机构的负责人或会计主管人员，而是一种行政职务。

一、总会计师的设置范围

我国《会计法》明确规定，国有独资和国有资产占控股地位或主导地位的大、中型企业必须设置总会计师，具体设置范围包括：

1. 国有独资大、中型企业必须设置总会计师；
2. 国有资产占控股地位或主导地位的股份制大、中型企业必须设置总会计师；
3. 事业单位和业务主管部门根据需要，经过批准可以设置总会计师；
4. 《会计法》不限制其他单位根据需要设置总会计师。

二、总会计师的地位

明确总会计师的地位，有利于总会计师依法充分行使职权，发挥总会计师应有的作用。

《总会计师条例》规定：总会计师是单位领导成员，协助单位主要领导人工作，直接对单位主要领导人负责。总会计师作为单位财务会计的主要负责人，全面负责本单位的财务会计管理和经济核算，参与本单位的重大经营决策活动，是单位主要领导人的得力参谋和助手。

为了保障总会计师有职有权，充分发挥总会计师的作用，根据长期的实践经验，凡设置总会计师的单位不能再设置与总会计师职责重叠的副职。总会计师依法行使职权，应受到法律的保护，任何人包括任何单位主要领导人在内，都不得阻碍总会计师依法行使职权。

三、总会计师的任免

企业的总会计师由本单位主要行政领导人提名，政府主管部门任命或者聘任，免职或者解聘程序与任命或者聘任程序相同。

事业单位和业务主管部门的总会计师依照干部管理权限任命或者聘任，免职或者解聘程序与任命或者聘任程序相同。

四、总会计师的任职条件

《总会计师条例》规定，总会计师必须具备下列条件：

1. 坚持社会主义方向，积极为社会主义建设和改革开放服务；

2. 坚持原则，廉洁奉公；

3. 取得会计师任职资格后，主管一个单位或者单位内一个重要方面的财务会计工作时间不少于三年；

4. 有较高的理论政策水平，熟悉国家财经法律、法规、方针、政策和制度，掌握现代化管理的有关知识；

5. 具备本行业的基本业务知识，熟悉行业情况，有较强的组织领导能力；

6. 身体健康，能胜任本职工作。

五、总会计师的职责

1. 由总会计师负责组织的工作

《总会计师条例》规定，总会计师负责组织的工作包括：

(1) 编制和执行预算、财务收支计划、信贷计划，拟订资金筹措和使用方案，开辟财源，有效地使用资金；

(2) 进行成本费用预测、计划、控制、核算、分析和考核，督促本单位有关部门降低消耗、节约费用、提高经济效益；

(3) 建立、健全经济核算制度，利用财务会计资料进行经济活动分析；

(4) 承办单位主要行政领导人交办的其他工作。

2. 由总会计师协助、参与的工作

(1) 总会计师负责对本单位财会机构的设置和会计人员的配备、会计专业职务的设置和聘任提出方案；组织会计人员的业务培训和考核；支持会计人员依法行使职权。

(2) 总会计师协助单位主要行政领导人对企业的生产经营、行政事业单位的业务发展以及基本建设投资等问题作出决策。

(3) 总会计师参与新产品开发、技术改造、科技研究、商品(劳务)价格和工资奖金等方案的制定;参与重大经济合同和经济协议的研究、审查。

六、总会计师的权限

《总会计师条例》规定,总会计师有以下权限:

1. 总会计师对违反国家财经法律、法规、方针、政策、制度和有可能在经济上造成损失、浪费的行为,有权制止或者纠正。制止或者纠正无效时,提请单位主要行政领导人处理。单位主要行政领导人不同意总会计师对前款行为的处理意见的,总会计师应当依照《会计法》第十九条的规定执行;

2. 总会计师有权组织本单位各职能部门、直属基层组织的经济核算、财务会计和成本管理方面的工作;

3. 总会计师主管审批财务收支工作。除一般的财务收支可以由总会计师授权的财会机构负责人或者其他指定人员审批外,重大的财务收支须经总会计师审批或者由总会计师报单位主要行政领导人批准;

4. 预算、财务收支计划、成本和费用计划、信贷计划、财务专题报告、会计决算报表,须经总会计师签署;

5. 涉及财务收支的重大业务计划、经济合同、经济协议等,在单位内部须经总会计师会签;

6. 会计人员的任用、晋升、调动、奖惩,应当事先征求总会计师的意见。财会机构负责人或者会计主管人员的人选,应当由总会计师进行业务考核,依照有关规定审批。

七、总会计师的奖惩

(一) 总会计师奖励规定

《总会计师条例》规定,总会计师在工作中成绩显著,有下列情形之一的,依照国家有关企业职工或者国家行政机关工作人员奖惩的规定给予奖励:

1. 在加强财务会计管理,应用现代化会计方法和技术手段,提高财务管理水平和经济效益方面,取得显著成绩的;

2. 在组织经济核算,挖掘增产节约、增收节支潜力,加速资金周转,提高资金使用效果方面,取得显著成绩的;

3. 在维护国家财经纪律,抵制违法行为,保护国家财产,防止或者避免国家财产遭受重大损失方面,有突出贡献的;

4. 在廉政建设方面,事迹突出的;

5. 有其他突出成就或者模范事迹的。

(二) 总会计师惩罚规定

《总会计师条例》规定,总会计师在工作中有下列情形之一的,应当区别情节轻重,依照国家有关企业职工或者国家行政机关工作人员奖惩的规定给予处分;

1. 违反法律、法规、方针、政策和财经制度，造成财会工作严重混乱的；

2. 偷税漏税，截留应当上交国家的收入，滥发奖金、补贴，挥霍浪费国家资财，损害国家利益的行为，不抵制、不制止、不报告，致使国家利益遭受损失的；

3. 在其主管的工作范围内发生严重失误，或者由于玩忽职守，致使国家利益遭受损失的；

4. 以权谋私，弄虚作假，徇私舞弊，致使国家利益遭受损失，或造成恶劣影响的；

5. 有其他渎职行为和严重错误的。

总会计师有上述行为，情节严重，构成犯罪的，由司法机关依法追究刑事责任。单位主要行政领导人阻碍总会计师行使职权的，以及对其打击报复或者变相打击报复的，上级主管单位应当根据情节给予行政处分。情节严重，构成犯罪的，由司法机关依法追究刑事责任。

第五节　代理记账规定

一、代理记账的概念

《会计法》第三十六条明确规定："不具备会计机构设置条件的单位应当委托经批准设立从事会计代理记账业务的中介机构代理记账。"2005 年 1 月 22 日，中华人民共和国财政部令第 27 号公布《代理记账管理办法》，自 2005 年 3 月 1 日起施行。

代理记账是指将本企业的会计核算、记账、报税等一系列的工作全部委托给专业记账公司完成，本企业只设立出纳人员，负责日常货币收支业务和财产保管等工作。

二、代理记账机构设置的条件和审批规定

（一）代理记账机构设置条件

申请设立除会计师事务所以外的代理记账机构，应当经所在地的县级以上人民政府财政部门（以下简称审批机关）批准，并领取由财政部统一印制的代理记账许可证书。具体审批机关由省、自治区、直辖市、计划单列市人民政府财政部门确定。

设立代理记账机构，除国家法律、行政法规另有规定外，应当符合下列条件：

1. 有三名以上持有会计从业资格证书的专职从业人员；

2. 主管代理记账业务的负责人具有会计师以上专业技术职务资格；

3. 有固定的办公场所；

4. 有健全的代理记账业务规范和财务会计管理制度。

《代理记账管理办法》规定，申请代理记账资格，应当向审批机关提交申请报告并附送下列材料：

1. 机构的协议或者章程；

2. 从业人员身份证明、会计从业资格证书，主管代理记账业务的负责人具备会计师以上专业技术职务资格的证明材料；

3. 主管代理记账业务的负责人、持有会计从业资格证书的专职从业人员在机构专职从业的书面承诺；

4. 办公地址及办公用房产权或者使用权证明；

5. 代理记账业务规范和财务会计管理制度；

6. 工商行政管理部门核准机构名称的有关材料。

（二）设置代理记账机构的审批规定

1. 审批机关应当自受理申请之日起20日内决定批准或者不批准。20日内不能做出决定的，经审批机关负责人批准可延长10日，并应当将延长期限的理由告知申请人。

2. 审批机关经审查符合法定条件的，应当自做出批准决定之日起10日内向申请人下达批准文件，颁发代理记账许可证书。审批机关决定不予批准的，应当向申请人下达书面决定，说明理由，并告知申请人享有依法申请行政复议或者提起行政诉讼的权利。

3. 省级以下人民政府财政部门做出批准决定的，审批机关应当将批准文件抄送所在地省级人民政府财政部门。

4. 申请人经批准取得代理记账许可证书后，应当依法办理工商登记。

5. 代理记账机构应当在办公场所的显著位置放置代理记账许可证书。

6. 代理记账机构名称、主管代理记账业务负责人、办公地点发生变更的，应当依法向审批机关办理变更登记。

三、代理记账的业务范围

代理记账机构可以接受委托，受托办理委托人的下列业务：

（一）根据委托人提供的原始凭证和其他资料，按照国家统一的会计制度的规定进行会计核算，包括审核原始凭证、填制记账凭证、登记会计账簿、编制财务会计报告等；

（二）对外提供财务会计报告；

（三）向税务机关提供税务资料；

（四）委托人委托的其他会计业务。

四、签订代理记账合同的规定

《代理记账管理办法》规定，委托人委托代理记账机构代理记账，应当在相互协商的基础上，订立书面委托合同。委托合同除应具备法律规定的基本条款外，应当明确下列内容：

（一）委托人、受托人对会计资料真实性、完整性承担的责任；

（二）会计资料传递程序和签收手续；

（三）编制和提供财务会计报告的要求；

（四）会计档案的保管要求及相应责任；

（五）委托人、受托人终止委托合同应当办理的会计交接事宜。

五、委托人及代理记账机构的法定义务

（一）委托人的义务

《代理记账管理办法》规定，委托代理记账的委托人应当履行下列义务：

1. 对本单位发生的经济业务事项，应当填制或者取得符合国家统一的会计制度规定的原始凭证；

2. 应当配备专人负责日常货币收支和保管；

3. 及时向代理记账机构提供真实、完整的原始凭证和其他相关资料；

4. 对于代理记账机构退回的要求按照国家统一的会计制度规定进行更正、补充的原始凭证，应当及时予以更正、补充。

（二）代理记账机构的义务

《代理记账管理办法》规定，代理记账机构及其从业人员应当履行下列义务：

1. 按照委托合同办理代理记账业务，遵守有关法律、行政法规和国家统一的会计制度的规定；

2. 对在执行业务中知悉的商业秘密应当保密；

3. 对委托人示意其做出不当的会计处理，提供不实的会计资料，以及其他不符合法律、行政法规和国家统一的会计制度规定的要求，应当拒绝；

4. 对委托人提出的有关会计处理原则问题应当予以解释。

六、代理记账机构的法律责任

《代理记账管理办法》规定，代理记账机构为委托人编制的财务会计报告，经代理记账机构负责人和委托人签名并盖章后，按照有关法律、行政法规和国家统一的会计制度的规定对外提供。

代理记账机构对其专职从业人员和兼职从业人员的业务活动承担责任。县级以上人民政府财政部门对代理记账机构及其从事代理记账业务情况实施监督检查。

《代理记账管理办法》规定，代理记账机构应当于每年 4 月 30 日之前，向审批机关报送下列材料：

1. 代理记账机构基本情况表；

2. 营业执照、办公用房产权或者使用权证明；

3. 专职及兼职从业人员身份证明、会计从业资格证书、会计专业技术职务资格证书。

代理记账机构采取欺骗手段获得代理记账许可证书的，由审批机关撤销其代理记账资格。

代理记账机构在经营期间达不到本办法规定的设立条件的，由县级以上人民政府财政部门责令其在不超过 2 个月的期限内整改；逾期仍达不到规定条件的，由审批机关撤回代理记账资格。

《代理记账管理办法》规定，代理记账机构有下列情形之一的，审批机关应当办理注销手续，并收回批准证书或予以公告：

1. 代理记账机构依法终止的；

2. 代理记账机构的行政许可被依法撤销或撤回的；

3. 法律、法规规定的应当注销行政许可的其他情形。

《代理记账管理办法》规定，代理记账机构有下列情形之一的，由县级以上人民政府财政部门责令其改正，拒不改正的，予以公告：

1. 违反代理记账办法第九条、第十条规定的；

2. 违反代理记账办法第十五条、第十九条规定又不向审批机关说明原因的。

代理记账机构及其从事代理记账业务人员在办理业务中违反会计法律、行政法规和国家统一的会计制度规定的，由县级以上人民政府财政部门依据《会计法》及相关法规的规定处理。

代理记账机构违反《代理记账管理办法》和国家有关规定造成委托人会计核算混乱，损害国家和委托人利益，委托人故意向代理记账机构隐瞒真实情况或者委托人会同代理记账机构共同提供不真实会计资料的，应当承担相应法律责任。

对于未经批准从事代理记账业务的，由县级以上人民政府财政部门责令其改正，并予以公告。

县级以上人民政府财政部门及其工作人员在实施行政管理过程中，滥用职权、玩忽职守、徇私舞弊的，依法给予行政处分；构成犯罪的，依法追究刑事责任。

第六节　会计机构和会计人员的法律规定相关案例分析

【案例 5－1】

【案例分析目的】掌握会计交接及会计档案销毁规定

【案例分析资料】

豫章机械股份有限公司 2014 年末对内部机构设置和会计人员进行调整，因工作需要将原负责部分账目登记及会计档案保管工作的赵某调离会计工作岗位。赵某离岗前与接替者章某在财务科长的监交下办妥了会计工作交接手续。章某负责会计档案工作后，公司档案管理部门会同财务科将已到期会计资料编造清册，报请公司负责人批准后，由章某自行销毁。2015 年 2 月，市财政局对该豫章公司进行检查时，发现原会计赵某所记的账目存在造假行为，接替者章某在会计交接时并未发现这一问题。财政部门在调查时，原会计赵某说自己已经办理会计交接手续，现任会计章某和财务科长均在移交清册上签了字，自己不再承担任何责任。

【案例分析要求】

请根据会计法律制度的有关规定，回答下列问题：

(1) 公司销毁档案是否符合规定？

(2) 公司负责人是否对会计作假行为承担责任？简要说明理由。

(3) 原会计赵某的说法是否正确？简要说明理由。

【案例评析】

(1) 公司销毁档案不符合会计法律制度的规定。根据《会计档案管理办法》的规定，保管期满的会计档案，应由单位档案管理机构提出销毁意见，会同会计机构共同签字，报单位负责人批准后，由单位档案管理机构和会计机构共同派员监销。

(2) 公司负责人对会计作假行为应当承担责任。《会计法》规定："单位负责人对本单位的会计工作和会计资料的真实性、完整性负责"、"单位负责人应当保证会计机构、会计人员依法履行职责，不得授意、指使、强令会计机构、会计人员违法办理会计事项。"

(3) 赵某的说法不正确。《会计法》规定，交接工作完成后，移交人员所移交的会计凭证、会计账簿、财务会计报告和其他会计资料是在其经办会计工作期间内发生的，应对这些会计资料的真实性、完整性负责，即便接替人员在交接时因疏忽没有发现所接会计资料在真实性、完整性方面的问题，如事后发现仍由原移交人员负责，原移交人员不应以会计资料已移交而推脱责任。

【案例 5－2】

【案例分析目的】掌握会计人员任职条件、会计违法行为的判断处理

【案例分析资料】

NC 市财政局 2014 年末对其辖区内的一家机械制造企业豫章公司进行会计执法例行检查，检查中发现该企业存在下列问题：

(1) 豫章公司 2014 年 6 月 30 日以工作需要为由解除了具有会计师任职资格的徐某的会计机构负责人职务，任用刚从学校研究生毕业，具有助理会计师资格的陈某为会计机构负责人。

(2) 豫章公司出纳员为企业负责人的女儿张某，张某 2014 年 7 月毕业于一所中等职业学校，尚未取得会计从业资格证书。

(3) 豫章公司日常账务处理已经实现电算化，但是其使用的会计软件属于企业委托他人开发的软件，经财政部门验证，不符合国家统一会计制度的规定。

(4) 豫章公司财务制度规定，对副经理以上级别的人员交来的发票，一律不必审核，直接作为记账凭证的依据。

(5) 豫章公司对外提供的财务报告上只有会计机构负责人的签名。

(6) 豫章公司规定，会计机构内部由出纳员张某负责会计档案的临时保管工作，一年后再将张某保管的会计档案移交企业档案保管部门保管。

【案例分析要求】

根据上述资料，回答下列问题：

(1) 豫章公司任用会计主管人员是否符合规定？为什么？

(2) 豫章公司任用张某为出纳员是否符合规定？为什么？

(3) 除上述两个问题外，豫章公司的做法还存在哪些问题？应当如何处理？

【案例评析】

(1) 豫章公司任用会计主管人员不符合规定。《会计法》规定，担任单位会计机构负责人(会计主管人员)的，除取得会计从业资格证书外，还应当具备会计师以上专业技术职务资格或者从事会计工作三年以上经历。

(2) 豫章公司任用张某为出纳员不符合规定，因为张某未取得会计从业资格证书。另外，会计工作岗位设置应当符合内部牵制制度的要求。根据职务分离和回避原则，公司不能任用单位负责人的直系亲属(女儿)担任出纳员工作。

(3) 豫章公司还存在以下问题：

第一，豫章公司使用的会计软件不符合国家统一会计制度的规定，违反了相关法律规定，应当限期改正；

第二，豫章公司对副经理以上级别的人员交来的发票，一律不必审核，直接作为记账凭证的依据做法不符合财务制度规定。按规定，所有记账凭证都应当根据经过审核的原始凭证及有关资料编制；

第三，豫章公司对外提供的财务报告上只有会计机构负责人的签名不符合规定。按规定，财务会计报告应当由单位负责人和主管会计工作的负责人、会计机构负责人(会计主管人员)签名并盖章；

第四，豫章公司会计机构内部由出纳员张某负责会计档案的临时保管工作，一年后再将张某保管的会计档案移交企业档案保管部门保管不符合规定。按规定，出纳不得兼管稽核、会计

档案保管、收入、费用、债权债务账目的登记工作(而不是所有记账工作)。

【案例5-3】

【案例分析目的】 掌握代理记账相关法律规定

【案例分析资料】

张强2013年7月大学本科毕业,与其他三位同学自主创业,开办一家从事教育培训的服务公司D公司。由于公司规模较小,没有设置会计机构。张强与本市一家会计师事务所经理赵某是校友,两人关系十分密切。2013年末开始公司营业活动时,张强代表公司与赵某的会计师事务所达成口头协议,委托该事务所代理记账。D公司内部分工规定,经理张强负责公司全面管理,副经理李某负责市场开拓并兼任公司出纳员。由于公司没有专职会计人员,张强与会计师事务所口头约定如下:

(1) 公司向事务所提供的原始凭证由事务所审核后用于记账,公司不承担凭证审核工作。如果凭证存在问题,全部由事务所负责,公司不承担责任。

(2) 公司的财务会计报告由事务所按规定编制并对外提供。

(3) 由公司根据事务所提供的资料自行申报纳税资料。

(4) 双方合作期限为五年,每年末公司支付代理记账费用30 000元。

【案例分析要求】 根据上述资料,回答下列问题:

(1) D公司是否可以委托会计师事务所代理记账?为什么?

(2) D公司与会计师事务所达成口头协议委托代理记账是否合法?为什么?

(3) D公司不审核原始凭证,由事务所审核并承担全部责任的做法是否符合规定?为什么?

(4) 由D公司自行申报纳税资料是否符合规定?

【案例评析】

(1) D公司可以委托会计师事务所代理记账。因为《会计法》规定,各单位应当根据会计业务的需要,设置会计机构,或者在有关机构中设置会计人员并指定会计主管人员;不具备设置条件的,应当委托经批准设立从事会计代理记账业务的中介机构代理记账。

(2) D公司与会计师事务所达成口头协议委托代理记账不合法。因为《代理记账管理办法》规定,委托人委托代理记账机构代理记账,应当在相互协商的基础上,订立书面委托合同。

(3) D公司不审核原始凭证,由事务所审核并承担全部责任的做法不符合规定。《代理记账管理办法》规定,委托代理记账的委托人应当对本单位发生的经济业务事项,填制或者取得符合国家统一的会计制度规定的原始凭证,及时向代理记账机构提供真实、完整的原始凭证和其他相关资料。因此,代理记账的委托人必须对原始凭证进行审核,保证原始凭证的真实性、合法性、完整性,并对其承担相应责任。

(4) 由D公司自行申报纳税资料不符合规定。《代理记账管理办法》规定,代理记账机构可以接受委托,受托办理委托人的下列业务:根据委托人提供的原始凭证和其他资料,按照国家统一的会计制度的规定进行会计核算,包括审核原始凭证、填制记账凭证、登记会计账簿、编制财务会计报告等;对外提供财务会计报告;向税务机关提供税务资料;委托人委托的其他会计业务。因此应该由会计师事务所代理申报纳税资料。

本章小结与关键词

本章小结

《会计法》规定，各单位应当根据会计业务的需要，设置会计机构，或者在有关机构中设置会计人员并指定会计主管人员；不具备设置条件的，应当委托经批准设立从事会计代理记账业务的中介机构代理记账。

本章首先阐述了会计机构及会计人员相关概念；其次介绍了会计机构设置和会计人员配备的基本规定以及总会计师设置的基本规定；最后对代理记账的基本要求进行说明。本章的学习重点主要包括：单位设置会计机构应当考虑的因素；单位会计机构设置原则；会计人员及会计机构负责人任职资格；会计工作岗位设置规定；会计专业职务与会计专业技术资格任职条件；会计人员工作交接规定以及代理记账有关规定。通过本章的学习，有助于读者了解我国相关法律、法规对会计机构设置、会计人员配备和代理记账的规定。

本章关键词

会计工作岗位　会计工作交接　会计机构负责人　会计从业资格　会计专业技术资格　总会计师　代理记账

本章思考与案例分析题

一、本章思考题

1. 简述我国会计机构的种类。
2. 简述单位内部会计机构设置的原则。
3. 单位设置会计机构应当考虑哪些因素？
4. 如何取得会计从业资格？
5. 什么是会计专业技术资格？有哪几个等级？
6. 总会计师应具备哪些任职条件？
7. 代理记账机构如何设置与审批？可能承担哪些法律责任？

二、案例分析题

【案例 1】

案例分析目的：考察出纳人员的任职资格、工作范围及会计档案的保管

案例分析资料：

2013 年年末豫章公司（民营企业）会计主管谢某因年龄到期退休，豫章公司随后聘任李某担任会计主管。李某正式任职后一个月，经公司负责人同意，安排其已经取得会计从业资格证的妻子任豫章公司出纳。因人员较少，豫章公司未设立档案机构，于是公司负责人指定李某的妻子兼管会计档案。2014 年年末，李某以记账凭证太多不便于存放为由，要求将保存满 10 年的会计凭证和账簿销毁，公司负责人同意了李某的要求。然后由李某及其妻子在公司负责人

的监督下销毁了相关会计凭证及会计账簿。2014年年末，执法部门到豫章公司调查原会计主管谢某的经济问题，会计档案保管人员李某的妻子只能将尚未销毁部分记账凭证和账簿交给执法部门检查。

案例分析要求：

(1) 李某的妻子已取得会计从业资格证书，李某能否安排其任出纳？为什么？

(2) 出纳能否兼管会计档案？

(3) 根据《会计档案管理办法》，会计凭证和账簿应保留多少年才能销毁？

【案例2】

案例分析目的：考察会计基础工作规范的熟练程度

案例分析资料：

主管部门2014年末对下属P公司进行检查，发现P公司存在以下问题：

(1) 当年7月刚从财会职业学校毕业的刘某被公司聘任担任出纳工作，刘某任职前已经取得会计从业资格证。公司原任出纳徐某调到销售科从事统计工作。刘某与徐某在办理会计工作交接手续时，因公司会计主管人员张某外出学习，公司负责人指定一名会计人员负责监交工作。在办理交接中，刘某发现公司库存现金实有数与账面数一致，但存在用不符合财务制度的单据冲抵库存现金问题。刘某向公司负责人汇报了上述问题，公司负责人指示刘某先办理完交接手续，并要求刘某接管出纳工作后再对存在的问题进行清查。随后，刘某和徐某及监交人在移交清册上签字并盖章，完成工作交接。

(2) 刘某在报账工作中，发现部分购料发票存在更改现象：其中2张发票分别更改了数量和采购单位名称，另外1张发票更改了大写金额；上述发票更改处盖有开票单位的业务印章并有更改人盖章。刘某考虑到上述发票已经公司负责人和会计主管签字同意，遂办理了报销手续。

(3) 公司原出纳徐某工作期间的账目还存在其他一些问题，而刘某在交接时并未发现。公司内部审计人员在了解情况时，原出纳徐某说："已经办理了会计交接手续，自己不再承担任何责任。"

要求：根据会计基础工作规范的有关规定，回答下列问题：

(1) 公司会计工作交接中是否有不符合规定之处，简要说明理由。

(2) 对更改的发票予以报销的做法是否符合规定，应如何处理？

(3) 徐某称"自己不再承担任何责任"的说法是否符合规定？简要说明理由。

第六章　违反会计法律的法律责任

学习目的与要求

1. 了解会计法律责任的概念和形式。
2. 掌握违反会计法律的行政责任和刑事责任。
3. 掌握各种会计违法行为的法律责任。

导入案例

豫章公司为一家小型企业，2012 年 10 月 10 日成立时，聘任张某和赵某两人负责公司会计工作，其中张某已取得助理会计师职称，并持有会计从业资格证书。张某被公司负责人指定为会计主管人员，负责登记总账，编制财务会计报告和稽核工作。由于赵某尚未取得会计从业资格证书，因此被公司负责人指定担任出纳工作，兼记日记账、各种明细账和会计档案的保管。2013 年，赵某在单位负责人的授意下，将陆续收到的各种残料销售款现金 82 760 元另行存放，但未按规定登记相关账目，并用于负责人日常应酬。会计主管张某发现后，向上级主管部门举报，上级主管部门将检举材料一并转给该公司，责令其自行纠正。公司负责人遂以张某工作态度不认真为由，将张某调离会计主管工作岗位，另外聘用一名应届大学毕业生担任会计主管。由于该会计主管人员经验不足导致该单位会计管理混乱，会计差错经常发生。

思考：你认为豫章公司在会计人员任用和会计机构内部分工上存在哪些问题？对豫章公司的“小金库”应当如何处理？

第一节　会计法律责任概述

一、会计法律责任的含义

会计法律责任是指单位或个人在生成和提供会计信息过程中，违反会计法律规范所应承担的法律后果，是会计主体及相关人员违反会计法律、法规应当承担的行政责任和刑事责任的总称。

会计法律、法规不仅规定了会计工作应当遵守的行为规范，而且还规定了违反会计法律、法规应当承担的法律责任。

二、会计违法行为的种类

按照相关法律法规的规定，会计违法行为主要包括：

（一）在会计机构设置、账簿设置、凭证编制、账目登记、会计政策选择、会计资料保管、会计人员任用、内部控制制度运作等会计工作基础环节上存在的违法行为。

（二）伪造、变造会计凭证、会计账簿，编制虚假财务会计报告等行为。

（三）授意、指示、强令他人伪造、变造会计凭证、会计账簿，编制虚假财务会计报告的行为。

（四）财政部门或有关行政部门的工作人员渎职、泄露国家机密或商业机密的行为。

三、会计法律责任的形式

我国法律规范体系规定的会计法律责任形式包括行政责任、刑事责任与民事责任。

（一）行政责任

行政责任是我国会计法律责任的主要形式，包括行政处分与行政处罚。从我国《会计法》的发展过程看，行政责任形式经历了一个从以行政处分为主向以行政处罚为主的转变。前者是国家工作人员违反行政法律规范所应承担的一种行政法律责任，后者是指特定的行政主体（如财政部门）基于一般行政管理职权，对违反行政法上的强制性义务或者扰乱行政管理秩序的人所实施的一种行政制裁措施。在《会计法》领域，行政处罚包括警告、罚款、吊销会计专业人员资格证书等处罚形式。

（二）刑事责任

一般来说，刑事责任作为最具威慑力的制裁形式，只适用于严重危害公共安全和社会秩序的犯罪行为。在我国，会计信息的严重失真已经达到了“公害”的地步，因此加强刑事责任被认为是治理不规范的会计行为的一项重要举措。长期以来，刑事责任主要适用于会计人员、单位负责人伪造或者毁损会计资料以进行偷逃税或者贪污、挪用公司款项等犯罪，给公司财产造成重大损失的情形。

刑事责任包括主刑和附加刑两种。主刑，是对违法犯罪分子适用的主要刑罚方法，只能独立适用，不能附加适用。主刑分为管制、拘役、有期徒刑、无期徒刑和死刑。附加刑，是既可独立适用又可以附加适用的刑罚方法。附加刑分为罚金、剥夺政治权利、没收财产。对犯罪的外国人，也可以独立或附加适用驱逐出境。

（三）民事责任

会计责任中的民事责任在国外，特别是英美法系国家中是一个非常引人注目的现象。随着社会主义市场经济的发展，平等主体间的会计关系越来越多。在这些平等主体间的会计关系中，由于会计信息在现代经济生活中的重要性，提供信息一方违反会计法规的行为可能给对方造成巨大的经济损失，要求其承担赔偿责任似乎顺理成章。因此，在我国，随着会计法律关系性质的多元化，民事责任也正在成为会计法律责任的一种重要形式。

第二节　违反《会计法》规定应当承担的法律责任

一、不依法设置账簿、私设账簿等违法行为的法律责任

《会计法》第四十二条规定：“有下列行为之一的，由县级以上人民政府财政部门责令限期改正，可以对单位并处三千元以上五万元以下的罚款；对其直接负责的主管人员和其他直接责

任人员，可以处二千元以上二万元以下的罚款；属于国家工作人员的，还应当由其所在单位或者有关单位依法给予行政处分，构成犯罪的，依法追究刑事责任。情节严重的，由县级以上人民政府财政部门吊销会计从业资格证书。有关法律另有规定的，依照有关法律的规定办理。

（一）不依法设置会计账簿；

（二）私设会计账簿；

（三）未按照规定填制、取得原始凭证或者填制、取得的原始凭证不符合规定；

（四）以未经审核的会计凭证为依据登记会计账簿或登记会计账簿不符合规定；

（五）随意变更会计处理方法；

（六）向不同的会计资料使用者提供的财务会计报告编制依据不一致；

（七）未按照规定使用会计记录文字或者记账本位币；

（八）未按照规定保管会计资料，致使会计资料毁损、灭失；

（九）未按照规定建立并实施单位内部会计监督制度或者拒绝依法实施的监督或者不如实提供有关会计资料及有关情况；

（十）任用会计人员不符合本法规定。”

二、其他会计违法行为的法律责任

（一）伪造、变造会计凭证、会计账簿，编制虚假财务会计报告的法律责任

《会计法》第四十三条规定：“伪造、变造会计凭证、会计账簿，编制虚假财务会计报告，由县级以上人民政府财政部门予以通报，可以对单位并处五千元以上十万元以下的罚款；对其直接负责的主管人员和其他直接责任人员，可以处三千元以上五万元以下的罚款；属于国家工作人员的，还应当由其所在单位或者有关单位依法给予撤职直至开除的行政处分；对其中的会计人员，并由县级以上人民政府财政部门吊销会计从业资格证书。构成犯罪的，依法追究刑事责任。”

（二）隐匿或者故意销毁依法应当保存的会计凭证、会计账簿、财务会计报告的法律责任

《会计法》第四十四条规定：“隐匿或者故意销毁依法应当保存的会计凭证、会计账簿、财务会计报告，尚不构成犯罪的，由县级以上人民政府财政部门予以通报，可以对单位并处五千元以上十万元以下的罚款；对其直接负责的主管人员和其他直接责任人员，可以处三千元以上五万元以下的罚款；属于国家工作人员的，还应当由其所在单位或者有关单位依法给予撤职直至开除的行政处分；对其中的会计人员，并由县级以上人民政府财政部门吊销会计从业资格证书。构成犯罪的，依法追究刑事责任。”

（三）授意、指使、强令会计机构、会计人员及其他人员伪造、变造会计凭证、会计账簿，编制虚假财务会计报告或者隐匿、故意销毁依法应当保存的会计凭证、会计账簿、财务会计报告的法律责任

《会计法》第四十五条规定：“授意、指使、强令会计机构、会计人员及其他人员伪造、变造会计凭证、会计账簿，编制虚假财务会计报告或者隐匿、故意销毁依法应当保存的会计凭证、会计账簿、财务会计报告，构成犯罪的，依法追究刑事责任；尚不构成犯罪的，可以处五千元以上五

万元以下的罚款;属于国家工作人员的,还应当由其所在单位或者有关单位依法给予降级、撤职、开除的行政处分。"

（四）会计法律责任的其他规定

《会计法》第四十六条规定:"单位负责人对依法履行职责,抵制违反本法规定行为的会计人员以降级、撤职、调离工作岗位、解聘或者开除等方式实行打击报复,构成犯罪的,依法追究刑事责任;尚不构成犯罪的,由其所在单位或者有关单位依法给予行政处分。对受打击报复的会计人员,应当恢复其名誉和原有职务、级别。"第四十七条规定:"财政部门及有关行政部门的工作人员在实施监督管理中滥用职权、玩忽职守、徇私舞弊或者泄露国家秘密、商业秘密,构成犯罪的,依法追刑事责任;尚不构成犯罪的,依法给予行政处分。"第四十八条规定:"将检举人姓名和检举材料转给被检举单位和被检举人个人的,由所在单位或者有关单位依法给予行政处分。"第四十九条规定:"同时违反其他法律规定的,由有关部门在各自职权范围内依法进行处罚。"

第三节　违反会计法律的法律责任案例分析

【案例 6－1】

【案例分析目的】掌握会计造假及偷税行为应当承担的法律责任

【案例分析资料】2013 年 12 月,张某与其他 4 名股东共同出资设立一家经营建筑材料的有限责任公司。张某出资占公司注册资本的 60%,且任公司总经理,其他股东没有直接参与公司的经营管理。公司成立后,股东王某向总经理张某建议公司做两套账,对内做一套账,反映公司真实情况,供股东参考;对外做一套虚假的账,以应付税务机关和管理部门检查,减轻公司税收负担。对设置两套账的建议,总经理张某当即表示同意。2014 年初公司开始经营之后,张某与会计机构负责人徐某面谈,要求徐某做两套账。徐某以私设账簿会承担法律责任为由予以拒绝。2014 年 3 月,公司以精简机构为名辞退了原会计机构负责人徐某。几天后公司又高薪聘请 2013 年 7 月刚从学校研究生毕业,具有助理会计师资格的周某担任会计机构负责人。公司聘用周某的条件之一是周某必须做"两套账"。周某被高薪所吸引,同意公司的条件。2015 年 3 月,税务机关对公司进行纳税检查,发现 2011 年公司通过隐匿收入等手段偷逃增值税 80 多万元、偷逃所得税 20 多万元。

案例分析要求:请根据上述资料,回答下列问题:

1. 应当如何处理上述公司做两套账的违法行为?
2. 应当如何处理公司辞退会计机构负责人徐某的行为?
3. 公司聘请周某担任会计机构负责人是否符合规定?为什么?
4. 应当如何处理上述公司的偷税行为?

【案例评析】

1. 公司设两套账属于私设账簿行为,按照《会计法》规定,对该违法行为应当由县级以上人民政府财政部门责令限期改正,可以对公司并处三千元以上五万元以下的罚款;对公司总经理张某,可以处二千元以上二万元以下的罚款;对于采用私设账簿偷税,构成犯罪的,依法追究刑事责任。同时由县级以上人民政府财政部门吊销周某的会计从业资格证书。

2. 公司辞退坚持原则的原会计机构负责人徐某，属于违法行为。按照《会计法》规定，单位负责人对依法履行职责，抵制违反本法规定行为的会计人员以降级、撤职、调离工作岗位、解聘或者开除等方式实行打击报复，构成犯罪的，依法追究刑事责任；尚不构成犯罪的，由其所在单位或者有关单位依法给予行政处分。对受打击报复的会计人员，应当恢复其名誉和原有职务、级别。

3. 公司聘用周某担任会计机构负责人不符合法律规定。《会计法》规定，担任单位会计机构负责人(会计主管人员)的，除取得会计从业资格证书外，还应当具备会计师以上专业技术职务资格或者从事会计工作三年以上经历。

4. 应当以偷税罪追究公司及相关人员法律责任。由税务机关追缴其不缴或者少缴的税款、滞纳金，并处不缴或者少缴的税款百分之五十以上五倍以下的罚款；同时应当依法追究公司负责人张某的刑事责任。

【案例 6－2】

【案例分析目的】掌握伪造、变造会计凭证、会计账簿和编制虚假财务会计报告的法律责任

【案例分析资料】

张某 2013 年 7 月大学毕业后受聘担任某民营企业的会计，由于企业规模较小，为节约开支，只聘请张某一人从事会计工作。在企业负责人刘某的授意下，张某经常采用虚列支出、现金销售商品不开发票、购买并开具假发票入账、虚报职工人数增加薪酬支出、报送虚假报表等手段办理会计事务，致使公司 2013 年和 2014 年累计隐匿利润 100 多万元，少交所得税 30 多万元。由于税务机关稽查工作不到位，企业的违法行为未能及时被税务机关查出。由此张某受到老板的赏识和加薪。2015 年 2 月，税务机关接到企业员工举报，对该企业会计资料进行全面检查，发现企业存在严重会计违法行为。

【案例分析要求】

1. 张某的行为是否违反《会计法》？为什么？
2. 依照《会计法》规定对张某应如何处理？
3. 如何处理公司的偷税行为？

【案例评析】

1. 张某的行为违反《会计法》。因为张某行为属于伪造、变造会计凭证、会计账簿和编制虚假财务会计报告的行为，《会计法》规定伪造、变造会计凭证、会计账簿和编制虚假财务会计报告属于违法行为。

2. 张某伪造、变造会计凭证、会计账簿和编制虚假财务会计报告，若构成犯罪，需依法追究刑事责任。尚不构成犯罪的，由县级以上人民政府财政部门予以通报，可以对单位并处 5 000 元以上 100 000 元以下的罚款；对其直接负责的主管人员和其他直接责任人员，可以处 3 000 元以上 50 000 元以下的罚款；属于国家工作人员的，还应当由其所在单位或有关单位依法给予撤职直至开除的行政处分；对其中的会计人员，并由县级以上人民政府财政部门吊销会计从业资格证书。

3. 由税务机关追缴其不缴或者少缴的税款、滞纳金，并处不缴或者少缴的税款百分之五十以上五倍以下的罚款；同时应当依法追究公司负责人刘某的刑事责任。

本章小结与关键词

会计法律责任，是指违反会计法律、法规应当承担的法律后果，是会计主体及相关人员违反会计法律、法规应当承担的行政责任和刑事责任的总称。我国法律规范体系规定的会计法律责任形式包括行政责任、刑事责任与民事责任。本章主要阐述各种会计违法行为应当承担的法律责任。本章的学习重点主要包括：会计法律责任的概念和形式；违反会计法律的行政责任和刑事责任；各种会计违法行为的法律责任。

本章关键词

会计法律责任　行政责任　刑事责任　民事责任

本章思考与案例分析题

一、本章思考题

1. 简述会计违法行为的种类。

2. 什么是会计法律责任？它有哪几种形式？

3. 不依法设置账簿、私设账簿应当承担哪种形式的法律责任？

二、案例分析题

【案例 1】

案例分析目的：考察违法行为应当承担的法律后果

案例分析资料：

豫章公司是一家市属国有企业，公司总经理张某自 2009 年初任职至 2013 年末，因公司“管理有方”、“经济效益好”，经常受到上级主管部门表彰。2013 年 12 月，张某得到通知，上级准备将其调任某局副局长。在对张某进行离任审计时，组织部门收到举报人署名举报，说张某在任职期间有指使、强迫财务人员做假账、打击压制坚持原则的会计人员等问题。随即，相关部门组成联合调查组，对豫章公司账目进行了全面的检查，结果发现以下问题：

1. 该公司设置两套账，对外一套账，对内一套账。

2. 该公司不按规定进行会计资料保管，致使部分会计凭证、账簿丢失。

3. 公司总经理张某因不满会计主管王某多次拒绝办理他签字的假发票，2011 年末将王某调至生产车间任一般核算员。

4. 2011 年末张某亲自任命只有助理会计师资格的刘某担任会计机构负责人，而刘某系张某的侄子。

5. 公司存在伪造会计凭证、虚增利润等违法问题，上述问题均为张某强迫部分会计人员所为。

案例分析要求：

分析上述情况是否违法，以及违法行为的法律后果。

【案例 2】

案例分析目的：考察单位负责人有无违规及违规所承担的法律责任

案例分析资料：

2015 年 3 月，N 市财政局会同企业主管部门对该市一家机械制造公司 W 公司的会计工作进行例行检查，检查时发现 W 公司 2014 年会计工作存在以下违法事项：

(1) 公司会计机构负责人刘某 2014 年初被派往一高校进修一年，考虑到刘某为临时离职，公司没有任命新的会计机构负责人，指定只有助理会计师资格的王某为会计机构临时负责人。由于人手紧张，公司决定由出纳李某负责原会计王某承担的往来账目登记工作。

(2) 为完成年初公司制定的销售目标，2014 年 12 月 W 公司与下属子公司签订虚假销售合同，合同约定向子公司出售产品 500 万元。W 公司年末将上述 500 万元确认为 2014 年的收入，但相关产品并未交给子公司。

(3) 2014 年公司处理各种残料、废料累计收到现金 18 万多元，公司负责人授意出纳李某将上述收入在公司会计账册之外另行登记保管，由公司负责人自由支用。李某按照公司负责人要求没有将上述现金收入计入相关账目。

案例分析要求：请根据上述情况回答：

(1) W 公司临时任命王某为会计机构负责人是否符合规定？为什么？

(2) W 公司决定由出纳李某兼任往来账目登记工作是否符合我国会计法的规定，简要说明理由。

(3) W 公司签订虚假合同虚增收入要承担什么法律责任？

(4) W 公司处理残料、废料的收入，在公司会计账册之外另行登记保管的做法是否符合《会计法》的规定？如不符合，W 公司依法应承担什么法律责任？

第七章 结算法律制度

学习目的与要求

1. 掌握国务院颁布实施的《现金管理暂行条例》有关现金管理的基本规定；
2. 掌握银行支付结算的含义、特征及办理支付结算的基本要求；
3. 掌握单位银行账户开户及使用的主要规定；
4. 掌握支付结算纪律及单位和银行违反结算纪律应负的法律责任；
5. 掌握各种银行支付结算方式的使用范围、结算程序、使用要求和会计处理方法。

导入案例

2009年8月10日，豫章机械股份有限公司的财务人员甲带着豫章机械股份有限公司的营业执照、组织机构代码证、税务登记证、公章、法人身份证以及甲本人身份证到B银行某营业部办理基本存款账户开户手续，填写开立银行账户结算申请书，并签订了账户管理协议书。B银行工作人员审查了其开户资料后，为豫章机械股份有限公司办理了基本存款账户的开户手续，而且保存了相关复印件，并预留银行印鉴。2009年8月10下午，财务人员用以上证件和D银行的借款合同到C银行开立一个一般存款账户。2009年8月11日上午，B银行工作人员将豫章机械股份有限公司开立基本存款账户的资料向当地人民银行报送。当天下午，财务人员到B银行某营业部提交收款人为豫章机械股份有限公司、付款人为同一银行开户的E企业的转账支票一份，财务人员填写了进账单，B银行工作人员审核支票后为其办理了入账手续。同时甲又向B银行购买转账支票一本，并当场签发收款人为B公司的转账支票一份，收款人开户银行为C银行，填写了进账单，B银行工作人员审查完后办理了转账手续。2009年8月14日，人民银行对该账户予以核准。

试分析上述各银行的做法是否符合有关账户管理的要求并说明理由。

第一节 结算法律制度概述

一、支付结算的概念

支付结算是指单位、个人在社会经济活动中使用票据、银行卡和汇兑、托收承付、委托收款等结算方式进行货币给付及其资金清算的行为。

支付结算作为社会经济金融活动的重要组成部分，其主要功能是完成资金从一方当事人向另一方当事人的转移。银行(含城乡信用合作社，下同)以及单位(含个体工商户，下同)和个人是办理支付结算的主体。其中，银行是支付结算和资金清算的中介机构，未经中国人民银行批准的非银行金融机构和其他单位不得作为中介机构办理支付结算业务，但法律、行政法规另有规定的除外。

为了规范支付结算工作，我国制定了一系列支付结算方面的法律、法规和制度，主要包括《中华人民共和国票据法》(以下简称《票据法》)、《票据管理实施办法》、《支付结算办法》、《人民币银行结算账户管理办法》及其实施细则、《国内信用证结算办法》、《银行卡业务管理办法》等，这些构成我国支付结算法律制度的主要内容。

二、支付结算的特征

(一) 支付结算必须通过中国人民银行批准的金融机构进行

银行是支付结算和资金清算的中介机构，未经中国人民银行批准的非银行金融机构和其他单位不得作为中介机构经营支付结算业务，但法律、法规另有规定的除外。

(二) 支付结算必须依法进行

银行以及单位和个人办理支付结算必须遵守国家的法律、行政法规和《支付结算办法》的各项规定，不得损害社会公共利益。支付结算的当事人必须严格依法进行支付结算活动。

(三) 支付结算的发生取决于委托人的意志

银行在支付结算中作为中介机构，只要以善意且符合规定的正常操作程序审查，对伪造、变造的票据和结算凭证上的签章以及需要交验的个人有效身份证件，未发现异常而支付金额的，对出票人或付款人不再承担受委托付款的责任，对持票人或收款人不再承担付款的责任。

(四) 支付结算实行统一和分级管理相结合的管理体制

《支付结算办法》规定：中国人民银行总行负责制定全国统一的支付结算制度，组织、协调、管理、监督全国的支付结算工作，调节处理银行之间的支付结算纠纷；中国人民银行分支行负责组织、协调、管理、监督本辖区的支付结算工作，调节、处理本辖区银行之间的支付结算纠纷；政策性银行、商业银行总行可以根据统一的支付结算制度，结合本行情况，制定具体管理实施办法，报经中国人民银行总行批准后执行。

(五) 支付结算是一种要式行为

所谓要式行为是指法律规定必须依照一定形式进行的行为。如果该行为不符合法定的形式要件，即为无效。根据《支付结算办法》第九条的规定，票据和结算凭证是办理支付结算的工具。单位、个人和银行办理支付结算，必须使用按中国人民银行统一规定印制的票据凭证和统一规定的结算凭证；未使用按中国人民银行统一印制的票据，票据无效；未使用中国人民银行统一规定格式的结算凭证，银行不予受理。

三、办理支付结算的基本原则

办理支付结算，单位、个人及银行应当遵守以下原则：

(一) 恪守信用，履约付款

各单位之间、单位与个人之间发生交易往来，通过银行办理结算，并根据各自的具体条件，自行协商订约，使收付双方办理款项收付，完全建立在自觉自愿、相互信任的基础上。该原则要求结算当事人必须依法承担义务和行使权利，严格遵守信用，履行付款义务，特别是应当按照约定的付款金额和付款日期进行支付。

（二）谁的钱进谁的账，由谁支配

银行在办理结算时，必须尊重开户单位资金支配的自主权，做到谁的钱进谁的账，银行不代扣款项，以维护开户单位的资金所有权或经营权，保证开户单位对其资金的自主支配。

（三）银行不垫款

银行在办理结算过程，只负责将结算款项从付款单位账户划转到收款单位账户，银行不承担垫付任何款项的责任，以划清银行与开户单位的资金界限，保护银行资金的所有权或经营权，促使开户单位直接对自己的债权债务负责。

四、支付结算的主要支付工具

目前我国采用的人民币非现金支付工具包括“三票一卡”和结算方式。“三票一卡”是指三种票据（汇票、本票、支票）和银行卡，结算方式包括委托收款、托收承付、信用证、信用卡、汇兑等。

五、办理支付结算的具体要求

（一）单位、个人和银行办理支付结算，必须使用按中国人民银行统一规定印制的票据和结算凭证。

（二）单位、个人和银行应当按照《人民币银行结算账户管理办法》的规定开立、使用账户。

（三）填写票据和结算凭证应当规范，做到要素齐全，数字正确，字迹清晰，不错不漏，不潦草，防止涂改。

（四）票据和结算凭证上的签章和其他记载事项应当真实，不得伪造、变造。

票据和结算凭证的金额、出票或签发日期、收款人名称不得更改，更改的票据无效，更改的结算凭证，银行不予受理。对票据和结算凭证上的其他记载事项，原记载人可以更改，更改时应当由原记载人在更改处签章证明。

（五）填写票据和结算凭证的具体要求

银行、单位和个人填写的各种票据和结算凭证是办理支付结算和现金收付的重要依据，直接关系支付结算的准确、及时和安全。票据和结算凭证是银行、单位和个人凭以记载账务的会计凭证，是记载经济业务和明确经济责任的一种书面证明。填写票据和结算凭证的具体要求如下：

1. 中文大写金额数字应用正楷或行书填写，如壹、贰、叁、肆、伍、陆、柒、捌、玖、拾、佰、仟、万、亿、元、角、分、零、整等字样。不得用一、二（两）、三、四、五、六、七、八、九、十、毛、另（或 0）填写，不得自造简化字。如果金额数字书写中使用繁体字的，也应受理。

2. 中文大写金额数字到“元”为止的，在“元”之后，应写“整”（或“正”）字，在“角”之后可以不写“整”（或“正”）字。大写金额数字有“分”的，“分”后面不写“整”（或“正”）字。

3. 中文大写金额数字前应标明“人民币”字样，大写金额数字应紧接“人民币”字样填写，不得留有空白。在票据和结算凭证大写金额栏内不得预印固定的“仟、佰、拾、万、仟、佰、拾、元、角、分”字样。

4. 阿拉伯小写金额数字中有“0”时，中文大写应按照汉语语言规律、金额数字构成和防止涂改的要求进行书写。举例如下：

(1) 阿拉伯数字中间有“0”时，中文大写金额要写“零”字。如￥1 306.50，应写成人民币壹仟叁佰零陆元伍角。

(2) 阿拉伯数字中间连续有几个“0”时，中文大写金额中间可以只写一个“零”字。如￥5 006.14，应写成人民币伍仟零陆元壹角肆分。

(3) 阿拉伯金额数字万位或元位是“0”，或者数字中间连续有几个“0”，万位、元位也是“0”，但千位、角位不是“0”时，中文大写金额中可以只写一个零字，也可以不写“零”字。如￥3 870.23，应写成人民币叁仟捌佰柒拾元零贰角叁分，或者写成人民币叁仟捌佰柒拾元贰角叁分；又如￥402 000.53，应写成人民币肆拾万贰仟元零伍角叁分，或者写成人民币肆拾万贰仟元伍角叁分。

(4) 阿拉伯金额数字角位是“0”，而分位不是“0”时，中文大写金额“元”后面应写“零”字。如￥16 409.02，应写成人民币壹万陆仟肆佰零玖元零贰分；又如￥325.04，应写成人民币叁佰贰拾伍元零肆分。

(5) 阿拉伯小写金额数字前面，均应填写人民币符号“￥”(或草写)。阿拉伯小写金额数字要认真填写，不得连写分辨不清。

(6) 票据的出票日期必须使用中文大写。为防止变造票据的出票日期，在填写月、日时，月为壹、贰和壹拾的，日为壹至玖和壹拾、贰拾和叁拾的，应在其前加“零”；日为拾壹至拾玖的，应在其前加“壹”。如 2 月 15 日，应写成零贰月壹拾伍日。再如 10 月 20 日，应写成零壹拾月零贰拾日。票据出票日期使用小写填写的，银行不予受理。大写日期未按要求规范填写的，银行可予受理，但由此造成损失的，由出票人自行承担。

第二节　现金结算法律制度

现金是指具备现实购买力或者法定清偿力的通货。在金属货币流通条件下，现金是指金属铸币及其他作辅币使用的铸币；在纸币或者信用货币流通的条件下，现金包括铸币、纸币和信用货币。我国的现金是指人民币，包括纸币和金属辅币。现金是企业流动性最强的资产。采用现金结算，具有方便、快捷、灵活的特点。但现金结算安全性差，管理难度大，容易滋生违法交易，因此必须加强现金管理。管理库存现金的主要法律依据是国务院颁布实施的《现金管理暂行条例》。

一、开户单位使用现金的范围

为加强现金管理，国务院颁布实施的《现金管理暂行条例》规定，开户单位支付结算可以在下列范围内使用现金：

(一) 职工工资、津贴；

(二) 个人劳务报酬；

(三) 根据国家规定颁发给个人的科学技术、文化艺术、体育等各种奖金；

(四) 各种劳保、福利费用以及国家规定的对个人的其他支出；

(五) 向个人收购农副产品和其他物资的价款；

（六）出差人员必须随身携带的差旅费；

（七）结算起点(1 000 元)以下的零星支出；

（八）中国人民银行确定需要支付现金的其他支出。

二、开户单位库存现金的限额

开户单位库存现金的目的是满足日常零星支付的需要，在满足需要的前提下，开户单位应当尽量减少库存现金的数量。对库存现金限额，《现金管理暂行条例》规定如下：

（一）一个单位在几家银行开户的，由一家开户银行负责现金管理工作，核定开户银行库存现金限额。

（二）由出纳保管的库存现金数应由开户银行根据单位的实际需要核定，一般不超过开户单位 3～5 天的日常零星开支，超过部分应于当日终了前存入银行。

（三）边远地区和交通不便地区的开户单位的库存现金限额，可以超过 5 天日常零星开支需要量，但不得超过 15 天的日常零星开支需要量。

（四）经开户银行核定的库存现金限额，开户单位必须严格遵守。需要增加或者减少库存现金限额的，应当向开户银行提出申请，由开户银行核定。

三、现金收支的基本要求

《现金管理暂行条例》对现金收支的基本要求规定如下：

（一）开户单位现金收入应当于当日送存开户银行。当日送存确有困难的，由开户银行确定送存时间。

（二）开户单位从开户银行提取现金，应当向开户银行提出申请，由本单位财会部门负责人签字盖章，经开户银行审核后，予以支付现金。

（三）开户单位使用现金的，可以从本单位库存现金限额中支付或者从开户银行提取，不得从本单位的现金收入中直接支付(即坐支)。因特殊原因需要坐支现金的，要事先报经开户银行审查批准，由开户银行核定坐支范围和限额。

（四）因采购地点不固定，交通不便，生产或者市场急需，抢险救灾以及其他特殊情况必须使用现金的，开户单位应当向开户银行提出申请，由本单位财会部门负责人签字盖章，经开户银行审核后，予以支付现金。

（五）现金管理“不准”

1. 不准用不符合财务制度的凭证顶替库存现金(白条顶库)；
2. 不准谎报用途套取现金；
3. 不准利用银行账户代其他单位和个人存入或支取现金；
4. 不准单位之间借用现金；
5. 不准将单位收入的现金以个人名义存入储蓄；
6. 不准保留账外公款(小金库)。

四、建立健全现金核算与内部控制

（一）现金核算

1．现金核算需要设置的会计凭证及账簿

为正确核算库存现金，各单位应当设置现金收款凭证、现金付款凭证、银行存款付款凭证或通用记账凭证，对现金日常收支业务进行记录。各单位应当设置现金日记账及现金总账，用于序时和分类记录库存现金增减变动情况及其结果。

2．现金日记账及现金总账的登记

现金日记账应当由出纳员根据记账凭证逐日逐笔进行登记，每日结账并同库存现金实有数核对相符。现金总账由会计人员根据记账凭证逐笔登记或根据科目汇总表等定期汇总登记，每月月末结账并同现金日记账月末余额和月末库存现金实有数核对相符。

3．现金的清查

各单位应当定期和不定期地清查，一般采用实地盘点法。库存现金清查应当每日进行，每日清查一般由出纳员自查。月末应当在出纳员在场的情况下，由会计人员进行总清查。对清查结果应当编制现金盘点报告单。发现挪用现金、白条抵库的情况，应当及时纠正，对账款不符的，应及时查明原因并作出处理，保证账实相符。

（二）现金内部控制

各单位应当建立健全现金内部控制制度并保证其有效运行。库存现金内部控制的基本内容主要包括：

1．钱账分离制度

企业应配备专职的出纳员，办理库存现金收付和结算业务、登记库存现金和银行存款日记账、保管库存现金和各种有价证券、保管好有关印章、空白收据和空白支票；出纳员不得兼管稽核、会计档案保管和收入、费用、债权债务账目的登记工作。

2．严格货币资金的授权管理

（1）单位对货币资金业务建立严格的授权批准制度；

（2）审批人应在授权范围内进行审批，不得超越审批权限；

（3）经办人应当在职权范围内，按照审批人的批准意见办理货币资金业务。

对于审批人超越授权范围审批的货币资金业务，经办人员有权拒绝办理，并及时向审批人的上级授权部门报告。

3．库存现金日清月结制度

日清是指出纳员应将当日发生的库存现金收付业务全部记入库存现金日记账并结出账面余额，再与库存现金实有数核对相符；月结是指出纳员必须对库存现金日记账按月结账，并定期进行库存现金清查和账实核对。

4．严禁未经授权的机构或人员办理货币资金业务或直接接触货币资金。

五、现金管理的法律责任

（一）开户单位有下列情形之一的，开户银行应当依照中国人民银行的规定，责令其停止违法活动，并可根据情节轻重处以罚款：

1. 超出规定范围、限额使用现金的；

2. 超出核定的库存现金限额留存现金的。

（二）开户单位有下列情形之一的，开户银行应当依照中国人民银行的规定，予以警告或者罚款；情节严重的，可在一定期限内停止对该单位的贷款或者停止对该单位的现金支付：

1. 对现金结算给予比转账结算优惠待遇的；

2. 拒收支票、银行汇票和银行本票的；

3. 不采取转账结算方式购置国家规定的专项控制商品的；

4. 用不符合财务会计制度规定的凭证顶替库存现金的；

5. 用转账凭证套换现金的；

6. 编造用途套取现金的；

7. 互相借用现金的；

8. 利用账户替其他单位和个人套取现金的；

9. 将单位的现金收入按个人储蓄方式存入银行的；

10. 保留账外公款的；

11. 未经批准坐支或者未按开户银行核定的坐支范围和限额坐支现金的。

第三节　银行结算账户法律规定

银行是支付结算和资金清算的中介机构，未经中国人民银行批准的非银行金融机构和其他单位不得作为中介机构经营支付结算业务，但法律、行政法规另有规定的除外。支付结算的任务表现为根据经济往来，准确、及时、安全地办理支付结算，并按照有关法律、法规和规章的规定管理支付结算，保障支付结算活动的正常运行。

一、银行结算账户概述

（一）银行结算账户的概念

银行结算账户是指存款人在开户银行开立的办理资金收付结算的人民币活期存款账户。它是存款人办理存、贷款和资金收付活动的基础。

（二）银行结算账户的种类

1. 银行结算账户按用途不同划分为基本存款户、一般存款户、专用存款户和临时存款户

存款人开立基本存款账户、临时存款账户和预算单位开立专用存款账户实行核准制，必须经过中国人民银行核准后由开户银行核发开户许可证方可办理。但存款人因注册验资需要而开立的临时存款账户不需要经中国人民银行核准。

2. 银行结算账户按存款人不同划分单位银行结算账户、个人银行结算账户

单位银行结算账户是指存款人以单位名称开立的银行结算账户。个体工商户凭营业执照以字号或经营者姓名开立的银行结算账户纳入单位银行结算账户管理。

个人银行结算账户是指存款人凭个人身份证件以自然人名称开立的银行结算账户。个人因使用借记卡、信用卡在银行或邮政储蓄机构开立的银行结算账户，纳入个人银行结算账户

管理。

（三）银行结算账户管理的基本原则

根据《账户管理办法》的有关规定，银行结算账户管理应当遵守以下基本原则：

1. 一个基本账户原则

单位银行结算账户的存款人只能在银行开立一个基本存款账户，不能多头开立基本银行账户。

2. 自主选择银行开立银行结算账户原则

存款人可以根据需要自主选择银行开立账户，除国家法律、行政法规和国务院规定外，任何单位和个人不得强令存款人到指定银行开立银行结算账户。

3. 银行结算账户信息保密原则

银行必须依法为存款人的银行结算账户信息保密。根据《账户管理办法》的规定，对单位银行结算账户的存款和有关资料，除国家法律、行政法规另有规定外，银行有权拒绝任何单位或个人查询。对个人银行结算账户的存款和有关资料，除国家法律另有规定外，银行有权拒绝任何单位或个人查询。

4. 守法原则

银行结算账户的开立和使用应当遵守法律、行政法规，不得利用银行结算账户进行偷逃税款、逃废债务、套取现金及其他违法犯罪活动。

（四）银行结算账户的开立、变更和撤销

1. 银行结算账户的开立

首先，由存款人填写开户申请书，并将开立账户所需要的证明材料和盖有存款人印章的印鉴卡片送交开户银行；其次，银行与存款人须签订银行结算账户管理协议，明确双方的权利和义务；再次，由开户银行对申请人的资格条件、所提供的证明材料进行审查；最后，经审查符合条件的申请人即可办理开户手续，并履行向人民银行当地支行备案的义务，需核准的应及时报送核准。

开户银行应建立存款人预留的签章卡片，并将签章式样和有关证明文件的原件或复印件留存归档。

2. 银行结算账户的变更

银行结算账户的变更，是指存款人的账户信息资料发生的变化或改变，主要为存款人名称、单位法定代表人、住址以及其他开户资料的变更。

(1) 存款人更改名称，但不改变开户银行及账号的，应于五个工作日内向开户银行提出银行结算账户的变更申请，并出具有关部门的证明文件。

(2) 单位的法定代表人或主要负责人、住址以及其他开户资料发生变更时，应于五个工作日内书面通知开户银行并提供有关证明。

(3) 银行接到存款人的变更通知后，应及时办理变更手续，并于两个工作日内向中国人民银行报告。

3. 银行结算账户的撤销

存款人有下列情形之一的，应向开户银行提出撤销银行结算账户的申请：

(1) 被撤并、解散、宣告破产或关闭的；

(2) 注销、被吊销营业执照的;

(3) 因迁址需要变更开户银行的;

(4) 其他原因需要撤销银行账户的。

存款人有上述(1)或(2)项情形的,应于五个工作日内向开户银行提出撤销银行结算账户的申请。存款人尚未清偿开户银行债务的,不得申请撤销银行账户。

二、基本存款户

(一) 基本存款户的概念

基本存款账户是存款人办理日常转账结算和现金收付在银行开设的账户,是存款人的主要存款账户。存款人的工资、奖金等现金的支取,只能通过本账户办理。

(二) 基本存款户的开户规定

1. 下列存款人,可以申请开立基本存款账户:

(1) 企业法人

(2) 非法人企业

(3) 机关、事业单位

(4) 团级(含)以上军队、武警部队及分散执勤的支(分)队

(5) 社会团体

(6) 民办非企业组织

(7) 异地常设机构

(8) 外国驻华机构

(9) 个体工商户

(10) 居民委员会、村民委员会、社区委员会

(11) 单位设立的独立核算的附属机构

(12) 其他组织

2. 基本存款账户是存款人的主要账户。一个单位只能选择一家银行的一个营业机构开立基本存款账户,开立基本存款账户是开立其他银行结算账户的前提。

3. 存款人开设基本存款户,应按银行规定的程序办理并提供相关证明文件。

证明文件包括营业执照正本、税务登记证及其他银行要求提供的证明文件。

具体证明文件包括:

(1) 当地工商行政管理机关核发的《企业法人执照》或《营业执照》正本;

(2) 中央或地方编制委员会、人事、民政等部门的批文;

(3) 军队军级以上、武警总队财务部门的开户证明;

(4) 单位对附设机构同意开户的证明;

(5) 驻地有权部门对外地常设机构的批文;

(6) 承包双方签订的承包协议;

(7) 个人的居民身份证和户口簿。

4. 存款人开立基本存款账户,实行由中国人民银行当地分支机构核发开户的制度。

三、一般存款户

（一）一般存款户的概念

一般存款户是指存款人因借款或其他结算需要，在基本存款户开户银行以外的银行营业机构开设的银行结算账户。

（二）一般存款户的开户要求

存款人申请开立一般存款账户，应向银行出具其开立基本存款户规定的证明文件和基本存款户开户登记证以及下列证明文件之一：

1. 存款人向银行借款，应出具借款合同；
2. 存款人因其他需要开立一般存款户的，应出具有关证明。

（三）一般存款户的使用范围

一般存款户主要用于办理存款人的借款转存、借款归还和各种资金收付的转账结算。一般存款户可以办理现金缴存，但不得办理现金支取，存款人开立一般存款账户没有数量限制。

四、专用存款户

（一）专用存款户的概念

专用存款账户是存款人依照法律、行政法规和规章，对特定用途资金进行专项管理和使用而开立的银行结算账户。

（二）专用存款户的开户要求

存款人申请开立专用存款账户，应向申请开户的银行出具其开立基本存户规定的证明文件、基本存款账户开户许可证和下列证明文件之一：

1. 经有关部门批准立项的文件；
2. 国家有关文件的规定。

（三）专用存款户的具体使用范围

对下列资金的管理与使用，存款人可以申请开立并使用专用存款账户：

1. 基本建设资金
2. 更新改造资金
3. 财政预算外资金
4. 粮、棉、油收购资金
5. 证券交易结算资金
6. 期货交易保证金
7. 信托基金
8. 金融机构存放同业资金
9. 政策性房地产开发资金
10. 单位银行卡备用金
11. 住房基金
12. 社会保障基金

13. 收入汇缴资金和业务支出资金

14. 党、团、工会设在单位的组织机构经费

15. 其他需要专项管理和使用的资金

(四) 专用存款户的使用规定

专用存款账户是存款人管理和使用各种专项资金的专用账户，使用时应注意以下几点：

1. 单位银行卡账户的资金必须由其基本存款账户转账存入，该账户不得办理现金收付业务。

2. 财政预算外资金、证券交易结算资金、期货交易保证金和信托基金专用存款账户不得支取现金。

3. 基本建设资金、更新改造资金、政策性房地产开发资金、金融机构存放同业资金账户支取现金的，应在开户时中国人民银行当地分支行批准的范围内办理。

4. 粮、棉、油收购资金、社保基金、住房基金和党、团、工会经费等专用存款账户的现金支取应严格按照国家现金管理的规定办理。

5. 收入汇缴账户除向基本存款账户或预算外资金财政专用存款户缴款项外，只收不付，且不得支取现金。

6. 业务支出账户除从基本存款账户拨入款项外，只付不收，且现金支取必须按照国家现金管理的规定办理。

7. 人民币特殊账户资金不得用于放款或提供担保。

五、临时存款户

(一) 临时存款户的概念

临时存款账户是存款人因临时经营活动需要开立并在规定期限内使用而开立的银行账户。

(二) 临时存款户的开户要求

1. 临时存款户适用范围

有下列情况之一的，存款人可以申请开立临时存款户：

(1) 设立临时机构

(2) 异地从事临时经营活动

(3) 注册验资、增资

2. 开立临时存款户所需的证明文件

存款人申请开立临时存款账户，应向开户银行出具下列证明文件：

(1) 设立临时机构，应出具当地有关部门同意设立外来临时机构的批准文件。

(2) 异地建筑施工及安装单位，应出具其营业执照正本或其隶属单位的营业执照正本，以及施工及安装地建设主管部门核发的许可证或建筑施工及安装合同。

(3) 异地从事临时经营活动的单位，应出具其营业执照正本以及临时经营地工商行政管理部门的批文。

(4) 注册验资资金，应出具工商行政管理部门核发的企业名称核准通知书或有关部门的批准文件。

（三）临时存款户的使用范围及使用要求

1. 临时存款户用于办理临时机构以及存款人临时经营活动发生的资金收付。

2. 注册验资的临时存款户在验资期间只收不付。

3. 临时存款户有效期最长不得超过2年。

4. 注册验资的汇缴人与出资人的名称应当一致。

六、个人银行结算账户

（一）个人银行结算账户的概念

个人银行结算账户是指存款人因投资、消费等结算需要凭个人身份证以自然人名称开立的银行结算账户。邮政储蓄机构办理银行卡业务开立的账户，纳入个人银行结算账户管理。

（二）个人结算账户的开户要求

1. 使用支票、信用卡等信用支付工具的，办理汇兑、定期借记、定期贷记、借记卡等结算业务的，可以申请开立个人银行结算账户。

(1) 定期借记是指由收款人定期对付款人的开户银行发起的，委托付款人开户银行按照约定扣划付款人的款项给收款人的资金转账业务；

(2) 定期贷记是指银行按照付款人的付款凭证，定期将款项划付给收款人的资金转账业务。

2. 开立个人结算账户应出具相关证明文件

存款人申请开立个人银行结算账户，应向银行出具下列证明文件：

(1) 中国居民，应出具居民身份证或临时身份证

(2) 中国人民解放军军人，应出具军人身份证件

(3) 中国人民武装警察，应出具武警身份证件

(4) 香港、澳门居民，应出具港澳居民往来内地通行证；台湾居民，应出具台湾居民来往大陆通行证或者其他有效旅行证件

(5) 外国公民，应出具护照

(6) 法律、法规和国家有关文件规定的其他有效证件

银行为个人开立银行结算账户时，根据需要还可要求申请人出具户口簿、驾驶执照、护照等有效证件。

（三）个人结算账户的使用范围及使用规定

1. 按人民银行规定，在银行办理如下业务时须通过个人结算账户办理：

(1) 接受他人或其他单位的资金转入（如代发工资账户、接收他人或单位的汇款）

(2) 给本人名下的其他账户转账汇款（包括本人的活期储蓄账户和结算账户）

(3) 对外转账/汇款（给他人或单位转账汇款）

(4) 刷卡/消费（通过牡丹灵通卡/理财金账户卡刷卡消费或网上购物）

(5) 缴费（缴纳电话费、手机费等）

(6) 投资（购买国债、基金、保险，证券投资等）

(7) 贷款（住房贷款、汽车贷款、信用贷款等多种贷款的发放和偿还）

(8) 办理信用卡、个人支票

2. 下列款项可以转入个人银行结算账户：

工资、奖金收入；稿费、演出费等劳务收入；债券、期货、信托等投资的本金和收益；个人债权或产权转让收益；个人贷款转存；证券交易结算资金和期货交易保证金；继承、赠与款项；保险理赔、保费退还等款项；纳税退还；农、副、矿产品销售收入；其他合法款项。

七、异地银行结算账户

（一）异地银行结算账户的概念

异地结算账户是符合法定要求的存款人，根据需要在异地（跨省、市、县）开立相应的银行结算账户。

（二）异地银行结算账户的使用范围

当存款人有下列情形之一的，可以申请开立并使用异地银行结算账户：

1. 营业执照注册地与经营地不在同一区域（跨省、市、县）需要开立基本存款户。
2. 办理异地借款和其他异地结算需要开立一般存款户。
3. 存款人附属的非独立核算单位或派出机构，发生的收入汇缴或业务支出，需要开立专用存款户。
4. 异地临时经营活动需要开立临时存款户。
5. 自然人需要在异地开立个人银行结算账户。

（三）异地银行结算账户的开户要求

存款人在异地开立单位银行结算账户，应向开户银行提出开户申请，并出具其开立基本存款户、一般存款户、专项存款户、临时存款户规定的有关证明文件。除此之外，还应出具下列相应的证明文件：

1. 经营地与注册地不在同一行政区域的存款人，在异地开立基本存款账户的，应出具注册地中国人民银行分支行的未开立基本存款账户的证明。
2. 异地借款的存款人，在异地开立一般存款账户的，应出具在异地取得贷款的借款合同。
3. 因经营需要在异地办理收入汇缴和业务支出的存款人，在异地开立专用存款账户的，应出具隶属单位的证明。

属上述第1、第2项情况的，还应出具其基本存款账户开户登记证。

八、银行结算账户的管理

银行结算账户管理主要规定如下：

（一）中国人民银行的管理

1. 中国人民银行负责监督、检查银行结算账户的开立和使用，对存款人及银行违反银行结算账户管理规定的行为予以处罚。
2. 中国人民银行对银行结算账户的开立和使用实施监控和管理。
3. 中国人民银行负责基本存款账户、临时存款账户和预算单位专用存款账户开户登记证的管理。任何单位及个人不得伪造、变造及私自印制开户登记证。

（二）银行的管理

1. 银行负责所属营业机构银行结算账户开立和使用的管理，监督和检查其执行本办法的情况，纠正违规开立和使用银行结算账户的行为。

2. 银行应明确专人负责银行结算账户的开立、使用和撤销的审查和管理，负责对存款人开户申请资料的审查，并按照规定及时报送存款人开、销户信息资料，建立健全开、销户登记制度，建立银行结算账户管理档案，按会计档案进行管理。银行结算账户管理档案的保管期限为银行结算账户撤销后 10 年。

3. 银行应对已开立的单位银行结算账户实行年检制度，检查开立的银行结算账户的合规性，核实开户资料的真实性；对不符合规定开立的单位银行结算账户，应予以撤销。对经核实的各类银行结算账户的资料变动情况，应及时报告中国人民银行当地分支行。

4. 银行应对存款人使用银行结算账户的情况进行监督，对存款人的可疑支付，应按照中国人民银行规定的程序及时报告。

（三）存款人的管理

存款人应加强对预留银行签章的管理。单位遗失预留公章或财务专用章的，应向开户银行出具书面申请、开户登记证、营业执照等相关证明文件；更换预留公章或财务专用章时，应向开户银行出具书面申请、原预留签章的式样等相关证明文件。个人遗失或更换预留个人印章或更换签字人时，应向开户银行出具经签名确认的书面申请，以及原预留印章或签字人的个人身份证件。银行应留存相应的复印件，并凭以办理预留银行签章的变更。

九、违反银行账户结算管理制度的罚则

（一）存款人开立、撤销银行结算账户，不得有下列行为：

1. 违反《人民币银行结算账户管理办法》规定开立银行结算账户。

2. 伪造、变造证明文件欺骗银行开立银行结算账户。

3. 违反《人民币银行结算账户管理办法》规定不及时撤销银行结算账户。

非经营性的存款人，有上述所列行为之一的，给予警告并处以 1 000 元的罚款；经营性的存款人有上述所列行为之一的，给予警告并处以 1 万元以上 3 万元以下的罚款；构成犯罪的，移交司法机关依法追究刑事责任。

（二）存款人使用银行结算账户，不得有下列行为：

1. 违反《人民币银行结算账户管理办法》规定将单位款项转入个人银行结算账户。

2. 违反《人民币银行结算账户管理办法》规定支取现金。

3. 利用开立银行结算账户逃废银行债务。

4. 出租、出借银行结算账户。

5. 从基本存款账户之外的银行结算账户转账存入、将销货收入存入或现金存入单位信用卡账户。

6. 法定代表人或主要负责人、存款人地址以及其他开户资料的变更事项未在规定期限内通知银行。

非经营性的存款人有上述所列 1 至 5 项行为的，给予警告并处以 1 000 元罚款；经营性的存款人有上述所列 1 至 5 项行为的，给予警告并处以 5 000 元以上 3 万元以下的罚款；存款人有上述所列第 6 项行为的，给予警告并处以 1 000 元的罚款。

（三）银行在银行结算账户的开立中，不得有下列行为：

1. 违反《人民币银行结算账户管理办法》规定为存款人多头开立银行结算账户。

2. 明知或应知是单位资金，而允许以自然人名称开立账户存储。

银行有上述所列行为之一的，给予警告，并处以 5 万元以上 30 万元以下的罚款；对该银行直接负责的高级管理人员、其他直接负责的主管人员、直接责任人员按规定给予纪律处分；情节严重的，中国人民银行有权停止对其开立基本存款账户的核准，责令该银行停业整顿或者吊销经营金融业务许可证；构成犯罪的，移交司法机关依法追究刑事责任。

（四）银行在银行结算账户的使用中，不得有下列行为：

1. 提供虚假开户申请资料欺骗中国人民银行许可开立基本存款账户、临时存款账户、预算单位专用存款账户。

2. 开立或撤销单位银行结算账户，未按《人民币银行结算账户管理办法》规定在其基本存款账户开户登记证上予以登记、签章或通知相关开户银行。

3. 违反《人民币银行结算账户管理办法》第四十二条规定办理个人银行结算账户转账结算。

4. 为储蓄账户办理转账结算。

5. 违反规定为存款人支付现金或办理现金存入。

6. 超过期限或未向中国人民银行报送账户开立、变更、撤销等资料。

银行有上述所列行为之一的，给予警告，并处以 5 000 元以上 3 万元以下的罚款；对该银行直接负责的高级管理人员、其他直接负责的主管人员、直接责任人员按规定给予纪律处分；情节严重的，中国人民银行有权停止对其开立基本存款账户的核准；构成犯罪的，移交司法机关依法追究刑事责任。

（五）违反《人民币银行结算账户管理办法》规定，伪造、变造、私自印制开户登记证的存款人，属非经营性的处以1 000 元罚款；属经营性的处以 1 万元以上 3 万元以下的罚款；构成犯罪的，移交司法机关依法追究刑事责任。

第四节　票据结算

一、票据概述

（一）概念及种类

1. 票据的概念

票据是指《票据法》所规定的由出票人签发，约定自己或委托付款人于见票时或指定日期向收款人或持票人无条件支付一定金额的有价证券。

2. 票据的种类

我国目前使用的票据主要包括：银行汇票、银行本票、支票、商业汇票。

（二）票据的功能及特征

1. 票据的功能

票据具有以下功能：

（1）支付功能

支付功能是指票据可以充当支付工具用于对外支付，代替现金使用。

（2）汇兑功能

汇兑功能是指票据可以代替货币在不同地方之间运送，方便异地之间的支付。

（3）信用功能

信用功能是指票据当事人可以凭借自己的信誉，将未来才能获得的金钱作为现在的金钱来使用。

（4）结算功能

即债务抵销功能。债权人可以签发票据，指定自己的债务人向自己的债权人无条件支付一定金额，由此消灭相互之间的债权债务。

（5）融资功能

即融通资金或调度资金。票据的融资功能是通过票据的贴现、转贴现和再贴现实现的。

2. 票据的特征

票据具有以下主要特征：

（1）票据是完全有价证券

票据权利完全证券化，票据权利与票据本身融为一体，不可分离，也就是说票据权利的产生、行使、转让和消灭都离不开票据。

（2）票据是要式证券

票据的制作、形式、文义都有规定的格式和要求，不具备法定格式的，不发生票据的效力。

（3）票据是文义证券

票据上的一切票据的权利与义务，必须严格依照票据上记载的文义而定，文义以外的任何理由、事项不得作为依据。

（4）票据是无因证券

无因证券是指证券效力与作成证券的原因完全分离，证券权利的存在和行使，不以作成证券的原因为要件。

（5）票据是流通证券

票据可以转让流通，只有转让流通，票据的功能才能充分发挥，畅通经济金融运行，票据的转让可以以背书和交付的简单程序进行，而不必通知债务人。

（6）票据是金钱债权证券

票据上体现的权利性质是财产权而不是其他权利，财产权的内容是请求支付一定的金钱而不是物品。

（三）票据的基本知识

1. 票据的当事人

票据当事人是指票据法律关系中享有票据权利、承担票据义务的主体。票据当事人包括基本当事人和非基本当事人。基本当事人是在票据形成和交付时就业已存在的当事人，包括出票人、付款人和收款人。非基本当事人是在票据作成并交付后，通过一定的票据行为加入票据关系而享有一定权利、义务的当事人，包括承兑人、背书人、被背书人、保证人等。

票据当事人具体构成如下：

（1）出票人

票据出票人是指依法定方式签发票据并将票据交付给收款人的人。

（2）收款人

票据收款人是指票据正面记载的到期有权收取票据所载金额的人，又称票据权利人。

（3）付款人

票据付款人是指由出票人委托付款或自行承担借款责任的人。

（4）承兑人

票据承兑人是指接受汇票出票人的付款委托同意承担支付票款义务的人。

（5）背书人

票据背书人是指在转让票据时，在票据背面签字或盖章并将该票据交付给受让人的票据收款人或持有人。

（6）被背书人

票据被背书人是指被记名受让票据或接受票据转让的人。

（7）保证人

票据保证人是指为票据债务提供担保的人。票据保证人一般由票据债务人以外的他人担当。

2. 票据权利与责任

（1）票据权利

票据权利是指票据持票人向票据债务人请求支付票据金额的权利，包括付款请求权和追索权。

付款请求权是指持票人向汇票的承兑人、本票的出票人、支票的付款人出示票据要求付款的权利，是第一顺序权利。行使付款请求权的持票人可以是票载收款人或最后的被背书人。

票据追索权是指票据当事人行使付款请求权遭到拒绝或其他法定原因存在时，向其前手请求偿还票据金额及其他法定费用的权利，是第二顺序权利。行使追索权的当事人除票载收款人和最后被背书人外，还可能是代为清偿票据债务的保证人、背书人。

（2）票据责任

票据责任是指票据债务人向持票人支付票据金额的责任。它是基于债务人特定的票据行为（如出票、背书、承兑等）而应承担的义务，主要包括付款义务和偿还义务。

（三）票据行为

票据行为是指能够产生票据权利与义务关系的法律行为。我国《票据法》规定的票据行为则是指票据当事人以发生票据债务为目的、以在票据上签名或盖章为权利义务成立要件的法律行为，包括出票、背书、承兑和保证四种。其中，出票是指出票人签发票据并将其交付给收款人的行为；背书是指持票人为将票据权利转让给他人或者将一定的票据权利授予他人行使，而在票据背面或者粘单上记载有关事项并签章的行为；承兑是指汇票付款人承诺在汇票到期日支付汇票金额并签章的行为；保证是指票据债务人以外的人为担保特定债务人履行票据债务而在票据上记载有关事项并签章的行为。

4. 票据签章

票据签章是指票据当事人在票据上签名、盖章或者签名加上盖章的行为。票据签章是票据行为生效的重要条件，也是票据行为表现形式中不可缺少的应载事项。如果缺少此项内容，则该项票据行为无效。

5. 票据记载事项

票据记载事项分为绝对记载事项、相对记载事项和任意记载事项。

绝对记载事项为《票据法》明文规定必须记载的事项，如不记载，则票据无效。相对事项是指《票据法》规定应当记载而没有记载，但按照法律的有关规定而不使票据失效的事项。如汇票上没有记载付款日期的，为见票即付；汇票上未记载付款地的，付款人的营业场所、住所或经常居住地为付款地等即属于相对记载事项。

任意记载事项是指《票据法》不强制当事人必须记载而允许当事人自行选择，不记载时不影响票据效力，记载时则产生票据效力的事项，如出票人在汇票记载"不得转让"字样的，汇票不得转让。

6. 票据丧失

票据丧失是指票据因灭失、遗失、被盗等原因而使票据权利人脱离对票据的占有。票据丧失后可以采取挂失止付、公示催告、普通诉讼三种形式进行补救。

(1) 挂失止付，指失票人将丧失票据的情况通知付款人，由接受通知的付款人审查后暂停支付的一种方式。

(2) 公示催告，指在票据丧失后由失票人向人民法院提出申请，请求人民法院以公告方式通知不确定的利害关系人限期申报权利，逾期未申报者，则权利失效，而由法院通过除权判决宣告所丧失的票据无效的一种制度或程序。

(3) 普通诉讼，指丧失票据的失票人直接向人民法院提起民事诉讼，要求法院判令付款人向其支付票据金额的活动。

7. 票据追索

票据追索适用于两种情形，分别为到期后追索和到期前追索。

(1) 到期后追索是指票据到期后拒绝付款的，持票人对背书人、出票人以及票据的其他债务人行使的追索。

(2) 到期前追索是指票据到期日前，持票人对下列情形之一行使的追索：第一，汇票被拒绝承兑的；第二，承兑人或者付款人死亡、逃逸的；第三，承兑人或付款人被依法宣告破产的或者因违法被责令终止业务活动的。

二、银行汇票

(一) 银行汇票的概念和使用范围

银行汇票是出票银行签发的，由其在见票时按照实际结算金额无条件支付给收款人或者持票人的票据。出票银行为银行汇票的付款人。单位和个人在同城、异地或统一票据交换区域的各种款项结算，均可使用银行汇票。

(二) 银行汇票的记载事项

1. 银行汇票的绝对记载事项

银行汇票的绝对应记载事项是指《票据法》规定必须在票据上记载的事项，若欠缺记载，票据便为无效。

(1) 表明“银行汇票”的字样

票据上必须记载足以表明该票据是银行汇票的文字。如果没有该文字,“银行汇票”则无效。

(2) 无条件支付的承诺

无条件支付的承诺是汇票的支付文句,即须表明付款人支付汇票金额是不附加任何条件的。

(3) 确定的金额

确定的金额是指汇票上记载的金额必须是固定的数额,如果汇票上记载的金额是不确定的,汇票将无效。

有关金额的记载必须文义确定,不容含糊、模糊,要使用中文大写和阿拉伯数码同时记载,且二者必须一致,金额文字模糊,不能辨认或两种记载不一致的,票据无效。票据金额不得涂改或更改,否则汇票无效。

实际结算金额只能小于或等于汇票金额,如果实际结算金额大于汇票金额的,实际结算金额无效,以汇票金额为付款金额。

(4) 付款人名称

付款人名称应记载本名、全名或全称。就自然人来说,应为其身份证件上的姓名。就法人和其他非法人的企业、团体、单位来说,应为登记名称;不需登记的,应为批准使用的名称。

(5) 收款人名称

对收款人名称,也应记载本名、全名或全称。自然人收款的,应以其身份证件上的姓名为准,不可任意记载变名。收款人为法人或其他非法人的企业、团体、其他单位的,应记载经登记或经批准的名称,且应为全名,不可记简称。收款人在付款银行开立资金账户的,出票时记载的名称,应与在开户银行预留印鉴的名称相一致,以便于票据权利的实现。

(6) 出票日期

出票日为当事人意思表示的日期,不是事实上日期的记载,因此,可以记为实际出票的日期,也可以提前或错后,记载的出票日与事实上的出票日不符的,不影响票据的效力。

出票日须为历法上存有的日期,否则,票据无效。

(7) 出票人签章

出票人签章是指出票人在票据上亲自书写自己的姓名或盖章。出票人应签其本名、全名。

2. 银行汇票的相对记载事项

相对记载事项是应当记载但未记载时,并不影响汇票本身的效力,由法律直接规定后果的事项。

(1) 付款日期

未记载付款日期的,视为见票即付。

(2) 付款地

未记载付款地的,以付款人的营业场所、住所或者经常居住地为付款地。

(3) 出票地

未记载出票地的,以出票人的营业场所、住所或者经常居住地为付款地。

3. 银行汇票的非法定记载事项

汇票上可以记载《票据法》规定事项以外的其他出票事项，但是该记载事项不具有汇票上的效力。

（四）银行汇票的提示付款期限

银行汇票的提示付款期限为自出票日起1个月。持票人超过提示付款期限提示付款的，代理付款人不予受理。

（五）银行汇票的办理和使用要求

1. 办理银行汇票的程序

（1）存款人填写并向银行提交银行汇票委托书。

（2）银行受理并签发银行汇票。

（3）持票人持票办理结算。

2. 银行汇票兑付的基本要求

（1）收款人受理银行汇票时，审查有关事项。

（2）收款人受理申请人交付的银行汇票时，应在出票金额以外，根据实际需要的款项办理结算。未填明实际结算金额和多余金额或实际结算金额超过出票金额的，银行不予受理。银行汇票的实际结算金额不得更改，更改实际结算金额的银行汇票无效。

（3）收款人可以将银行汇票背书转让给被背书人，但注明“现金”字样的银行汇票不得背书转让。银行汇票的背书转让以不超过出票金额的实际结算金额为准。未填写实际结算金额或实际结算金额超过出票金额的银行汇票不得背书转让。

（4）持票人向银行提示付款时，必须同时提交银行汇票和解讫通知，缺少任何一联，银行不予受理。

（5）在银行开立存款账户的持票人向开户银行提示付款时，应在汇票背面“持票人向银行提示付款签章”处签章，签章须与预留银行签章相同，并将银行汇票和解讫通知、进账单送交开户银行。银行审查无误后办理转账。

（6）未在银行开立存款账户的个人持票人，可以向选择的任何一家银行机构提示付款。

（7）银行汇票的实际结算金额低于出票金额的，其多余金额由出票银行退交申请人。

（8）申请人因银行汇票超过付款提示期限或其他原因要求退款时，应将银行汇票和解讫通知同时提交到出票银行，并提供本人的身份证件或者单位的证明。申请人为单位的，应出具该单位的证明；申请人为个人的，应出具该本人的身份证件。

（9）银行汇票丧失，失票人可以凭人民法院出具的其享有票据权利的证明，向出票银行请求付款或退款。

（六）企业采用银行汇票结算方式的会计处理

1. 付款单位的会计处理

（1）取得银行汇票计入“其他货币资金”账户借方。

（2）完成结算后计入“其他货币资金”账户贷方。

2. 收款人的会计处理

收款人收到银行汇票，直接计入“银行存款”账户借方。可提取现金的银行汇票，提取现金后计入“库存现金”账户的借方。

三、银行本票

（一）银行本票的概念和适用范围

银行本票是本票申请人将款项交存银行，由银行签发给其凭以办理转账结算或支取现金的票据。在我国本票仅限于银行本票，即银行出票、银行付款。本票可以用于转账，注明“现金”字样的银行本票可以用于支取现金。单位和个人在同一票据交换区域需要支付各种款项，均可以使用银行本票。

（二）银行本票的种类

我国银行本票目前有两种：一种是定额本票，另一种是不定额本票。定额本票由人民银行委托专业银行代理签发，面额有 1 000 元、5 000 元、10 000 元和 50 000 元；不定额本票的金额起点为 1 000 元，由专业银行签发。

（三）银行本票结算的基本规定

1. 银行本票一律记名，允许背书转让。

2. 不定额银行本票的金额起点为 1 000 元。定额银行本票面额 1 000 元、5 000 元、10 000 元和 50 000 元。

3. 银行本票的付款期为一个月（不分大月、小月，统一按次月对日计算；到期日遇节假日顺延）。逾期的银行本票，兑付银行不予受理。

4. 申请人办理银行本票，应向银行填写“银行本票申请书”，详细填明收款人名称，需要支取现金的，在银行本票上划去“转账”字样，填明“现金”字样。不定额银行本票用压数机压印金额，将办妥的银行本票交给申请人。银行本票申请书一式三联，第一联由签发单位或个人留存，第二联由签发行办理本票的付款凭证，第三联由签发行办理本票的收款凭证。

5. 未在银行开立账户的收款人，凭具有“现金”字样的银行本票向银行支取现金，应在银行本票背面签字或盖章，并向银行交验有关证件；

6. 银行本票见票即付，不予挂失。遗失的不定额银行本票在付款期满后一个月，确未冒领，可以办理退款手续。

7. 申请人因银行本票超过付款期或者其他原因要求退款时，可持银行本票到签发银行办理。

（四）银行本票结算的基本程序

1. 申请办理银行本票

申请人办理银行本票，应向银行填写一式三联“银行本票申请书”，详细填明收款人名称、申请人名称、支付金额、申请日期等事项并签章，申请人和收款人需要支取现金的，并应填明“现金”字样。申请人或者收款人是单位的，不得申请签发现金银行本票。

2. 银行本票的受理

银行受理“银行本票申请书”，收妥款项，签发银行本票。签发银行本票必须记载下列事项：表明“银行本票”的字样；无条件支付的承诺；确定的金额；收款人名称；出票日期；出票人签章。申请人和收款人需支取现金的，应在银行本票上划去“转账”字样，加盖印章。

3. 银行本票的付款

银行本票见票即付。申请人应将银行本票交付给本票上记明的收款人。收款人为个人的，也可以持转账的银行本票，经背书向被背书的单位或个体经济户办理结算。具有“现金”字样的银行本票可以向银行支取现金。未在银行开立账户的收款人，凭具有“现金”字样的银行本票向银行支取现金，应在银行本票背面签字或盖章，并向银行交验有关证件。

兑付银行在接到收款人或被背书人交来的本票和两联进账单时，应审查本票是否真实，本票上的收款人或被背书人名称是否为该收款人，背书是否连续，内容是否符合规定，是否在付款期内，印章是否齐全，金额是否为压数机压印，大小写金额是否一致，进账单与本票是否相符等，确认无误后，办理兑付手续。如是转账支取的，应在第一联进账单上加盖转讫章作收款通知交给收款人或被背书人，第二联进账单作收入传票。如是现金支取的，由收款人填制一联支款凭条，经审查本票上填明收款人姓名和具有“现金”字样，并查验收款人的身份证后，办理现金支付手续。

（六）银行本票的转让

银行本票一律记名，允许背书转让，其转让同汇票转让一样，须记名背书并交付票据。记名背书，应记载在本票的背面或粘单上，由背书人签章，记明被背书人名称和背书日期。如背书未记明日期的，视为作在本票到期日之前，粘单上的第一记载人应在本票和粘单的粘接处盖章。本票的背书转让，必须为票据的全额，对本票金额的一部分所作的背书或者将汇票金额分别转让给两人以上的背书无效。背书必须连续，即银行本票上的任意一个被背书人就是紧随其后的背书人，并连续不断。背书不得附有条件，如附有条件的，其条件视为没有记载。如本票的签发人在其正面记明“不准转让”字样的，该本票不得转让。背书人亦可记明“不准转让”字样，以禁止再转让，如其后手再背书并将本票转让他人，原背书人对其后的被背书人不负保证付款的责任。已经拒绝付款的本票和已逾付款期的本票，不得再背书转让。

（七）银行本票的退款和丧失

申请人因银行本票超过付款期或其他原因要求退款时，可持银行本票到出票银行办理。申请人为单位的，应出具该单位证明；申请人为个人的，应出具该本人的身份证。

银行本票丧失，失票人可以凭人民法院出具的其享有票据权利的证明，向出票银行请求付款或退款。

（八）受理银行本票应注意事项

收款人在受理银行本票时应注意审查以下内容：

1. 收款人或被背书人是否确为本收款人。
2. 背书是否连续。
3. 银行本票付款期是否在规定的付款期内。
4. 签发的内容是否符合规定，有无涂改，印章是否清晰、有效。
5. 不定额银行本票是否有压数机压印的金额。
6. 持票人身份查验，摘录身份证号码。

（九）企业采用银行本票结算方式的会计处理

1. 付款单位的会计处理

（1）取得银行本票计入“其他货币资金”账户借方。

（2）完成结算后计入“其他货币资金”账户贷方。

2. 收款人的会计处理

收款人收到银行本票，直接计入“银行存款”账户借方。可提取现金的银行本票，提取现金后计入“库存现金”账户的借方。

四、支票

（一）支票的概念和种类

1. 支票的概念

支票是指出票人签发的，委托办理支票存款业务的银行在见票时无条件支付确定的金额给收款人或者持票人的票据。支票的基本当事人包括出票人、付款人和收款人。出票人即存款人，是在经中国人民银行当地分支行批准办理支票业务的银行机构，开立可以使用支票的存款账户的单位和个人；付款人是出票人的开户银行；持票人是票面上填明的收款人，也可以是经背书转让的被背书人。

2. 支票的种类

我国《票据法》按照支付票款方式，将支票分为普通支票、现金支票和转账支票。支票上印有“现金”字样的为现金支票，现金支票只能用于支取现金。支票上印有“转账”字样的为转账支票，转账支票只能用于转账。支票上未印有“现金”或“转账”字样的为普通发票，普通支票既可以用于支取现金，也可以用于转账。在普通支票左上角划两条平行线的，为划线支票，划线支票只能用于转账，不得支取现金。

（二）支票的使用范围

单位和个人在同一票据交换区域的各种款项结算，均可以使用支票。

（三）支票的出票

1. 开立支票存款账户。开立支票存款账户，申请人必须使用本名，提交证明其身份的合法证件，并应当预留其本名的签名样式和印鉴。

2. 支票的记载事项。支票必须记载下列事项：(1) 表明“支票”的字样；(2) 无条件支付的委托；(3) 确定的金额；(4) 付款人名称；(5) 出票日期；(6) 出票人签章。欠缺记载任何一项的，支票都为无效。支票的金额、收款人名称，可以由出票人授权补记，未补记前不得背书转让。

（四）支票的付款

1. 提示付款。支票的提示付款期限为自出票日起 10 日。持票人可以委托开户银行收款或直接向付款人提示付款。用于现金支取的支票仅限于收款人向付款人提示付款。

2. 付款。出票人必需按照签发的支票金额承担保证向该持票人付款的责任。

（五）支票结算方式的会计处理

1. 付款人签发支票后计入“银行存款”账户的贷方。

2. 收款人收到的转账支票或普通支票交银行办理转账后计入“银行存款”账户借方。

3. 收款人用现金支票或普通支票提取现金，计入“库存现金”账户借方。

五、商业汇票

（一）商业汇票的概念、种类

1. 概念

商业汇票是出票人签发的，委托付款人在票据到期日无条件支付确定的金额给收款人或者持票人的票据。

2.种类

商业汇票按承兑人不同划分为商业承兑汇票和银行承兑汇票。商业承兑汇票是指由收款人或付款人签发，由付款人承兑的商业汇票。银行承兑汇票是指由付款人签发，付款人开户银行按照与付款人签订的承兑协议办理承兑的商业汇票。商业汇票的付款期限，最长不得超过6个月；商业汇票的提示付款期限，自汇票到期日起10日。

（二）商业汇票的出票

1. 出票人的资格条件。商业承兑汇票的出票人，为在银行开立存款账户的法人以及其他组织，与付款人具有真实的委托付款关系，具有支付汇票金额的可靠资金来源。银行承兑汇票的出票人必须具备下列条件：在承兑银行开立存款账户的法人以及其他组织；与承兑银行具有真实的委托付款关系；资信状况良好，具有支付汇票金额的可靠资金来源。

2. 出票人的确定。商业承兑汇票可以由付款人签发并承兑，也可以由收款人签发交由付款人承兑。

3. 出票的记载事项。商业汇票必须记载下列事项：

（1）表明商业承兑汇票或银行承兑汇票的字样；

（2）无条件支付的委托；

（3）确定的金额；

（4）付款人名称；

（5）收款人名称；

（6）出票日期；

（7）出票人签章。

商业汇票的相对记载事项，也是商业汇票上应记载的内容，但是，相对记载事项未在汇票上记载，并不影响汇票本身的效力，汇票仍然有效。该等未记载的事项可以通过法律的直接规定来补充确定。《票据法》规定，汇票上记载付款日期、付款地、出票地等事项的，应当清楚、明确。

（三）商业汇票的承兑

1.商业汇票承兑要求

（1）付款人承兑商业汇票，应当在汇票正面记载“承兑”字样和承兑日期并签章。

（2）付款人承兑商业汇票，不得附有条件；承兑附有条件的，视为拒绝承兑。

（3）银行承兑汇票的承兑银行，按票面金额向出票人收取万分之五的手续费。

（4）银行承兑汇票的出票人或持票人向银行提示承兑时，银行的信贷部门负责按照有关规定和审批程序，对出票人的资格、资信、购销合同和汇票记载的内容进行认真审查，必要时可由出票人提供担保。符合规定和承兑条件的，与出票人签订承兑协议。

2. 商业汇票的承兑期限

（1）商业汇票的承兑期限由结算双方商定，最长不得超过6个月。

（2）以确定日期付款的商业汇票付款期限自出票日起计算，并在汇票上记载具体的到期日。

（3）出票后定期付款的汇票付款期限自出票日起按月计算，并在汇票上记载。

(4) 见票后定期付款的汇票付款期限自承兑或拒绝承兑日起按月计算,并在汇票上记载。

(四) 商业汇票的付款

1. 提示付款

商业汇票的提示付款期限,自汇票到期日起 10 日。持票人应在提示付款期限内通过开户银行委托收款或直接向付款人提示付款。对异地委托收款的,持票人可匡算邮程,提前通过开户银行委托收款。持票人超过提示付款期限提示付款的,持票人开户银行不予受理。

2. 支付票款

持票人按照上述规定向付款人或承兑人进行付款提示后,付款人必须无条件地在当日按票据金额足额支付给持票人。

(五) 商业汇票贴现的有关规定

1. 符合条件的商业汇票的持票人可持未到期的商业汇票连同贴现凭证向银行申请贴现。贴现银行可持未到期的商业汇票向其他银行转贴现,也可向中国人民银行申请再贴现。贴现、转贴现、再贴现时,应作成转让背书,并提供贴现申请人与其直接前手之间的增值税发票和商品发运单据复印件。

2. 贴现、转贴现和再贴现的期限从其贴现之日起至汇票到期日止。实付贴现金额按票面金额扣除贴现日至汇票到期日前的利息计算。

3. 承兑人在异地的,贴现、转贴现和再贴现的期限以及贴现利息的计算应另加 3 天的划款日期。

4. 贴现、转贴现、再贴现到期,贴现、转贴现、再贴现银行应向付款人收取票款。不获付款的,贴现、转贴现、再贴现银行应向其前手追索票款。贴现、再贴现银行追索票款时,可从申请人的存款账户收取票款。

第五节　非票据结算方式法律规定

票据结算及现金结算之外的结算方式称为非票据结算方式。目前我国可以采用的非票据结算方式包括:托收承付、委托收款、汇兑、信用卡、信用证等。

一、托收承付结算

(一) 托收承付结算的含义

托收承付结算,是指根据购销合同,由收款人发货后委托银行向异地购货单位收取货款,购货单位根据合同核对单证或验货后,向银行承认付款的一种结算方式。

(二) 托收承付的适用范围

使用托收承付结算方式的收款单位和付款单位,必须是国有企业、供销合作社以及经营管理较好、并经开户银行审查同意的城乡集体所有制工业企业。托收承付结算方式只适用于异地订有经济合同的商品交易及相关劳务款项的结算。代销、寄销、赊销商品的款项,不得办理异地托收承付结算。收付双方办理托收承付结算,必须重合同、守信用。异地托收承付结算每笔金额起点为 10 000 元,新华书店系统每笔金额起点为 1 000 元;收款人对同一付款人发货托收累计三次收不回货款的,收款人开户银行应暂停收款人向该付款人办理托收;付款人累计三次无理拒付的,付款人开户银行应暂停其向外办理托收。

(三) 办理托收承付的程序

1. 签发托收凭证

收款人办理托收,必须具有商品确已发运的证件。签发托收承付凭证必须记载下列事项:表明“托收承付”的字样;确定的金额;付款人名称及账号;收款人名称及账号;付款人开户银行名称;收款人开户银行名称;托收附寄单证张数或册数;合同名称、号码;委托日期;收款人签章。

2. 托收

托收是指销货单位(即收款单位)委托其开户银行收取款项的行为。

收款人应将托收凭证并附发运证件或其他符合托收承付结算的有关证明和交易单证送交银行。收款人如需取回发运证件,银行应在托收凭证上加盖“已验发运证件”戳记。

收款人开户银行接到托收凭证及其附件后,应当按照托收的范围、条件和托收凭证记载的要求认真进行审查,必要时,还应查验收、付款人签订的购销(买卖)合同。

3. 承付

承付是指购货单位(即付款单位)在承付期限内,向银行承认付款的行为。承付方式有两种,即验单承付和验货承付。

(1) 验单承付是指付款方接到其开户银行转来的承付通知和相关凭证,并与合同核对相符后,就必须承认付款的结算方式。验单承付的承付期为3天,从付款人开户银行发出承付通知的次日算起,遇假日顺延。

(2) 验货承付是指付款单位除了验单外,还要等商品全部运达并验收入库后才承付货款的结算方式。验货承付的承付期为10天,从承运单位发出提货通知的次日算起,遇假日顺延。

不论验单付款还是验货付款,付款人都可以在承付期内提前向银行表示承付,并通知银行提前付款,银行应立即办理划款。

(四) 逾期付款

付款人在承付期满日银行营业终了时,如无足够资金支付,其不足部分,即为逾期未付款项,按逾期付款处理。

(五) 拒绝付款

付款人在承付期内,有正当理由,可向银行提出全部或部分拒绝付款。依照《支付结算办法》规定,该理由包括:

(1) 没有签订购销合同或未定明异地托收承付结算方式购销合同的款项。

(2) 未经双方事先达成协议,收款人提前交货或因逾期交货付款人不再需要该项货物的款项。

(3) 未按合同规定的到货地址发货的款项。

(4) 代销、寄销、赊销商品的款项。

(5) 验单付款,发现所列货物的品种、规格、数量、价格与合同规定不符,或货物已到,经查验货物与合同规定或发货清单不符的款项。

(6) 验货付款,经查验货物与合同规定或与发货清单不符的款项。

(7) 货款已经支付或计算有错误的款项。

二、委托收款结算

(一) 委托收款的含义

委托收款,是指收款人委托银行向付款人收取款项的结算方式。单位和个人凭已承兑商业汇票、债券、存单等付款人债务证明办理款项的结算,均可以使用委托收款结算方式。委托收款在同城、异地均可以使用。委托收款分邮寄和电报划回两种,由收款人选用。

(二) 委托收款的适用范围

凡在银行或其他金融机构开立账户的单位和个体经济户的商品交易,公用事业单位向用户收取水电费、邮电费、煤气费、公房租金等款项以及其他应收款项,无论是在同城还是异地,均可使用委托收款的结算方式。

(三) 委托收款结算的结算程序

1. 签发托收凭证

签发委托收款凭证必须记载下列事项:表明"委托收款"的字样;确定的金额;付款人名称;收款人名称;委托收款凭据名称及附寄单证张数;委托日期;收款人签章。

委托收款以银行以外的单位为付款人的,委托收款凭证必须记载付款人开户银行名称;以银行以外的单位或在银行开立存款账户的个人为收款人的,委托收款凭证必须记载收款人开户银行名称;未在银行开立存款账户的个人为收款人的,委托收款凭证必须记载被委托银行名称。

2. 委托

收款人办理委托收款应向银行提交委托收款凭证和有关的债务证明。

3. 付款

银行接到寄来的委托收款凭证及债务证明,审查无误办理付款。

以银行为付款人的,银行应在当日将款项主动支付给收款人。

以单位为付款人的,银行应及时通知付款人,按照有关规定,需要将有关债务证明交给付款人的应交给付款人并签收。付款人应于接到通知的当日书面通知银行付款。按照有关规定,付款人未在接到通知日的次日起3日内通知银行付款的,视同付款人同意付款,银行应于付款人接到通知日的次日起第4日上午开始营业时,将款项划给收款人。付款人提前收到由其付款的债务证明,应通知银行于债务证明的到期日付款。付款人未于接到通知日的次日起3日内通知银行付款,付款人接到通知日的次日起4日,在债务证明到期日之前的,银行应于债务证明到期日将款项划给收款人。银行在办理划款时,付款人存款账户不足支付的,应通过被委托银行向收款人发出未付款项通知书。按照有关办法规定,债务证明留存付款人开户银行的,应将其债务证明连同未付款项通知书邮寄被委托银行转交收款人。

4. 拒绝付款

付款人审查有关债务证明后,对收款人委托收取的款项需要拒绝付款的,可以办理拒绝付款。

三、汇兑结算

（一）汇兑结算的含义

汇兑，是指汇款人委托银行将款项汇给外地收款人的结算方式。根据凭证传递方式，可分为信汇和电汇两种。

汇款人办理信汇时，应填写信汇凭证一式四联，送交本单位开户银行办理信汇。银行受理后，将第一联回单退给汇款人记账，留下第二联用于银行记账，将第三联、第四联传给收款银行。收款银行收到凭证后，留下第三联收款凭证用于记账，将第四联传给收款人，收款人收到第四联收款通知后，进行账务处理。

汇款人办理电汇时应填写电汇凭证一式三联，送交本单位开户银行办理电汇。银行受理后，将第一联回单退给汇款人记账，留下第二联凭证用于银行记账，依照第三联编制电划代收报单向收款银行拍发电报。收款银行收到电报后，签发电划代收补充单一式三联，将第三联传给收款人。收款人凭代收报单第三联进行账务处理。

（二）汇兑的适用范围

汇兑适用于异地单位、个体经济户和个人的各种款项的结算。

（三）办理汇兑的程序

1. 签发汇兑凭证

签发汇兑凭证必须记载下列事项：表明“信汇”或“电汇”的字样；无条件支付的委托；确定的金额；收款人名称、账号；汇款人名称、账号；汇入地点、汇入行名称；汇出地点、汇出行名称；委托日期；汇款人签章。

2. 资金结算

汇出银行受理汇款人签发的汇兑凭证，经审查无误后，向汇入银行办理汇款，并向汇款人签发汇款回单。汇款回单只能作为汇出银行受理汇款的依据，不能作为该笔汇款已转入收款人账户的证明。

汇入银行对开立存款账户的收款人，应将汇给其款项直接转入收款人账户，并向其发出收账通知。收账通知是银行将款项确已收入收款人账户的凭据。转账支付的，应由原收款人向银行填制支款凭证，并由本人交验其身份证件办理支付款项。该账户的款项只能转入单位或个体工商户的存款账户，严禁转入储蓄和信用卡账户。

（四）撤销与退汇

汇款人对汇出银行尚未汇出的款项可以申请撤销。申请撤销时，应出具正式函件或本人身份证件及原信、电汇回单。汇出银行查明确未汇出款项的，收回原信、电汇回单，方可办理撤销。

汇款人对汇出银行已经汇出的款项可以申请退汇。对在汇入银行开立存款账户的收款人，由汇款人与收款人自行联系退汇；对未在汇入银行开立存款账户的收款人，汇款人应出具正式函件或本人身份证件以及原信、电汇回单，由汇出银行通知汇入银行，经汇入银行核实汇款确未支付，并将款项汇回汇出银行，方可办理退汇。

汇入银行对于收款人拒绝接受的汇款，应立即办理退汇。汇入银行对于向收款人发出取款通知，经过两个月无法交付的汇款，应主动办理退汇。

四、信用卡结算

（一）信用卡的含义

信用卡，是指由银行或专营机构签发，可在约定银行或部门存取现金、购买商品及支付劳务报酬的一种信用凭证。持卡人可在同城和异地凭卡支取现金、转账结算和消费信用等。

（二）信用卡的种类

1. 按发卡银行划分：中国银行、中国工商银行、中国农业银行、中国建设银行已分别先后向社会推出了“长城卡”、“牡丹卡”、“金穗卡”、“建设银行万事达、维萨卡”，一些地方银行亦在各地发行了自己的信用卡。

2. 按持卡人划分：单位卡和个人卡。

（三）信用卡的适用范围

信用卡产生的结算关系一般涉及三方当事人：银行、持卡人和商户。商户向持卡人提供商品或服务的商业信用，然后向持卡人的发卡行收回货款或费用，再由发卡行或代办行向持卡人办理结算。

（四）信用卡申领与使用的主要规定

根据《支付结算办法》的规定，单位卡和个人卡的申请与使用不尽相同。

1. 单位卡申领与使用的主要规定

凡申领单位卡的单位，必须在中国境内金融机构开立基本存款账户，并按规定填制申请表，连同有关资料一并送交发卡银行。该单位符合条件并按银行要求交存一定金额的备用金以后，银行为申领人开立信用卡存款账户，并发给信用卡。单位卡可以申领若干张，持卡人资格由申领单位法定代表人或其委托的代理人书面指定和注销。

在单位卡的使用过程中，其账户的资金一律从其基本存款账户转账存入，不得交存现金，不得将销货收入的款项存入其账户。单位卡的持卡人不得用于10万元以上的商品交易、劳务供应款项的结算，并一律不得支取现金。如果需要向其账户续存资金的，单位卡的持卡人必须按前述转账方式转账存入。

2. 个人卡申领与使用的主要规定

凡具有完全民事行事能力的公民可申领个人卡。个人卡的主卡持卡人可为其配偶及年满18周岁的亲属申领附属卡，申领的附属卡最多不超过两张，主卡持卡人也有权要求注销其附属卡。

（五）信用卡在消费中的结算程序

持卡人持信用卡消费时，应按以下程序进行：

1. 持卡人将信用卡和身份证件一并交特约单位

如果信用卡属智能卡、照片卡可免验身份证件。特约单位不得拒绝受理持卡人合法持有的签约银行发行的有效信用卡，不得因持卡人使用信用卡而向其收取附加费用。

2. 特约单位应审查信用卡

特约单位受理信用卡时，应审查下列事项：

（1）确为本单位可受理的信用卡；

(2) 信用卡在有效期内，未列入“止付名单”；

(3) 签名条上没有“样卡”或“专用卡”等非正常签名的字样；

(4) 信用卡无打孔、剪角、毁坏或涂改的痕迹；

(5) 持卡人身份证或卡片的照片与持卡人相符，但使用智能卡、照片卡或持卡人凭密码在销售点终端上消费、购物，可免验身份证；

(6) 卡片正面的拼音姓名与卡片背面的签名和身份证件上的姓名一致。

3. 办理结算手续

特约单位受理信用卡审查无误的，在签购单上压卡，填写实际结算金额、用途、持卡人身份证件号码、特约单位名称和编号。如超过支付限额的，应向发卡银行索取并填写授权号码，交持卡人签名确认，同时核对其签名与卡片背面签名是否一致。经审查无误后，对同意按经办人填写的金额和用途付款的，由持卡人在签购单上签名确认并将信用卡、身份证件和第一联签购单交还给持卡人。特约单位在每日营业终了，应将当日受理的信用卡签购单汇总，计算手续费和净计金额，并填写汇计单和进账单，连同签购单一并送交收单银行办理进账。收单银行接到特约单位送交的各种单据，经审查无误后，为特约单位办理进账。

（六）信用卡的透支规定

根据《支付结算办法》的规定，信用卡的持卡人在信用卡账户内资金不足以支付款项时，可以在规定的限额内透支，并在规定期限内将透支款项偿还给发卡银行。但是，如果持卡人进行恶意透支的，即超过规定限额或规定期限，并经发卡银行催收无效的，持卡人必须承担相应的法律责任。

根据《支付结算办法》的规定，信用卡透支额，金卡最高不得超过 10 000 元，普通卡最高不得超过 5 000 元。信用卡透支期限最长为 60 天。关于信用卡透支的利息，依《支付结算办法》的规定，自签单日或银行记账日起 15 日内按日息 0.05%计算。超过 15 日按日息 0.1%计算，超过 30 日或透支金额超过规定限额的，按日息 1.5‰计算，透支计息不分段，按最后期限或最高透支额的最高利率档次计算。

（七）信用卡的销户

持卡人不需要继续使用信用卡的，应持信用卡主动到发卡银行办理销户。持卡人办理销户时，如果账户内还有余额，属单位卡的，则应将该账户内的余额转入其基本存款账户，不得提取现金；个人卡账户可以转账结清，也可以提取现金。

持卡人透支之后，只有在还清透支本息后，在下列情况下，可以办理销户：

1. 信用卡有效期满 45 天后，持卡人不更换新卡的；
2. 信用卡挂失满 45 天后，没有附属卡，不更换新卡的；
3. 信用卡被列入止付名单，发卡银行已收回其信用卡 45 天的；
4. 持卡人死亡，发卡银行已收回其信用卡 45 天的；
5. 持卡人要求销户或担保人撤销担保，并已交回全部信用卡 45 天的；
6. 信用卡账户两年以上未发生交易的；
7. 持卡人违反其他规定，发卡银行认为应该取消资格的。发卡银行办理销户，应当收回信用卡。有效信用卡无法收回的，应当将其止付。

（八）信用卡的挂失

信用卡丢失后，持卡人应立即持本人身份证件或其他有效证明，并按规定提供有关情况，向发卡银行或代办银行申请挂失。发卡银行或代办银行审核后办理挂失手续。如果持卡人不及时办理挂失手续而造成损失的，则应自行承担该损失；如果持卡人办理了挂失手续而因发卡银行或代办银行的原因给持卡人造成损失的，则应由发卡银行或代办银行承担该损失。

（九）信用卡结算的会计处理

1. 存款人将基本存款户存款转入单位卡，计入“其他货币资金”借方。

2. 收款人收到的信用卡划入资金计入“银行存款”借方。

五、信用证结算

（一）信用证的概念

信用证是根据买方的申请，由买方所在的开证银行向卖方开具的，授权卖方按照信用证规定的条款向买方发出货物并签发以开证银行为付款人的汇票，开证银行保证在卖方交来符合信用证条款规定的汇票和单据时向卖方支付款项的保证文件。

（二）信用证的特点

1. 开证行以自己的信用做出付款保证

信用证结算方式是以银行信用为基础的，开证行以自己的信用做出付款保证。开证行首先是付款人。卖方（一般即信用证的受益人）可凭信用证及符合信用证条款的单据，向开证行凭单取款，而无须先找买方（一般即信用证的开证申请人）。开证行的付款不是以买方的付款作为前提条件。

2. 信用证是一项与买卖合同分离的独立文件

虽然信用证的开立是以买卖合同为基础的，买卖双方要受买卖合同的约束，但是信用证一经开出，在信用证业务处理过程中，各方当事人的责任与权利都必须以信用证为准，信用证是一项与买卖合同分离的独立文件。

3. 信用证是一项单据业务

在信用证方式下，银行凭相符单据付款，而非凭与单据有关的货物、服务及其他行为付款。受益人要保证收款，就一定要提供与信用证条款相符的单据，开证行要拒付，也必须以单据上的不符点为由。因此，信用证结算方式是一项“单据买卖业务”。

4. 信用证是国际贸易中的一种主要支付方式

信用证结算方式主要用于国际贸易结算，国内结算也可以使用信用证。

（三）信用证结算的当事人及其业务的一般程序

1. 信用证的当事人

(1) 开证申请人(Applicant)，又称开证人(Opener)，指向银行申请开具信用证的人，即进口人或实际买主。

(2) 开证行(Opening Bank，Issuing Bank)，指受开证人之托开具信用证，保证付款的银行，一般在进口人所在地。

(3) 通知行(Advising Bank，Notifying Bank)指受开证行之托将信用证通知或转交出口人的银行，它只证明信用证的真伪，并不承担其他义务。通知行一般在出口人所在地，通常是开证行的分行或代理行。

(4) 受益人(Beneficiary)，指信用证指定的有权使用该证的人，即出口人或实际供货人。

(5) 议付行(Negotiating Bank)，指愿意买入或贴现受益人跟单汇票的银行，它可以是指定银行，也可以是非指定银行，视信用证条款的规定。

(6) 付款行(Paying Bank, Drawee Bank)系开证行指定的付款银行，一般是开证行本身，也可以是开证行指定的另一家银行(代付行)，视信用证条款的规定。

此外，还可能涉及保兑行、偿付行、受让人等其他当事人。

2. 信用证结算业务的一般程序

(1) 买卖双方签订合同规定使用信用证支付货款。

(2) 买方填制开证申请书，交纳押金和手续费，要求开证行开出以卖方为受益人的信用证。

(3) 开证行将信用证寄交卖方所在地的分行或代理行(通知行)。

(4) 通知行核对印鉴无误后，将信用证转交卖方。

(5) 卖方审核信用证与合同相符后，按信用证规定装运货物，并备齐各项货运单据，开具汇票，在信用证有效期内一并送交当地银行(议付行)请求议付。

(6) 议付行审核单据与信用证无误后，按汇票金额扣除利息和手续费，将货款垫付给卖方。

(7) 议付行将汇票和单据寄交开证行或其指定的付款行索偿。

(8) 开证行或其指定的付款行审单无误后，向议付行付款。

(9) 开证行在向议付行办理转账付款的同时，通知买方付款赎单。

(10) 买方审单无误后，付清货款。

(11) 开证行收款后，将单据交给买方，买方凭以向承运人提货。

(四) 国内信用证结算的主要规定

1. 经中国人民银行批准经营结算业务的商业银行总行以及经商业银行总行批准开办信用证结算业务的分支机构，可以办理信用证结算业务。未经批准的银行机构和城市信用合作社、农村信用合作社及其他非银行金融机构不得办理信用证结算业务。

2. 信用证结算的当事人应当遵守法律、法规以及相关规定，不得损害社会公共利益。

3. 信用证结算的当事人应当遵守诚实信用原则，认真履行义务，不得利用信用证进行欺诈等违法犯罪活动。

4. 信用证只限于转账结算，不得支取现金。

5. 信用证与作为其依据的购销合同相互独立，银行在处理信用证业务时，不受购销合同的约束。

6. 一家银行作出的付款、议付或履行信用证项下其他义务的承诺不受申请人与开证行、申请人与受益人之间关系的制约。

7. 在信用证结算中，各有关当事人处理的只是单据，而不是与单据有关的货物及劳务。

8. 信用证付款方式包括即期付款、延期付款及议付。延期付款信用证的付款期限为货物发运日后定期付款，最长不得超过6个月。议付信用证应在此条款中指定受益人的开户行为议付行并授权其议付。

（五）信用证结算方式的会计处理

1. 买方的会计处理

买方支付的信用证保证金计入“其他货币资金——信用证保证金存款”账户的借方，付款赎单时计入“其他货币资金——信用证保证金存款”账户和“银行存款”账户的贷方。

2. 卖方的会计处理

卖方持信用证及相关单据兑付款项时，计入“银行存款”账户借方。

第六节　支付结算案例分析

【案例 7-1】

【案例分析目的】考察对银行结算法律制度的掌握

【案例分析资料】

豫章机械股份有限公司和甲、乙企业协议共同出资设立光明有限责任公司。2013 年 5 月份豫章机械股份有限公司按规定手续在当地工商银行开立了临时存款账户，出资人豫章机械股份有限公司、甲、乙企业分别存入 40 万元、30 万元、10 万元。在验资期间，鉴于设立公司需要活动经费，豫章机械股份有限公司欲在临时存款账户上取出 5 万元现金。7 月份光明有限责任公司成立，按规定在工商银行开立了基本存款账户存入 70 万元，并要求银行于开户当日以转账方式支付给明一公司 20 万元用于购置一机器设备。8 月中旬，光明有限责任公司在农行、建行又开立了两个一般存款账户，并决定今后公司职工工资、奖金统一从农行的一般存款账户上支取现金。

【案例分析要求】

根据有关法律制度的规定，回答以下问题：

(1) 豫章机械股份有限公司从临时账户上支取 5 万元现金的想法能否实现？说明理由。

(2) 公司于银行账户开立当天付款给明一公司 20 万元的要求能否实现？说明理由。

(3) 公司开立两个一般存款账户是否合乎规定？说明理由。

(4) 公司职工工资、奖金从一般存款账户上支取是否符合规定？说明理由。

【案例评析】

(1) 不能实现。根据银行结算账户管理规定，注册验资的临时存款账户在验资期间只收不付。

(2) 不能实现。根据银行结算账户管理规定，存款人开立银行结算账户的，自正式开立起 3 个工作日后，方可使用该账户办理付款业务。

(3) 符合规定。根据银行结算账户管理规定，存款人有借款或其他结算需要，可以申请开立一般存款账户，且没有数量限制。

(4) 不符合规定。根据银行结算账户管理规定，支取工资、奖金只能通过基本户账户办理，一般存款账户不得支取现金。

【案例 7-2】

【案例分析目的】考察对现金结算法律制度的掌握

【案例分析资料】

某供销社地处边远山区，每日现金零星支付需要量为 2 000 元。经开户银行审查批准，该企业可以从自己的收入中坐支现金，坐支的限额是 2 万元。以下是该企业 2014 年 6 月的库存现金日记账，见表 7－1 所示：

表 7－1　库存现金日记账

2014 年		凭证号码		对方科目	摘要	收入	支出	结余
月	日	字	号					
6	1	略			期初余额			40 000
	2				职工出差借款		3 000	37 000
	8				收到销售给当地个人的货款	26 000		63 000
	10				收到销售给当地个人的货款	1 000		64 000
	15				购买当地农民的农副产品		25 000	39 000
	16				收到销售给当地个人的货款	85 000		124 000
	25				购买当地农民的农副产品		65 000	59 000
	26				收到销售给当地个人的货款	58 000		117 000
	30				本月合计及期末余额	170 000	93 000	117 000

【案例分析要求】

根据上述资料，回答下列题目：

(1) 根据现金管理的有关规定，该单位的库存现金限额应该(　　)元。

A. 不超过 40 000　　B. 不超过 30 000

C. 不超过 20 000　　D. 不超过 10000

(2) 按照现金管理要求，以下说法中正确的有(　　)。

A. 6 月 5 日，支付给职工出差借款 3 000 元，超出现金使用限额规定

B. 6 月 8 日，销售给当地个人的销货款 26 000 元，不应收取现金

C. 6 月 15 日，购买当地农民的农副产品 25 000 元，可以支付现金

D. 对现金结算，不可给予比转账结算优惠的待遇

(3) 关于该单位是否坐支现金的问题，以下判断中正确的有(　　)。

A. 不存在坐支

B. 存在坐支

C. 坐支的金额没有超出开户银行规定的坐支限额

D. 坐支的金额已经超出开户银行规定的坐支限额

(4) 关于坐支现金，以下说法中错误的是(　　)。

A. 6 月 15 日购买当地农民的农副产品 25 000 元属于坐支现金

B. 6 月 25 日购买当地农民的农副产品 65 000 元不属于坐支现金

C. 6 月 15 日购买当地农民的农副产品 25 000 元，其中 5 000 元超过了坐支现金限额

D. 6 月 25 日购买当地农民的农副产品 65 000 元，其中 45 000 元超过了坐支现金限额

(5) 下列说法中正确的有(　　)。

A. 2014 年 6 月初，库存现金超过了库存限额

B. 2014 年 6 月末，库存现金超过了库存限额

C. 按照规定，2014 年 6 月 30 日，送存银行的现金不应少于 87 000 元

D. 按照规定，2014 年 6 月 30 日，送存银行的现金不应少于 77 000 元

【案例评析】

(1) B。本题考核现金使用的限额。边远地区和交通不便地区的开户单位的库存现金限额，可按多余 5 天、但不超过 15 天的日常零星开支的需要确定。因此，该单位的库存现金应为不超过 2 000×15＝30 000(元)。

(2) CD。本题考核现金管理。出差人员必须随身携带的差旅费结算起点为 1 000 元，并没有上限，A 错误；向个人收购农副产品和其他物资支付的价款，开户单位支付给个人的款项，超过使用现金限额的部分，也可以支付现金，B 错误。

(3) 本题考核现金管理。

(4) 本题考核现金管理。6 月 15 日，购买当地农民的农副产品 25 000 元，不属于坐支现金；6 月 25 日，购买当地农民的农副产品 65 000 元属于坐支现金，其中 45 000 元超过了坐支现金限额。

(5) ABC。本题考核现金管理。6 月初，库存现金为 40 000 元，超过了坐支现金限额 30 000 元；6 月末，库存现金为 117 000 元，超过了库存现金限额 30 000 元；6 月 30 日，送存银行的现金不应少于 117 000－30 000＝87 000(元)。

【案例 7－3】

【案例分析目的】考察对《票据法》的掌握

【案例分析资料】

20×5 年，豫章机械股份有限公司根据合同向甲公司购买产品，并签发了一张金额为 45 万元的商业汇票，期限为六个月，出票日期为 20×5 年 7 月 1 日。甲公司将豫章机械股份有限公司填写错误的金额改正，甲公司在同年的 7 月 5 日背书转让给乙公司，并将付款日期另行记载为 7 月 20 日。

要求：

(1) 请问甲公司将豫章机械有限公司填写错误的金额改正，并将付款日期另行记载为 7 月 20 日这一行为是否有效？

(2) 如果甲公司将豫章机械股份有限公司填写错误的金额改正，并据以入账，该行为属于哪种违法行为？

【案例评析】

(1) 根据《票据法》的规定，票据金额以中文大写和阿拉伯数字同时记载，二者必须一致，二者不一致的，票据无效。票据金额、日期、收款人名称不得更改，更改后的票据无效。票据出票日期使用小写填写的，银行不予受理。大写日期未按要求填写的，银行可予受理，但由此造成损失的，由出票人自行承担。

(2) 属于变造会计凭证的行为。所谓的变造会计凭证、会计账簿和其他会计资料，是指用涂改、挖补等手段来改变会计凭证、会计账簿和其他会计资料，主要表现为：涂改原始凭证中的日期、数量、单价、金额等内容；利用计算机、复印机等先进工具，对原始凭证进行二次处理；由

于会计人员审核不严或玩忽职守、丧失原则，以变造的原始凭证为基础，填制记账凭证，如根据涂改后的发票编制记账凭证的行为等。

【案例 7－4】

【案例分析目的】考察对银行本票性质的掌握

【案例分析资料】

豫章机械股份有限公司采购人员王某持由该公司开户银行签发的、不能用于支取现金的银行本票，前往甲公司购置一批价值 10 万元的物资。由于王某保管不慎，在途中将其装有银行本票的提包丢失。随后，豫章机械股份有限公司根据王某的报告，将银行本票遗失情况通知该银行本票的付款银行，要求挂失止付。但该银行对上述情况进行审查后拒绝办理挂失止付。

【案例分析要求】

(1) 该银行拒绝挂失止付是否正确，为什么？

(2) 豫章机械股份有限公司在被银行拒绝挂失止付后，可以采取哪些措施维护自己的权益？

【案例评析】

(1) 该银行拒绝挂失止付是正确的。根据《支付结算办法》的规定，填明“现金”字样的银行本票丧失，可以由失票人通知付款人或者代理付款人挂失止付，而未填明“现金”字样的银行本票丧失不得挂失止付。

(2) 豫章机械股份有限公司可以采取公示催告的措施维护其权益，即可以向银行本票支付地的基层人民法院提出公示催告申请，请求人民法院向该银行本票的付款银行发出立即停止付款的通知，并以公告方式通知不确定的利害关系人限期申报权利，逾期未申报者，则权利失效，而由法院通过除权判决宣告所丧失的银行本票无效。

【案例 7－5】

【案例分析目的】考察对商业承兑汇票的掌握

【案例分析资料】

甲企业从豫章机械股份有限公司购进一批设备，价款为 300 万元，甲企业开出一张由甲企业为出票人和付款人，豫章机械股份有限公司为收款人，付款期限为 6 个月的商业承兑汇票，同时丙为该汇票提供了担保，保证甲企业到期承兑该汇票。付款期满后，由于甲企业财务发生困难，没有款项可以支付给豫章机械股份有限公司，于是豫章机械股份有限公司要求丙企业支付该款项，但是丙企业拒绝支付。

【案例分析要求】请问丙企业是否要支付该笔款项？为什么？

【案例评析】

丙企业需要支付该笔款项。根据《支付结算办法》关于单位和个人办理结算的连带责任之规定，允许背书转让票据，由于付款人拒绝付款退回票据，持票人对出票人、背书人和其他债务人进行追索时，出票人、背书人和其他债务人(如保证人)要负连带责任。

本章小结与关键词

本章小结

支付结算是指单位、个人在社会经济活动中使用现金、票据、信用卡和汇兑、托收承付、委托收款等结算方式进行货币给付及其资金清算的行为。本章的学习重点主要包括:《现金管理暂行条例》的主要规定;银行支付结算的含义、特征及办理支付结算的基本要求;单位银行账户开户及使用的主要规定;支付结算规定及单位和银行违反结算规定应负的责任;各种票据结算方式的使用范围、结算程序、使用要求及会计处理;各种非票据结算方式的使用范围、结算程序、使用要求及会计处理等。

企业生产经营活动,必须按照相关法律、法规进行支付结算。因此,了解与掌握支付结算有关的法律制度,具有十分重要的意义。

本章关键词

支付结算　现金结算　银行结算　银行结算账户　基本存款户　一般存款户　专用存款户　临时存款户　个人银行结算账户

本章思考与案例分析题

一、思考题

1. 简述支付结算的基本要求。
2. 说明银行账户的种类和用途。
3. 说明开立一般存款账户的程序。
4. 说明开立临时存款账户的程序。
5. 收款人受理银行汇票时应审查哪些事项?
6. 什么是商业汇票? 其适用范围如何?
7. 什么是支票? 其种类有哪些?

二、案例分析题

[**案例 1**]

案例分析目的:考察银行账户的开立

案例分析资料:

2011 年 9 月 10 日,天明公司的财务科长持有关证件到 M 行营业部办理基本存款账户开立手续,M 行工作人员审查了其开户的证明文件,并留存了相关证件的复印件,并为其办理了开户手续。同日该财务科长持以上证件和与 N 行签订的贷款合同到 N 行开立了一个一般存款账户。9 月 12 日,M 行的工作人员携带天明公司的基本存款账户开户资料向当地中国人民银行报送,申请核准。9 月 15 日,该财务科长签发了一张现金支票,同日向 N 行提示付款,要求提取现金 30 万,N 行工作人员对该支票进行审查后,拒绝为该公司办理现金取款手续。

案例分析要求:根据上述资料,回答下列题。

1. 针对 M 行为天明公司开立基本存款账户的做法,下列说法中正确的有(　　)。

A. M行可以为天明公司开户

B. M行于9月12日向当地中国人民银行报送，申请核准没有问题

C. M行在未将光明企业的开户资料报送当地中国人民银行核准并颁发基本存款账户许可证之前，即为光明企业办理开户手续不符合规定

D. 中国人民银行当地分支行可以对M行进行处罚

2. 针对N行为天明公司开立一般存款账户的做法，下列说法中正确的有(　　)。

A. N行可以为天明公司开户

B. 因天明公司已经有了基本存款账户，因此N行为天明公司开立一般存款账户的程序符合《人民币银行结算账户管理办法》的规定

C. 开立一般存款账户需要中国人民银行当地分支行核准

D. N行为天明公司开立一般存款账户的做法不符合《人民币银行结算账户管理办法》的规定，中国人民银行当地分支行可以对N行处以5 000元的罚款

3. 对于N行拒绝付款的做法，下列说法中错误的有(　　)。

A. N行的做法正确

B. 一般存款账户可以办理现金支取

C. 一般存款账户可以办理现金缴存

D. 一般存款账户只能办理转账结算，不能办理现金存取

4. 关于基本存款账户的使用规定下列说法正确的有(　　)。

A. 如天明公司有异地结算的需要，可以在异地再开立一个异地基本存款账户

B. 基本存款账户可以办理现金支取，而且没有限制

C. 如天明公司单位名称改为明天公司，但不改变银行结算账户的，则应书面通知所有开户银行办理银行结算账户的变更

D. 天明公司在A银行开立的银行结算账户为公司的主办账户

5. 关于一般存款账户的使用规定下列说法正确的有(　　)

A. 如天明公司与M行签订了贷款合同，则还可以在M行再开立一个一般存款账户

B. 开立一般存款账户没有数量限制

C. 如天明公司有异地结算的需要，可以在异地再开立一个异地一般存款账户

D. 天明公司在N行开立的银行结算账户为公司的主办账户

[**案例2**]

案例分析目的：考察电汇业务的办理

案例分析资料：

于某在Z银行开立了个人银行结算账户，用于办理个人支票和汇兑业务。2006年8月17日，该账户余额为6万元。8月18日，于某向异地A企业电汇货款3万元。在办理该笔电汇时，于某填写了电汇凭证，出示了身份证件，但并没有在电汇凭证第二联“汇款人签章”处签字或盖章。Z银行工作人员受理了该笔电汇业务，在审查并登记了于某的身份证件、查验了其存款余额之后，为于某办理了电汇业务。

案例分析要求：

(1) Z银行工作人员应否为于某办理该电汇业务？

(2) 理由是什么？

第八章　税收征收管理法律制度

学习目的与要求

1. 了解税收的概念与分类、税法及构成要素。
2. 了解税款征收的原则和税款征收的方式、税务代理以及税务检查机构的内容和范围、纳税人和扣缴义务人的权利与义务。
3. 掌握增值税、消费税、营业税、企业所得税、个人所得税的概念及计税方法。
4. 掌握税务登记管理、发票管理和纳税申报、税款征收程序与措施。
5. 掌握纳税人的行政法律责任和刑事法律责任，掌握税务行政复议的概念、原则及法定程序。

导入案例

豫章机械股份有限公司为一家私营有限责任公司，法定代表人原为钱玉财，现变更为钱玉林，增值税一般纳税人，主要生产经营水泥及水泥制品。经查，该企业利用购货方是本地区不索要发票的混凝土生产企业和个人，采取设置"账外账"等手段，将这部分收入不向税务机关进行申报纳税。2005 年至 2007 年间，共在账簿上不列或少列销售收入 7 617 万元，造成少缴纳增值税 431 万元，少缴纳城建税、企业所得税等地方各税费 285 万元，少代扣代缴法定代表人个人所得税 7.18 万元。少缴上述税款的行为定性为偷税，追缴税(费)款 723.18 万元，并处所偷税款 50%罚款，按日加收滞纳金，并以涉嫌偷税罪将其移送公安机关。钱玉财被判处有期徒刑一年零六个月。

思考:本案例给我们什么启示?

第一节　税收征收管理法律概述

税收法律制度是国家通过法律法规建立起来的以税种体系、税收管理体制和征收管理制度等为内容的税收制度的总称，又称税收征收管理法律。其中税种体系即税种结构，是指国家的税收以税种的形式所体现的种类和组成。税种体系主要解决国家对什么收入和行为依法征税、征多少税、开征什么税种的问题。税收管理体制，是指中央和地方之间划分税收管理权限和税收收入的制度。征收管理制度，是指税务部门依据税收法规开展征税工作的工作规程，一般由管理、征收和检查三个工作环节组成。

一、税收的概念、功能及特征

（一）税收的概念

税收是国家凭借政治权力，按照预定标准，无偿地征收实物或货币而形成的特定的分配关系。从税收这一基本概念中可以看到，税收是国家为了行使其职能的需要而取得财政收入的一种方式，征税的主体是国家，税收的客体是人民创造的社会产品和国民收入，体现着一种特定的分配关系。税收的概念可以从以下几方面来理解：

1. 征税的目的

税收的目的是为了满足国家职能实现的资金需要。一个国家要维持政权，就必须建立相应的国家机器，同时还要兴办各种必不可少的社会事业，这些都需要庞大的财政收入作为后盾。税收作为取得财政收入的方式之一，已被现代国家所普遍采用，并成为满足国家行使其职能需要的重要方式。

2. 税收的依据

税收的依据是国家政治权力。国家权力归根到底不外乎有两种，即财产权力和政治权力。国家要把生产单位的一部分产品价值归于自己所有，除了凭借它所特有的政治权力和财产权力外，别无他途。国家凭借对生产资料的占有，即财产权力，对一部分社会产品价值的分配，是社会再生产中的一般分配；而参与社会产品分配和再分配的税收正是国家凭借政治权力征收的。

3. 征税体现特殊的分配关系

税收就是国家把生产者创造的一部分社会产品强制地变为国家所有的过程。这一过程会引起一部分社会产品和国民收入在不同社会成员之间转移，导致社会分配关系的变化。这些分配关系主要是：国家与企业之间的分配关系，国家和个人之间的分配关系，国家和国家之间的分配关系，以及由于上述分配活动引起的企业与企业之间、企业与个人之间、个人与个人之间的分配关系的变化。所以，税种、税目、税率等要素的设计和调整都必须反映国家、企业和劳动者个人三者的经济利益关系。

4. 税收的分配对象

税收是对一部分社会产品，主要是剩余产品价值进行分配。全社会在一定时期内，劳动者所生产的社会总产品价值中，有一部分是生产过程中消耗掉的生产资料价值，经过企业财务初次分配，回到再生产过程中，不是税收的分配对象；社会产品价值中用于补偿劳动消耗的部分，是个人消费基金的最主要部分，税收参与分配；而剩余产品价值部分，是新价值中的主要构成部分，它的分配和使用直接影响着整个国家的发展速度和方向，是国家税收分配的主要对象。

（二）税收的功能

1. 筹集国家财政收入是税收的基本职能

国家凭借政权，运用税收从国民收入中提取一部分社会纯收入，以保障国民经济的再生产。

2. 经济的职能

税收在筹集国家收入的同时，可以调节社会资源在不同经济成分、不同地区、不同单位和个人之间的分配，以实现社会发展的经济目标。

3. 监督职能

税收分配涉及生产、流通、分配各个领域，通过收入增减，税源变化灵敏地反映国民经济的发展变化趋势，并以各种有效措施促进社会生产的正常进行。

（三）税收的特征

税收的一般特征，也就是税收固有的形式特征。税收的固定形式特征是区别于其他财政收入的基本标志，是区别于其他财政分配关系的显著特征。税收具有三个特征：强制性、无偿性和固定性。

1. 税收的强制性

强制性是指税收以国家政治权力为依托，国家用法律形式规定，纳税人必须依照税法的规定，按时足额地纳税。

2. 税收的无偿性

无偿性是税收这种特殊分配手段本质的体现。无偿性是指国家征税以后，纳税人缴纳的货币或实物就转变为国家所有，纳税人得不到任何报酬，不存在等价交换，也不再返还。

3. 税收的固定性

固定性一般是指在征税之前，国家采取法律的形式，把每种税的征收对象、纳税人以及征收数额和比例都规定下来，以便税务机关和纳税人共同遵守。

（四）税收的分类

1. 按征税对象分类

按征税对象的不同为依据，可分为流转税、所得税、资源税、财产税和行为税。

（1）流转税，也称商品和劳务税，是指以商品或劳务的流转额为征税对象的一类税。主要有增值税、营业税、消费税、关税。

（2）所得税，也称收益税，是指以纳税人的净收益或总收益为征税对象的一类税。前者如企业所得税、个人所得税，后者如农（牧）业税。

（3）资源税，是指以特定自然资源为征税对象的一类税。如城镇土地使用税、耕地占用税、土地增值税。

（4）财产税，是指以纳税人所拥有或支配的财产为征税对象的一类税。如房产税、契税、车船使用税。

（5）行为税，是指以纳税人的特定行为为征税对象的一类税。如印花税、城市维护建设税、车辆购置税等。

2. 按征收管理的分工体系分类

按征收管理的分工体系可分为工商税类和关税类。

（1）工商税，是指以工业、商业、交通运输业、服务业的流转额为征税对象的各种税收的总称。

（2）关税，是指对进出境的货物、物品征收的税收的总称。

3. 按照税收征收权限和收入支配权限分类

按照税收征收权限和收入支配权限可分为中央税、地方税和中央地方共享税。

（1）中央税，是指由国家最高权力机关或经其授权的机关进行税收立法，且税收管理权和收入支配权归属于中央政府的税，简称国税。如我国的关税、消费税、车辆购置税、海关代征的增值税和消费税。

(2) 地方税，是指由国家最高权力机关或经其授权的机关立法，但税收管理权和收入支配权归属于地方政府的税，简称地税。如我国的城镇土地使用税、房产税、车船使用税、土地增值税等税种。

(3) 中央地方共享税，是指由国家最高权力机关或经其授权的机关立法，税收管理权属于中央政府，但税收收入支配由中央政府和地方政府按一定比例分成的税，统称为中央与地方共享税，简称共享税。

4. 按照计税标准不同分类

按照计税标准不同可分为从量税、从价税和复合税。

(1) 从量税，是指以征税对象的数量单位(重量、件数、容积、面积、长度等)为标准，采用固定单位税额征收的税。

(2) 从价税，是指以征税对象的价值、价格与金额为标准从价计征的税。

(3) 复合税，是指既从量计征又从价计征的税种。

二、税法及构成要素

(一) 税法及其特征

1. 税法的概念

税法是法学概念，对税法的理解通常有广义和狭义之分。广义的税法是指调整一切税收关系的法律规范的总称；狭义的税法则仅指冠以“税法”等规范名称的法律。在我国，狭义的税法特指由全国人民代表大会及其常务委员会制定和颁布的税收法律。

2. 税法的特征

(1) 税法具有政策性。税法的政策性源于税收的政策性。税收工具本质上是政策的工具，无论是取得税收收入、调节分配、进行资源的配置，还是其他特定的目的，都体现着收入、分配、宏观调控等方面的政策。税法的调整使得税收的政策性更加稳定、更加协调、更具有现实的操作性。换言之，税法是税收政策的法律化。

(2) 税法具有经济性。税收活动是国家政治权力直接介入私人经济的活动，税收征纳的过程是货币资产强制、无偿转移的过程，税收经济本质上是公共经济，税收关系本质上是种特殊形式的经济关系。这一切决定了规范税收活动，调整税收关系的税法必然具有直接经济性。

(3) 税法具有技术性、复杂性。由于税收关系的多样化、复杂性，决定了税法的技术性、复杂性，一方面要确保国家的税收收入；另一方面要维护纳税人的合法权益。同时，既要调控宏观经济，又要减少对经济运行的不良影响，还要贯彻其他多方面的政策目的。这些需要，决定了税法制度设计的技术性和税法内容的复杂性。

(4) 税法具有多样性。税法的多样性是指表现形式具有多样性。主要体现在两个方面：一是税收关系不仅由单行税法所调整，而且被其他法律所调整，如宪法、刑法、经济法、行政法等；二是税法有法律、条例、规定、办法、实施细则等多种表现形式。因此，税法的表现形式具有多样性。

(5) 税法具有实体法和程序法的综合性。实体法是规定人们之间权利与义务的法律，如民法、行政法、刑法等。程序法是指为保证实体法所规定的权利义务实现而制定的诉讼程序的法律，如民事诉讼法、行政诉讼法、刑事诉讼法等。一般的法律，实体法和程序法是分开的，而税法是二者的综合。税法除规定了实体部分如纳税主体、征税对象、税率等内容外，还规定了程序部分如纳税手续、税务纠纷、税务复议及违章处理等一系列解决纠纷的程序。因此，税法是实体法兼程序法的综合。

(6) 税法具有处理税务争议所适用的程序的特殊性。税法规定，征税机关与纳税人对纳税发生争议时，首先履行纳税义务，以保证国家税款征收任务不受影响，并且要经过行政复议程序，没有经过行政复议程序，人民法院不予受理，即当事人向上级税务机关申请复议是申请司法救济的必经程序。但是，当事人对税务机关的处罚决定、强制执行或者税收保全措施不服的，既可申请行政复议，也可直接申请司法救济。另外，处理税务争议不存在协商、调解程序。因此，税法在处理税务争议所适用的程序上具有特殊性。

3. 税收与税法的关系

(1) 两者的联系。税法是税收的法律表现形式，税收则是税法所确定的具体内容。任何一种税收，都以一定的法律形式表现出来，并借助于法律的约束力保证其实现。因此，税收和税法之间的关系，是内容与形式的关系。税收是税法的实质内容，税法是税收的法律形式。税收是国家运用政治权力向社会取得收入的行为，它必须严格依照税法规定的范围、标准、程序办事。税法则制约和调整因税收而发生的各种社会关系。因此，税收和税法在本质、任务、目的、作用等方面的内容是一致的。

(2) 两者的区别。税收和税法的对象不同。税收的对象是在一定范围内集中的部分国民收入和积累的社会财富，而税法的调整对象则是征纳过程中的一种社会关系。税收和税法所属的范畴也不同。税收属于经济领域内的分配环节，而税法则是反映这一经济活动的上层建筑。

总之，税收决定税法，有什么样的税收，就要制定相应的税法；税法反过来规范税收，为税收服务，以保证税收活动的正常进行。

(二) 税法的分类

1. 按照税法的功能作用分类

按照税法的功能作用的不同，将税法分为税收实体法和税收程序法。

(1) 税收实体法，是规定税收法律关系主体的实体权利义务的法律规范的总称。其主要内容包括纳税主体、征税客体、计税依据、税目、减税免税和违章处理等。税收实体法直接影响国家与纳税人之间权利义务的分配，是税法的核心部分，没有税收实体法，税法体系就不能成立，《中华人民共和国个人所得税》就属于税收实体法。

(2) 税收程序法，是税收实体法的对称，是指以国家税收活动中所发生的程序关系为调整对象的税法，是规定国家征税权行使程序和纳税人纳税义务履行程序的法律规范的总称。其主要内容包括税收确定程序、税收征收程序、税收检查程序和税收争议的解决程序。税收程序法是税收体系的基本组成部分，《中华人民共和国税收征收管理法》即属于税收程序法。

2. 按照主权国家行使税收管辖权的不同分类

按照主权国家行使税收管辖权的不同可分为国内税法、国际税法、外国税法。

(1) 国内税法，是指一国在其税收管辖范围内调整税收分配过程中形成的权利义务关系的法律规范的总称，是由国家最高权力机关和经由授权或依法律规定国家行政机关制定的税收法律、法规和规章等规范性文件。其效力范围在地域上和对人的效力上以国家税收管辖权所能达到的管辖范围为准。通常所说的税法是指国内税法。

(2) 国际税法，是指调整国家与国家之间税收权益分配的法律规范的总称，包括政府间的双边或多边税收协定、关税互惠公约以及国际税法管理等，其内容涉及税收管辖权的确定、税收抵免、最惠国待遇以及无差别待遇等。国际税法是国际法的特殊组成部分，一旦得到一国政府和立法机关法律承认，其效力就高于国内税法。

(3) 外国税法，是指外国各个国家制定的税收法律规范。

3. 按照税法法律级次分类

按照税法法律级次分为税收法律、税收行政法规、税收规章和税收规范性文件。

(1) 税收法律，是指享有国家立法权的国家最高权力机关，依照法律程序制定的示范性税收文件。我国税收法律是由全国人民代表大会及其常务委员会制定的，其法律地位仅次于宪法，而高于税收法规、规章。我们现行税法体系中，《中华人民共和国个人所得税法》、《中华人民共和国外商投资企业所得税法》、《中华人民共和国税收征收管理法》属于税收法律。

(2) 税收行政法规，是指国家最高行政机关、地方立法机关根据其职权或国家最高权力机关的授权，依据宪法和税收法律，通过一定法律程序制定的规范性税收文件。我国目前税法体系的主要组成部分是税收法规，即由国务院制定的税收行政法规和由地方立法机关制定的地方税收法规两部分组成，具体形式主要是“条例”或“暂行条例”。税收法规的效力低于宪法、税收法律，高于税收行政规章。

(3) 税收规章，是指由国务院税务主管部门制定的，比如财政部、国税总局和海关总署制定的，法律效力低于税收行政法规。在我国，具体是指财政部、国家税务总局、海关总署以及地方政府在其权限内制定的有关税收的“办法”、“规则”、“规定”，如《税务代理试行办法》。税收规章可以增强税法的灵活性和可操作性，是税法体系的必要组成部分，但其法律效力比较低。

(4) 税收规范性文件，税收规范性文件一般指县以上(含本级，最高到省级)税务机关制定的地方性税收适用性文件，法律效力最低。

(三) 税法的构成要素

1. 征税人

又叫征税主体，是指在税收法律关系中行使税收征管权，依法进行税款征收行为的一方当事人。判断和认定某一主体是否为征税主体，主要应看其行使的权利和实施的行为的性质。征税主体在税收征纳活动中行使的税权的内容是税收征管权，具体包括税收征收权、税收管理权和税收入库权。征税主体在税收征纳活动中实施的行为是征税行为，即依法将应收税款及时、足额征收入库。从国际上征税机关设置的通行体制来看，一般是由税务机关和海关代表国家具体承担征税主体的角色。有学者对税收管理机构设置的国际实践进行了比较研究，得出的结论是:绝大多数国家的税务部门和关税部门都隶属于财政部，但目前的趋势是赋予税务部门更大的税收管理自主权，并且在实行分税制财政管理体制的国家，一般分设两套税务机构，分别征收中央税和地方税。税收是以国家为主体的特殊分配形式，所以征税主体只能是国家，而不是其他主体。在我国，征税主体的具体部门有税务部门、财政部门和海关。

2. 纳税义务人

纳税义务人主要是指一切履行纳税义务的法人、自然人及其他组织，也称为纳税主体。自然人，是指依法享有民事权利并承担民事义务的公民个人。法人，是指依法成立，能够独立支配财产，并能以自己的名义享受民事权利和承担民事义务的社会组织。其他组织，是指除了上述自然人、法人以外的因发生纳税义务而应当履行纳税义务的组织。

3. 征税对象

征税对象，又称课税对象，主要是指税收法律关系中征纳双方权利义务所指向的对象，即纳税客体。征税对象是构成税收实体法诸要素中的基础性要素，是区分不同税种的主要标志，体现在各种税的征税范围，其他要素的内容一般都是以征税对象为基础确定的。我国现行税收法律、法规都有自己特定的征税对象。例如，增值税的征税对象是商品或者劳务在生产和流通过程中的增值额；企业所得税的征税对象是企业或组织的应税所得；资源税的征税对象是在中国境内开采的应税资源。

4. 税目

税目，是征税对象的具体化，是各个税种所规定的具体征税项目。划分税目可以解决征税对象的归类问题，并根据归类确定税率，有的税目还要具体划分为不同的子目。

5. 税率

税率，是对征税对象的征收比例或者征收额度。税率是计算税额的尺度，代表课税的深度，关系着国家的收入，也是衡量税负轻重与否的重要标志，是税收政策的中心环节。我国现行的税率主要有比例税率、定额税率、超额累进税率和超率累进税率。

6. 计税依据

计税依据，又称为税基，是指税法中规定的据以计算各种应纳税款的依据或者标准。不同税种的计税依据不同。例如，应纳消费税的商品实行从价定率计征的，其计税依据为不含增值税的销售额；实行从量定额计征的，其计税依据为销售数量；营业税的计税依据为应税劳务的营业额；企业所得税的计税依据为应纳税所得额；资源税的计税依据是应税资源的课税数量。

(1) 从价计征。从价计征是指以征税对象的价值、价格与金额为标准计征税款。

(2) 从量计征。从量计征是指以征税对象的数量单位（重量、件数、容积、面积、长度等）为标准，采用固定单位税额征收税款。

(3) 复合计征。复合计征，是指既从量计征又从价计征税款。

7. 纳税环节

纳税环节，是指税法上规定的征税对象从生产到消费的流转过程中应当缴纳税款的环节。流转税在生产和流通环节纳税，所得税在分配环节纳税。有的税种规定在各个流通环节纳税，如增值税对商品流通的各个环节纳税；有的税种采用单环节纳税，如消费税对应税消费品的生产、委托加工、进口或者零售的某一个环节缴纳消费税，以后该商品在流通环节中不再缴纳消费税。

8. 纳税期限

纳税期限包括纳税义务发生时间和具体的纳税期限两个方面，只有在正确把握各税种的纳税义务发生时间及纳税期限时，纳税人才能准确计算应纳税款并及时缴纳税款。

(1) 纳税义务发生时间。纳税义务发生时间，是指纳税人发生应税行为应当承担纳税义务的起始时间。

(2) 具体的纳税期限。具体的纳税期限，是指纳税人按照税法规定缴纳税款的期限，包括税款所属期限和税款入库期限。

9. 纳税地点

纳税地点是纳税人（包括扣缴义务人）根据各个税种征税对象的纳税环节和有利于税款的源泉控制原则而规定的向其机构所在地主管税务机关申报纳税的地点。

10. 减税和免税

(1) 减税和免税是对某些纳税人和征税对象采取减少征税或者免予征税的鼓励或者照顾性措施。减税免税有三种基本形式:税基式减免、税率式减免、税额式减免。

(2) 起征点。起征点是指征税对象达到一定数额开始征税的起点,当纳税人收入达到或者超过起征点时,就其收入全额征税。

(3) 免征额。免征额是指在征税对象的全部数额中免于征税的数额,当纳税人收入超过免征额时,只就超过的部分征税,而当纳税人的收入恰好与免征额相等时,则免予征税。

11. 法律责任

法律责任主要指对纳税人违反税法的行为采取的处罚措施。例如:纳税人偷税的,由税务机关追缴其不缴或者少缴的税款、滞纳金,并处以罚款,构成犯罪的依法追究刑事责任。

第二节　主要税种

一、增值税

(一) 增值税的概念与分类

1. 增值税的概念

增值税,即以生产、销售商品或提供加工、修理修配劳务过程中产生的增值额为征税对象而征收的一种流转税。世界各国计算增值税都不是先求出各生产经营环节的增值额,而是采取先计算销售额的应纳税额,然后扣除外购项目已纳税款这样的一种变通方式。同时对进口我国的货物,我国海关要代征进口环节增值税和消费税。所以,增值税的概念可表述为:对在我境内销售货物或提供加工修理修配劳务,以及进口货物的单位和个人,就其取得的货物或应税劳务销售额,以及进口货物金额计算税额,并实行税款抵扣制的一种流转税。增值税具有价外计税、多环节不重复征税等特点。

2. 增值税的分类

(1) 生产型增值税。在计算增值额时,只允许从销售额中扣除外购的原材料等劳动对象的消耗部分,其课税对象为企业新创造的价值加上折旧,对整个社会而言,相当于国民生产总值,所以称之为生产型增值税。

(2) 收入型增值税。在计算增值额时,允许从销售收入中扣除外购原材料等劳动对象的消耗部分和固定资产的折旧价值,对整个社会而言,其征税对象相当于国民收入,所以称为收入型增值税。但由于具体的折旧额的确定很难把握,有很大的估计成分,对增值税的征收管理有一定的难度,因此,国际上采用收入型增值税的国家不多。

(3) 消费型增值税。在计算增值税时,允许从销售收入中扣除外购的原材料等劳动对象的消耗部分和纳税期内购进的全部固定资产价值。消费型增值税实际上把所有的生产资料都排除在征税对象之外,只对消费资料征税,所以称之为消费型增值税。目前,欧盟各国以及很多发达国家和发展中国家采用的都是消费型增值税,也是增值税发展的主要方向。

（二）增值税一般纳税人

1. 根据规定，下列纳税人可认定为一般纳税人：

（1）凡年应税销售额超过小规模纳税人标准的企业和企业性单位，工业销售额不低于50万，商业不低于80万元，可认定为一般纳税人。

（2）会计核算健全，年应税销售额不低于30万元的工业小企业。

（3）总机构为一般纳税人的工业性分支机构。

（4）新开业的符合一般纳税人条件的企业，应在办理税务登记的同时申请办理一般纳税人认定手续。

（5）已开业的小规模企业，其年应税销售额超过小规模纳税人标准的，应在次年1月底以前申请办理一般纳税人认定手续。

（6）个体经营者符合《增值税暂行条例》所规定条件的，经省级国家税务局批准，可以认定为一般纳税人。

（7）2014年以后部分营业税也改成增值税，具体内容为：交通运输业，包括陆路运输、水路运输、航空运输、管道运输；现代服务业，包括研发和技术服务、信息技术服务、文化创意服务、物流辅助服务、有形动产租赁服务、鉴证咨询服务。

2. 不属于一般纳税人的情况：

（1）应税销售额小于小规模纳税人标准的企业

（2）个人（除个体经营者以外的其他个人）

（3）非企业性单位

（4）不经常发生增值税应税行为的企业

（三）增值税税率

1. 基本税率

增值税一般纳税人销售或者进口货物，提供加工、修理修配劳务，除低税率适用范围和销售个别旧货适用征收率外，税率一律为17%，这就是通常所说的基本税率。

2. 低税率

增值税一般纳税人销售或者进口的货物符合按低税率计征增值税的，按低税率计征增值税，低税率为13%。改革之后，原来缴纳营业税的改缴增值税，增值税增加两档低税率6%（现代服务业）和11%（交通运输业）。

3. 零税率

纳税人出口货物，税率为零，但是国务院另有规定的除外。只有当政府鼓励某项行为或使某个产品真正免除增值税时，才使用零税率，如我国新增值税中对出口货物就实行了零税率。税率为零不是简单地等同于免税。

（四）增值税应纳税额

增值税应纳税额 ＝ 当期销项税额－当期进项税额

1. 销项税额

销项税额是指纳税人销售货物或者提供应税劳务，按照销售额或应税劳务收入和规定的税率计算并向购买方收取的增值税额。

2. 销售额

(1) 一般销售方式下的销售额。一般销售方式下的销售额即纳税人销售货物或者提供应税劳务向购买方收取的全部价款和价外费用。

(2) 特殊销售方式销售额。几种特殊销售方式销售额的确定如下：

① 纳税人销售过程中的折扣分为两种，即商业折扣和现金折扣。第一，商业折扣，也称价格折扣。它是销货方为鼓励购买者多买而给予的价格优惠，即购买愈多，价格愈低。由于折扣是在实现销售时同时发生的，因此税法规定：纳税人采取商业折扣方式销售货物的，如果销售额和折扣额在同一张发票上分别注明的，可以按折扣后的销售额征收增值税；如果将折扣额另开发票，不论其在财务上如何处理，均不得从销售额中减除折扣额。第二，现金折扣。它是销货方为鼓励购买，以便在一定期限内早日偿还货款，而给予购买方的一种债务扣除。如某企业销售一批商品，付款条件为：2/10，1/20，n/30。如果购买方在 10 天内付款，货款折扣 2%；20 天内付款，货款扣扣 1%；30 天内付款，要全额支付。现金折扣发生在销货之后，是一种融资性质的理财费用。因此，现金折扣不得从销售额中扣除。

② 采取以旧换新方式销售货物。以旧换新是指纳税人在销售自己的货物时，折价收回同类旧货物，并以折价款部分冲减货物价款的一种销售方式。税法规定，采取以旧换新方式销售货物的，应按新货物的同期销售价格确定销售额，不得扣减旧货物的收购价格。

③ 采取还本销售方式销售货物。还本销售是指纳税人在销售货物后，按约定时间，一次或分次将购货款部分或全部退还给购货方，退还的货款即为还本支出。税法规定，纳税人采取还本销售方式销售货物的，其销售额就是货物的销售价格，不得从销售额中减除还本支出。

④ 采取以物易物方式销售。以物易物是一种较为特殊的购销活动，在货物所有权转让过程中，交易双方不是以货币结算，而是以同等价款的货物相互结算。从税务处理角度看，以物易物双方都应做购销处理，即以各自发出的货物，核算销售额并计算销项税额，以各自收到的货物核算购货额并计算进项税额。

⑤ 包装物租金与包装物押金处理。包装物是指纳税人为包装本单位货物的各种包装容器。包装物的租金属于价外费用，应并入销售额计算销项税额。

3. 进项税额

进项税额，是指纳税人购进货物或者接受应税劳务，所支付或者负担的增值税额。进项税额是与销项税额相对应的一个概念，两者之间的对应关系为销售方收取的销项税额，就是购货方支付的进项税额。增值税一般纳税人以其收取的销项税额抵扣支付的进项税额后的余额，就是实际缴纳的增值税额。这样，纳税人支付的进项税额能否抵扣以及抵扣多少，直接关系到纳税人的税收负担以及国家的税收收入。因此，正确审定进项税额，严格按照税法规定进行进项税额抵扣，是保证增值税制度贯彻实施和国家财政收入的重要环节。准予抵扣进项税额的，只限增值税一般纳税人，增值税小规模纳税人在计算应纳增值税时，不得抵扣进项税额。

（五）增值税小规模纳税人

小规模纳税义务人是指年销售额在规定标准以下，并且会计核算不健全，不能按规定报送有关税务资料的增值税纳税人。其规定标准为：

1. 从事货物生产或提供应税劳务的纳税人，以及以从事货物生产或提供应税劳务为主，并兼营货物批发或零售的纳税人，年应税销售额在 50 万元以下的。“以从事货物生产或提供应税劳务为主”是指纳税人的年货物生产或者提供应税劳务的销售额占年应税销售额的比重在50%以上。

2. 对上述规定以外的纳税人，年应税销售额在80万元以下的。

3. 超过小规模纳税人的个人。

4. 非企业性单位、不经常发生应税行为的企业。

小规模纳税人销售货物或提供应税劳务，实行按销售额与征收率计算应纳税额的简易办法，其增值税率为3%。

（六）增值税征收管理

1. 纳税义务发生时间

《增值税暂行条例》明确规定了增值税纳税义务的发生时间如下：

(1) 采取直接收款方式销售货物，不论货物是否发出，均为收到销售额或取得索取销售额的凭据，并将提货单交给买方的当天。

(2) 采取托收承付和委托银行收款方式销售货物，为发出货物并办妥托收手续的当天。

(3) 采取赊销和分期收款方式销售货物，为按合同约定的收款日期的当天。

(4) 采取预收货款方式销售货物，为货物发出的当天。

(5) 委托其他纳税人代销货物，为收到代销单位销售的代销清单的当天。

(6) 销售应税劳务，为提供劳务同时收讫销售额或取得索取销售额凭据的当天。

(7) 进口货物，为报关进口的当天。

2. 纳税期限

增值税的纳税期限分别为1日、3日、5日、10日、15日、1个月或者1个季度。纳税人的具体纳税期限，由主管税务机关根据纳税人应纳税额的大小分别核定；不能按照固定期限纳税的，可以按次纳税。纳税人以1个月或者1个季度为1个纳税期的，自期满之日起15日内申报纳税；以1日、3日、5日、10日或者15日为1个纳税期的，自期满之日起5日内预缴税款，于次月1日起15日内申报纳税并结清上月应纳税款。

3. 纳税地点

增值税具体的纳税地点如下：

(1) 固定业户应当向其机构所在地主管税务机关申报纳税。总机构和分支机构不在同一县(市)的，应当分别向各自所在地主管税务机关申报纳税；经国家税务总局或其授权的税务机关批准，也可由总机构汇总向总机构所在地主管税务机关申报纳税。

(2) 固定业户到外县(市)销售货物的，应当向其机构所在地主管税务机关申请开具"外出经营活动税收管理证明"，向其机构所在地主管税务机关申报纳税。未持有其机构所在地主管税务机关核发的外出经营税收管理证明，到外县(市)销售货物或者应税劳务的，应当向销售地主管税务机关申报纳税；未向销售地主管税务机关申报纳税的，由其机构所在地主管税务机关补征税款。

(3) 非固定业户销售货物或者应税劳务，应当向销售地主管税务机关申报纳税。

(4) 非固定业户到外县(市)销售货物或者应税劳务，未向销售地主管税务机关申报纳税的，由其机构所在地或者居住地主管税务机关补征税款。

(5) 进口货物，应当由进口人或其代理人向报关地海关申报纳税。

二、消费税

（一）消费税的概念与计税方法

1. 消费税的概念

消费税是对在我国境内生产、委托加工和进口应税消费品的单位和个人，按应税消费品的销售额或销售数量所征收的一种流转税。

2. 消费税的计税

消费税只对部分特定消费品征税，实行双重调节。消费税是具有非中性特征的选择性商品税。为了配合国家的经济政策，我国消费税在对货物普遍征收增值税的基础上，只选择少数特定消费品交叉征税。

消费税实行从价定率、从量定额，或者从价定率和从量定额复合计税的办法计算应纳税额。

（1）从价定率计税

实行从价定率征收的应税消费品，其计税依据是含消费税而不含增值税的销售额，也称应税销售额或应税销售收入。

（2）从量定额计税

实行从量定额征收的应税消费品，其计税依据是销售应税消费品的实际销售数量。

（3）从价定率和从量定额复合征税

实行复合计税办法的应税消费品，其计税依据是从量部分为销售量、从价部分为销售额。我国目前只对烟和酒采用复合征收的方法。

（二）消费税纳税人

根据税法规定，凡在中华人民共和国境内生产、委托加工和进口规定的应税消费品的单位和个人，均为消费税纳税义务人。

（三）消费税税目与税率

现行消费税共有14个税目。消费税采用比例税率和定额税率两种形式，以适应不同应税消费品的需要。采用比例税率形式的税目和子目有：雪茄烟和烟丝、其他酒和酒精、化妆品、高尔夫球及球具、高档手表、游艇、木制一次性筷子、实木地板、贵重首饰及珠宝玉石、鞭炮、焰火、汽车轮胎、摩托车和小汽车。采用定额税率形式的税目和子目有：黄酒、啤酒、成品油。同时采用比例税率和定额税率两种形式的税目和子目有：卷烟和白酒。

（四）消费税应纳税额

1. 销售额的确认

（1）销售额，是纳税人销售应税消费品向购买方收取的全部价款和价外费用。对于在规定的期限内（规定期限不超过1年）不予退还的包装物押金，应并入应税消费品的销售额，按照应税消费品的适用税率征收消费税；但对于酒类产品生产企业销售酒类产品（黄酒和啤酒除外）而收取的包装物押金，无论押金是否返还，会计上如何处理，均需并入酒类产品销售额中，征收消费税。

（2）应税消费品在缴纳消费税的同时，还应缴纳增值税，按照《消费税暂行条例实施细则》的规定，应税消费品的销售额，不包括向购买方收取的增值税税款，如果应税消费品的销售额中含有增值税，应将增值税还原，然后再计算消费税。应税消费品销售额＝含增值税的销售额÷(1＋增值税税率或征收率)。

2. 销售量的确认

销售量，包括销售应税消费品(销售量)；自产自用消费品(移送使用数量)；委托加工消费品(收回的数量)；进口的消费品(海关核定的进口数量)。

3. 从价从量复合计征

先从量后从价计算，适用范围为卷烟和白酒。应纳税额＝应税消费品的销售量×单位税额＋应税消费品的销售额×适用比例税率。

4. 应税消费品已纳税款扣除

为避免重复征税，现行消费税规定，将外购应税消费品和委托加工收回的应税消费品继续生产消费品销售的，可以将外购应税消费品和委托加工收回的应税消费品已缴纳的消费税给予扣除。

(1) 外购应税消费品已纳税款的扣除

税法规定用外购已税消费品连续生产应税消费品销售时，按当期生产领用数量计算准予扣除外购的应税消费品已纳的消费税税款。

(2) 委托加工收回的应税消费品已纳税款的扣除

委托加工收回的应税消费品已由受托方代收代缴消费税。因此，委托方收回货物后用于连续生产应税消费品的，其已纳税款准予按照规定从连续生产的应税消费品应纳税额中抵扣。

(五) 消费税征收管理

1. 纳税义务发生时间

纳税人生产的应税消费品于销售时纳税，进口消费品应当于应税消费品报关进口环节纳税，但金银首饰、钻石及钻石饰品在零售环节纳税。消费税纳税义务发生的时间，以货款结算方式或行为发生时间分别确定。纳税人销售的应税消费品，其纳税义务的发生时间要求如下：

(1) 纳税人采取赊销和分期收款结算方式的，其纳税义务的发生时间，为销售合同规定的收款日期的当天。

(2) 纳税人采取预收货款结算方式的，其纳税义务的发生时间，为发出应税消费品的当天。

(3) 纳税人采取托收承付和委托银行收款方式销售的应税消费品，其纳税义务的发生时间，为发出应税消费品并办妥托收手续的当天。

(4) 纳税人采取其他结算方式的，其纳税义务的发生时间，为收讫销售款或者取得索取销售款的凭据的当天。

2. 纳税期限

消费税纳税期限分别为 1 日、3 日、5 日、10 日、15 日、1 个月或者 1 个季度。纳税人的具体纳税期限，由主管税务机关根据纳税人应纳税额的大小分别核定，不能按照固定期限纳税的，可以按次纳税。纳税人以 1 个月或者 1 个季度为一期纳税的，自期满之日起 15 日内申报纳税；纳税人以 1 日、3 日、5 日、10 日、15 日为一期的，自期满之日起 5 日内预缴税款，于次月 1 日起 15 日内申报纳税并结清上月应纳税款。进口货物自海关填发税收专用缴款书之日起 15 日内缴纳。

3. 纳税地点

(1) 纳税人销售的应税消费品，以及自产自用的应税消费品，除国务院财政、税务主管部门另有规定外，应当向纳税人机构所在地或者居住地的主管税务机关申报纳税。

(2) 委托加工的应税消费品，除受托方为个人外，由受托方向机构所在地或居住地主管税务机关解缴消费税税款；委托个人加工的应税消费品，由委托方向其机构所在地或者居住地主管税务机关申报纳税。

(3) 进口的应税消费品，由进口人或者其代理人向报关地海关申报纳税。

(4) 纳税人到外县(市)销售或者委托外县(市)代销自产应税消费品的，于应税消费品销售后，向机构所在地或居住地主管税务机关申报纳税。

(5) 纳税销售的应税消费品，如因质量等原因，由购买者退回时，经由所在地主管税务机关审核批准后，可退还已征收的消费税税款，但不能自行直接抵减应纳税税款。

三、营业税

(一) 营业税的概念

营业税是对在我国境内提供应税劳务、转让无形资产或者销售不动产的单位和个人，就其取得的营业收入额征收的一种税。营业税的征税范围是指有偿提供应税劳务、转让无形资产或者销售不动产的行为。有偿既包括取得货币，也包括取得货物或其他经济利益。

(二) 营业税的纳税人与扣缴义务人

营业税的纳税人是指在中华人民共和国境内提供应税劳务、转让无形资产或者销售不动产的单位和个人。

单位是指国有企业、集体企业、私有企业、股份制企业、行政事业单位、社会团体、军事单位、外商投资企业和外国企业等；个人包括个体经营者以及其他有经营行为的中国公民及外国公民；单位和个体经营者聘用的员工为本单位和雇主提供劳务不属于营业税的纳税人。

(三) 营业税的税目、税率

1. 营业税税目

(1) 建筑业。建筑业是指建筑安装工程作业等，包括建筑、安装、修缮、装饰和其他工程作业等。

(2) 邮电通信业。邮电通信业是指专门办理信息传递的业务，主要指电信。

(3) 文化体育业。文化体育业是指经营文化、体育活动的业务，包括文化业和体育业。

(4) 金融保险业。金融保险业是指经营金融、保险的业务。

(5) 服务业。服务业是指利用设备、工具、场所、信息或技能为社会提供服务的业务，包括代理业、酒店业、饮食业、旅游业、租赁业和其他服务业。

(6) 娱乐业。娱乐业是指为娱乐活动提供场所和服务的业务，包括经营歌厅、舞厅、卡拉OK歌舞厅、音乐茶座、台球、高尔夫球、保龄球场、网吧、游艺场等娱乐场所，以及娱乐场所为顾客进行娱乐活动提供的如饮食服务及其他各种服务的业务。

(7) 转让无形资产。转让无形资产是指转让无形资产的所有权或使用权的行为，包括转让土地使用权、出租电影和转让商标。

(8) 销售不动产。销售不动产是指有偿转让不动产所有权的行为，包括销售建筑物或构筑物。在销售不动产时连同不动产所占土地的使用权一并转让的行为，比照销售不动产征收营业税。

2. 营业税税率

(1) 交通运输业、建筑业、邮电通信业、文化体育业的税率为3%。

(2) 服务业、金融保险业、转让无形资产、销售不动产的税率为5%。

(3) 娱乐业的税率为5%～20%。

(四) 营业税应纳税额

营业税的计算比较简单，按照营业额和规定的适用税率计算应纳税额，计算公式为：

应纳税额＝营业额×税率。

营业税的计税依据是营业额，营业额为纳税人提供应税劳务、转让无形资产或者销售不动产向对方收取的全部价款和价外费用。价外费用包括向对方收取的手续费、基金、集资费、代收款项、代垫款项及其他各种性质的价外收费。

1. 单位和个人在提供应税劳务、转让无形资产和销售不动产时，因受让方违约而从受让方取得的赔偿金收入，应并入营业额中征收营业税。

2. 单位和个人在提供营业税应税劳务、转让无形资产、销售不动产时，如果将价款与折扣额在同一张发票上注明的，以折扣后的价款为营业额；如果将折扣额另开发票的，不论其在财务上如何处理，均不得从营业额中减除。

3. 单位和个人在提供营业税应税劳务、转让无形资产和销售不动产发生退款时，凡该项退款已征收过营业税的，允许退还已征税款，也可以从纳税人以后的营业额中减除。

4. 劳务公司接受用工单位的委托，为其安排劳动力，凡用工单位将其应支付给劳动力的工资和为劳动力缴纳的社会保险(包括养老保险金、医疗保险、失业保险、工伤保险等，下同)以及住房公积金统一交给劳务公司代为发放或办理的，以劳务公司从用工单位收取的全部价款减去代收转付给劳动力的工资和为劳动力办理社会保险及住房公积金后的余额为营业额。

5. 单位和个人因财务会计核算办法改变，将已缴纳过营业税的预收性质的价款逐期转为营业收入时，允许从营业额中减除。

6. 营业税纳税人购置税控收款机，经主管税务机关审核批准后，可凭购进税控收款机取得的增值税专用发票，按照发票上注明的增值税税额，抵免当期应纳营业税税额。

(五) 营业税征收管理

1. 纳税义务发生时间

营业税的纳税义务发生时间为纳税人收讫营业收入款项或者取得索取营业收入款项凭据的当天。对某些具体项目进一步明确如下：

(1) 转让土地使用权或者销售不动产，采用预收款方式的，其纳税义务发生时间为收到预收款的当天。

(2) 单位和个人提供应税劳务、转让商誉时，向对方收取的预收性质的价款(包括预收款、预付款、预存费用、预收定金等，下同)，其营业税纳税义务发生时间以按照财务会计制度的规定，该项预收性质的价款被确认为收入的时间为准。

(3) 单位或者个人自己新建建筑物后销售，其自建行为的纳税义务发生时间，为其销售自建建筑物并收讫营业额或者取得索取营业额凭据的当天。

(4) 单位将不动产无偿赠与他人，其纳税义务发生时间为不动产所有权转移的当天。

2. 纳税期限

营业税的纳税期限分别为 5 日、10 日、15 日、1 个月或者 1 个季度。纳税人的具体纳税期限，由主管税务机关根据纳税人应纳税额的大小分别核定；不能按照固定期限纳税的，可以按次纳税。纳税人以 1 个月或者 1 个季度为一个纳税期的，自期满之日起 15 日内申报纳税；以 5 日、10 日或者 15 日为一个纳税期的，自期满之日起 5 日内预缴税款，于次月 1 日起 15 日内申报纳税并结清上月应纳税款。

3. 纳税地点

营业税的纳税地点原则上采取属地征收的方法，就是纳税人在经营行为发生地缴纳应纳税款，具体规定如下：

(1) 纳税人提供应税劳务，应向劳务发生地的主管税务机关申报缴税；纳税人提供的应税劳务发生在外县(市)的，应向劳务发生地主管税务机关申报纳税而未申报的，由其机构所在地或居住地主管税务机关补征。

(2) 纳税人承包的工程跨省(自治区、直辖市)的，向其机构所在地税务机关申报纳税。

(3) 纳税人转让土地使用权或者销售不动产，应当向该土地或不动产的所在地税务机关申报纳税。

(5) 纳税人转让除土地使用权以外的其他无形资产，应当向其机构所在地税务机关纳税。

(6) 代扣代缴营业税的地点为扣缴义务人机构所在地。但国家开发银行委托中国建设银行的贷款业务，由国家开发银行集中在其机构所在地缴纳；中国农业发展银行在其省级以下机构建立前，其委托中国农业银行的贷款业务，由中国农业发展银行的省级分行集中于其机构所在地缴纳。

(六) 营业税改增值税

1. 营业税改增值税概况

2011 年，经国务院批准，财政部、国家税务总局联合下发营业税改增值税试点方案。从 2012 年 1 月 1 日起，在上海交通运输业和部分现代服务业开展营业税改征增值税试点。至此，货物、劳务税收制度的改革拉开序幕。自 2012 年 8 月 1 日起至年底，国务院扩大营改增试点至 10 省市。截至 2013 年 8 月 1 日，“营改增”范围已推广到全国试行。国务院总理李克强 12 月 4 日主持召开国务院常务会议，决定从 2014 年 1 月 1 日起，将铁路运输和邮政服务业纳入营业税改征增值税试点，至此，交通运输业已全部纳入营改增范围。自 2014 年 6 月 1 日起，将电信业纳入营业税改征增值税试点范围。自此，全国的交通运输业、邮政业、电信业和部分现代服务业的“营改增”已全面推开。金融业、建筑业、房地产业和生活服务业四大行业“营改增”方案有望 2016 年发布。

2. 实施“营改增”的重要意义

“营改增”是在我国加快转变经济发展方式和全面建成小康社会的关键时期，中央从统揽全局的高度做出的一项重大战略部署，对推动经济结构战略性调整和加快经济发展方式转变将产生深远影响。

(1) 有利于完善税制结构。实施“营改增”，使增值税链条式抵扣机制实现三次产业间全面覆盖，消除两税并存产生的重复征税弊端，不仅符合增值税的内在特征和发展规律，而且有利于更好地发挥其制度优势，实现我国增值税在覆盖范围和运行机制上与国际惯例更好地接轨。

(2) 有利于促进科技创新。通过实施“营改增”,让进行创新和研发的企业和信息产业能够抵扣设备购进、材料采购等所含的增值税税款,极大地降低科技研发和产业升级成本,增强企业自主创新能力和科技发展动力。同时,由于购买技术服务的进项税额能够抵扣,其他企业技术创新投入的规模也逐步加大,社会产品技术价值含量相应提升。

(3) 有利于优化产业结构。服务业的发展水平是衡量现代社会经济发达程度的重要标志。“营改增”在减轻服务企业税收负担的同时,由于服务业对下游企业开具增值税专用发票可以抵扣,通过减轻下游企业税负来拉动服务业需求,从而进一步促进服务业发展,起到调整和优化产业结构目的。

(4) 有利于鼓励转变发展方式。“营改增”消除了服务业为工商业提供服务的税收障碍,有利于生产制造与服务专业分工和协作,促进外包服务发展。“营改增”后,工商企业或服务企业内部服务部门是否独立建立法人机构,不影响企业税收负担,从而有利于产业分离发展,促进企业做强主业、做大辅业。“营改增”后,总部为下属企业提供服务开具增值税发票,可在下属企业作进项税抵扣,有利于总部经济的集聚发展。

(5) 有利于改善出口。实施“营改增”后,出口退税由货物贸易向服务贸易领域延伸,不仅对技术转让、技术咨询等实行出口免税,而且将国际运输和研发、设计服务纳入出口零税率范围,可以形成出口退税宽化效应,推动服务类产品以不含税价格参与国际市场竞争。同时,出口货物接受纳税人提供应税服务所负担的进项税额也可以得到退还,形成出口退税深化效应,有效地提升了货物出口的退税程度。两方面效应叠加,有利于推动出口规模扩大和结构改善。

3. “营改增”试点的主要内容

(1) 行业范围

“营改增”试点的范围是交通运输业和现代服务业。交通运输业包括陆路运输、水路运输、航空运输和管道运输;现代服务业包括研发和技术服务、信息技术服务、文化创意服务、物流辅助服务、有形动产租赁服务、鉴证咨询服务、广播影视服务。

(2) 税率和征收率

在现行增值税17%标准税率和13%低税率基础上,新增了11%和6%两档低税率。有形动产租赁适用17%税率,交通运输业适用11%税率,其他部分现代服务业适用6%税率。小规模纳税人提供应税服务适用简易计算方法计税,按照服务收入额的3%计算征收增值税,不能抵扣进项税。

(3) 计税依据

纳税人计税依据原则上为发生应税交易取得的全部收入。对一些存在大量代收转付或代垫资金的行业,其代收代垫金额可予以合理扣除。

(4) 计税方式

纳税人按照年增值税应税销售额区分为增值税一般纳税人和小规模纳税人。一般纳税人适用一般计税方法,小规模纳税人适用简易计税方法。

(5) 税收归属

试点期间保持现行财政体制基本稳定,原归属试点地区的营业税收入,改征增值税后收入仍归属试点地区,预算级次不变,税款分别入库。因试点产生的财政减收,按现行财政体制由中央和地方分别负担。

四、企业所得税

（一）企业所得税的概念

企业所得税，是指国家对中国境内企业生产、经营所得和其他所得依法征收的一种税，是国家参与企业利润分配的重要手段。它在调节收入分配、促进公平竞争、筹集财政收入方面起到重要作用，是国家进行宏观经济调控的一个重要经济杠杆。

（二）企业所得税征税对象

企业所得税征税对象是纳税人取得的生产、经营所得和其他所得。所谓生产、经营所得，是指从事物质生产、商品流通、交通运输、劳务服务以及其他营利事业取得的所得。其他所得，是指股息、利息、租金、转让各类资产、特许权使用费以及营业外收益所得。

1. 居民企业的征税对象

居民企业应当就其来源于中国境内、境外的所得缴纳企业所得税；非居民企业在中国境内设立机构、场所的，应当就其所设机构、场所取得的来源于中国境内的所得，以及发生在中国境外但与其所设机构、场所有实际联系的所得，缴纳企业所得税。

2. 非居民企业的征税对象

对非居民企业在中国境内未设立机构、场所的，或者虽设立机构、场所，但取得的所得与其所设机构、场所没有实际联系的，应当就其来源于中国境内的所得缴纳企业所得税。

（三）企业所得税税率

企业所得税税率是指企业应纳额与应纳税所得额的比率。现行规定是：

1. 基本税率为25%。适用于居民企业和在中国境内设有机构、场所且所得与机构、场所有关联的非居民企业。

2. 低税率为20%。中国境内未设立机构、场所的，或者虽设立机构、场所但取得的所得与其所设机构、场所没有实际联系的非居民企业。

企业所得税税率表

档次	税率	适用企业
1	15%	国家需要重点扶持的高新技术企业。
2	20%	1. 符合条件的小型微利企业。 2. 在中国境内未设立机构、场所的，或者虽设立机构、场所但取得的所得与其所设机构、场所没有实际联系的非居民企业。
3	25%	其他上述未包含的企业或机构。

应税所得率表

行　业	应税所得率(%)
农、林、牧、渔业	3～10
制造业	5～15
批发和零售贸易业	4～15
交通运输业	7～15

续表

行　业	应税所得率(%)
建筑业	8～20
饮食业	8～25
娱乐业	15～30
其他行业	10～30

（四）企业所得税应纳税所得额

企业每一纳税年度的收入总额，减除不征税收入、免税收入、各项扣除以及允许弥补的以前年度亏损后的余额，为应纳税所得额。

1. 收入总额

企业以货币形式和非货币形式从各种来源取得的收入，包括以下几种：

(1) 销售货物收入，指纳税人取得的商品(产品)销售收入及其他业务收入。

(2) 提供劳务收入，指纳税人取得的劳务服务收入及其他营运收入。

(3) 转让财产收入，指纳税人有偿转让各类财产包括固定资产、有价证券、股权以及其他财产取得的收入。

(4) 股息、红利等权益性投资收益，指纳税人对外投资入股分得的股利、红利收入。股息，是指按资本计算的利息；红利，是指企业分给股东的利润。

(5) 利息收入，指纳税人购买各种债券等有价证券的利息、外单位欠款付给的利息，以及其他利息收入。

(6) 租金收入，指纳税人出租固定资产、包装物以及其他财产而取得的租金收入。租赁企业主营租赁业务取得的收入应当在生产、经营收入中反映。

(7) 特许权使用费收入，指纳税人提供或者转让专利权、商标权、著作权、非专利技术以及其他特许权的使用权而取得的收入。

(8) 接受捐赠收入，指接受捐赠取得的收入，包括其他企业、组织或者个人无偿给予的货币性资产、非货币性资产。

(9) 其他收入，指除上述各项收入外的一切收入。

2. 不征税收入

收入总额中的下列收入为不征税收入：财政拨款；依法收取并纳入财政管理的行政事业性收费、政府性基金；国务院规定的其他不征税收入。

3. 免税收入

免税收入是指属于企业的应税所得但按照税法规定免予征收企业所得税的收入。税法所称的免税收入包括国债利息收入；符合条件的居民企业之间的股息、红利收入；在中国境内设立机构、场所的非居民企业从居民企业取得与该机构、场所有实际联系的股息、红利收入(该收益不包括连续持有居民企业公开发行并上市流通的股票不足 12 个月取得的投资收益)，符合条件的非营利公益组织的收入等。

4. 准予扣除的项目

企业所得税法定扣除项目是据以确定企业所得税应纳税所得额的项目。企业所得税条例规定，企业应纳税所得额的确定，是企业的收入总额减去成本、费用、损失以及准予扣除项目的金额。除此以外，在计算企业应纳税所得额时，对纳税人的财务会计处理和税收规定不一致的，应按照税收规定予以调整。企业所得税法定扣除项目除成本、费用和损失外，税收有关规定中还明确了一些需按税收规定进行纳税调整的扣除项目。

(1) 成本。成本是指纳税人销售商品(产品、材料、下脚料、废料、废旧物资等)、提供劳务、转让固定资产、无形资产(包括技术转让)的成本，包括直接成本和间接成本。外购存货的实际成本包括购货价格、购货费用和税金；自制存货的成本包括制造费用等间接费用。计入存货成本的税金是指购买、自制或委托加工存货发生的消费税、关税、资源税和不能从销项税额中抵扣的增值税进项税额。

(2) 费用。费用是指纳税人每一纳税年度生产、经营商品和提供劳务等所发生的可扣除的期间费用，已计入成本的有关费用除外，包括销售费用、财务费用、管理费用。

(3) 税金。税金是指纳税人按规定缴纳的消费税、营业税、资源税、土地增值税、出口关税、城市维护建设税、教育费附加等产品销售税金及附加。企业缴纳的房产税、车船使用税、土地使用税、印花税等，已经计入管理费用中扣除的，不再作销售税金单独扣除。属于价外税的增值税不在扣除之列。

(4) 损失。损失是指纳税人生产、经营过程中的各项营业外支出、已发生的经营亏损和投资损失，以及其他损失。

5. 不得扣除的项目

在计算应纳税所得额时，下列支出不得扣除：

(1) 资本性支出。是指纳税人购置、建造固定资产以及对外投资的支出。企业的资本性支出，不得直接在税前扣除，应以提取折旧的方式逐步摊销。

(2) 无形资产受让、开发支出。是指纳税人购置无形资产以及自行开发无形资产的各项费用支出。无形资产受让、开发支出也不得直接扣除，应在其受益期内分期摊销。

(3) 资产减值准备。固定资产、无形资产计提的减值准备，不允许在税前扣除；其他资产计提的减值准备，在转化为实质性损失之前，不允许在税前扣除。

(4) 违法经营的罚款和被没收财物的损失。纳税人违反国家法律、法规和规章规定，被有关部门处以的罚款以及被没收财物的损失，不得扣除。

(5) 未经审核的准备金支出。不符合国务院财政、税务主管部门规定的各项资产减值准备、风险准备等准备金支出不允许在税前扣除。

(6) 企业之间支付的管理费、企业内营业机构之间支付的租金和特许权使用费，以及非银行企业内营业机构之间支付的利息。

(7) 超过国家允许扣除的公益、救济性捐赠，以及非公益、救济性捐赠。纳税人用于非公益、救济性捐赠，以及超过年度利润总额12%的捐赠，不允许扣除。

(8) 各种赞助支出。

(9) 与取得收入无关的其他各项支出。

6. 亏损弥补

税法规定，企业某一纳税年度发生的亏损可以用下一年度的所得弥补，下一年度的所得不足以弥补的，可以逐年延续弥补，但最长不超过5年。

（五）企业所得税征收管理

1. 纳税地点

除税收法律、行政法规另有规定外，居民企业以企业登记注册地为纳税地点；但登记注册地在境外的，以实际管理机构所在地为纳税地点。居民企业在中国境内设立不具有法人资格的营业机构的，应当汇总计算并缴纳企业所得税。

非居民企业在中国境内设立机构、场所的，应当就其所设机构、场所取得的来源于中国境内的所得，以及发生在中国境外但与其所设机构、场所有实际联系的所得，缴纳企业所得税。非居民企业取得上述所得，以机构、场所所在地为纳税地点。非居民企业在中国境内设立两个或者两个以上机构、场所的，经税务机关审核批准，可以选择由其主要机构、场所汇总缴纳企业所得税。

非居民企业在中国境内未设立机构、场所的，或者虽设立机构、场所但取得的所得与其所设机构、场所没有实际联系的，应当就其来源于中国境内的所得缴纳企业所得税。非居民企业取得上述所得，以扣缴义务人所在地为纳税地点。

除国务院另有规定外，企业之间不得合并缴纳企业所得税。

2. 缴纳方式

企业所得税按年计算，但为了保证税款及时、均衡入库，对企业所得税采取分期（按月或季）预缴，年终汇算清缴的办法。纳税人预缴所得税时，应当按纳税期限的实际数预缴。按实际数预缴有困难的，可以按上一年度应纳税所得额的 1/12 或 1/4 预缴，或者经当地税务机关认可所得税的其他方法分期预缴所得税。预缴方法一经确定，不得随意改变。

3. 纳税期限

企业所得税按纳税年度计算。纳税年度自公历 1 月 1 日起至 12 月 31 日止。企业在一个纳税年度中间开业，或者终止经营活动，使该纳税年度的实际经营期不足 12 个月的，应当以其实际经营期为一个纳税年度。企业依法清算时，应当以清算期间作为一个纳税年度。

按月份或季度预缴税款的纳税人，应在月份或季度终了后 15 日内向主管税务机关进行纳税申报并预缴税款。其中，第四季度的税款也应于季度终了后 15 日内先进行预缴，然后在年度终了后 45 日内进行年度申报，税务机关在 5 个月内进行汇算清缴，多退少补。

4. 纳税申报

企业在年度中间终止经营活动的，应当自实际经营终止之日起 60 日内，向税务机关办理当期企业所得税汇算清缴。

企业应当在办理注销登记前，就其清算所得向税务机关申报并依法缴纳企业所得税。

企业所得税分月或者分季预缴。企业应当自月份或者季度终了之日起 15 日内，向税务机关报送预缴企业所得税纳税申报表，预缴税款。企业应当自年度终了之日起 5 个月内，向税务机关报送年度企业所得税纳税申报表，并汇算清缴，结清应缴应退税款。

企业在报送企业所得税纳税申报表时，应当按照规定附送财务会计报告和其他有关资料。

五、个人所得税

（一）个人所得税概念

个人所得税（personal income tax）是调整征税机关与自然人（居民、非居民人）之间在个人所得税的征纳与管理过程中所发生的社会关系的法律规范的总称。个人所得税是对个人取得的各项应税所得征收的一种税，是发达国家普遍征收的一个重要税种。随着经济的深入发展，我国个人收入大幅度增长，个人收入之间的差距越来越大，个人所得税法的实施和修改对于调节我国个人的收入分配以及增加国家税收方面起到了很大的作用。

（二）个人所得税纳税义务人

个人所得税的纳税义务人，包括中国公民、个体工商户、个人独资企业和合伙企业投资者以及在中国有所得的外籍人员（包括无国籍人员）和香港、澳门、台湾同胞。为了方便对纳税人的征收管理，遵循国际惯例依据住所和居住时间两个标准，个人所得税的纳税人分为居民纳税人和非居民纳税人，分别承担不同的纳税义务。

（三）个人所得税的应税项目和税率

1. 个人所得税应税项目

个人所得税应税项目包括：工资、薪金所得；个体工商户的生产、经营所得和对企事业单位的承包经营、承租经营所得；劳务报酬所得；稿酬所得；特许权使用费所得；利息、股息、红利所得；财产租赁所得；财产转让所得；偶然所得和其他所得。

2. 个人所得税税率

(1) 工资、薪金所得适用7级超额累进税率，按月应纳税所得额计算征税。该税率按个人月工资、薪金应税所得额划分级距，最高一级为45%，最低一级为3%，共7级。

(2) 个体工商户的生产、经营所得和对企事业单位适用5级超额累进税率。适用按年计算、分月预缴税款的个体工商户的生产、经营所得和对企事业单位的承包经营、承租经营的全年应纳税所得额划分级距，最低一级为5%，最高一级为35%，共5级。

(3) 比例税率。对个人的稿酬所得，劳务报酬所得，特许权使用费所得，利息、股息、红利所得，财产租赁所得，财产转让所得，偶然所得和其他所得，按次计算征收个人所得税，适用20%的比例税率。其中，对稿酬所得适用20%的比例税率，并按应纳税额减征30%；对劳务报酬所得一次性收入畸高的，除按20%征税外，应纳税所得额超过2万元至5万元的部分，依照税法规定计算应纳税额后再按照应纳税额加征五成；超过5万元的部分，加征十成。

① 工资、薪金所得适用七级超额累进税率，税率为3%～45%（见表8-1）。

表8-1　工资薪金所得个人所得税税率表

级数	全月应纳税所得额	税率(%)	速算扣除数(元)
1	不超过1 500元的部分	3	0
2	超过1 500元～4 500元的部分	10	105
3	超过4 500元～9 000元的部分	20	555
4	超过9 000元～35 000元的部分	25	1 005
5	超过35 000元～55 000元的部分	30	2 755
6	超过55 000元～80 000元的部分	35	5 505
7	超过80 000元的部分	45	13 505

注：本表所称应纳税所得额是以每月收入减除3 500元后的余额或者减除附加减除费用后的余额，于2011年9月1日实施。

② 个体工商户的生产、经营所得和对企事业单位的承包经营、承租经营所得适用5%～35%的超额累进税率(见表8-2)。

表8-2　个体工商户的生产、经营所得和对企事业单位的承包经营、承租经营所得个人所得税税率表

级数	全年应纳税所得额	税率(%)	速算扣除数(元)
1	不超过15 000元的部分	5	0
2	超过15 000元～30 000元的部分	10	750
3	超过30 000元～60 000元的部分	20	3 750
4	超过60 000元～100 000元的部分	30	9 750
5	超过100 000元的部分	35	14 750

注:本表所称全年应纳税所得额是指以每一纳税年度的收入总额减除成本、费用以及损失后的余额,于2011年9月1日实施。

③ 劳务报酬所得适用比例税率,税率为20%。对劳务报酬所得一次收入畸高的可以实行加成征收。

劳务报酬所得一次收入畸高,是指个人一次取得劳务报酬,其应纳税所得额超过20 000元。对应纳税所得额超过20 000～50 000元的部分,依照税法规定计算应纳税额后再按照应纳税额加征五成;超过50 000元的部分,加征十成。因此,劳务报酬所得实际上适用20%、30%、40%的三级超额累进税率(见表8-3)。

表8-3　劳务报酬所得个人所得税税率表

级数	每次应纳税所得额	税率(%)	速算扣除数(元)
1	不超过2 000元的部分	20	0
2	超过20 000元～50 000元的部分	30	2 000
3	超过50 000元的部分	40	7 000

④ 稿酬所得适用比例税率,税率为20%,并按应纳税额减征30%,故实际税率为14%。

⑤ 特许权使用费所得、利息、股息、红利所得、财产租赁所得、财产转让所得、偶然所得和其他所得,适用比例税率,税率为20%。

(四) 个人所得税应纳税所得额

1. 工资、薪金所得

自2011年9月1日起,工资、薪金所得,以每月收入额减除费用3 500元后的余额,为应纳税所得额。

应纳税所得额＝每月收入额－3 500元或4 800元

对在中国境内无住所而在中国境内取得工资、薪金所得的纳税义务人,以及在中国境内有住所而在中国境外取得工资、薪金所得的纳税义务人,自2011年9月1日起,可以在每月减除3 500元费用的基础上,再附加减除1 300元费用。

附加减除费用适用范围包括：

(1) 在中国境内的外商投资企业和外国企业中工作的外籍人员。

(2) 应聘在中国境内的企事业单位、社会团体、国家机关中工作的外籍专家。

(3) 在中国境内有住所而在中国境外任职或者受雇取得工资、薪金所得的个人。

(4) 国务院财政、税务主管部门确定的其他人员。

华侨和香港、澳门、台湾同胞，参照上述规定执行。

2. 个体工商户生产、经营所得的应纳税所得额

个体工商户的生产、经营所得的个人所得税税额

＝应税所得金额×适用税率－速算扣除数

3. 企事业单位承包经营、承租经营所得的应纳税所得额

企事业单位的承包经营、承租经营所得的个人所得税额

＝应税所得金额×适用税率－速算扣除数

4. 劳务报酬所得、稿酬所得、特许权使用费所得的应纳税所得额

劳动报酬所得(4 000 元以下)的个人所得税额

＝(每次所得收入－800 元)×20%劳动报酬所得(4 000 元以上)的个人所得税额

＝[每次所得收入×(1－20%)]×适用税率－速算扣除数

收入不超过 20 000 元的，税率 20%，速算扣除数为 0；

收入超过 20 000 元至 50 000 元的部分，税率 30%，速算扣除数为 2 000 元；

收入超过 50 000 元的部分，税率 40%，速算扣除数为 7 000 元。

5. 稿酬的所得

稿酬所得(每次收入不超过 4 000 元)的个人所得税税额

＝(每次所得收入－800 元)×20%×(1－30%)

稿酬所得(每次收入超过 4 000 元)的个人所得税税额

＝[每次所得收入×(1－20%)]×20%×(1－30%)

6. 特许权使用费所得、财产租赁所得

特许权使用费所得、财产租赁所得(每次收入不超过 4 000 元)的个人所得税税额

＝(每次所得收入－800)×20%

特许权使用费所得、财产租赁所得(每次收入超过 4 000 元)的个人所得税税额

＝[每次所得收入×(1－20%)]×20%

7. 利息、股息、红利所得，偶然所得和其他所得的应纳税所得额

利息、股息、红利所得，财产转让所得，偶然所得和其他所得的个人所得额

＝每次所得收入×20%

(五) 个人所得税征收管理

中国个人所得税的征收方式实行源泉扣缴与自行申报并用法，注重源泉扣缴。

个人所得税的征收方式可分为按月计征和按年计征。个体工商户的生产、经营所得，对企

业事业单位的承包经营、承租经营所得，特定行业的工资、薪金所得，从中国境外取得的所得，实行按年计征应纳税额，其他所得应纳税额实行按月计征。

1. 自行申报纳税

自行申报纳税，是由纳税人自行在税法规定的纳税期限内，向税务机关申报取得的应税所得项目和数额，如实填写个人所得税纳税申报表，并按照税法规定计算应纳税额，据此缴纳个人所得税的一种方法。下列人员为自行申报纳税的纳税义务人：

(1) 年所得在12万元以上的；

(2) 从中国境内两处或两处以上取得工资、薪金所得的；

(3) 从中国境外取得所得的；

(4) 取得应税所得，没有扣缴义务人的；

(5) 国务院规定的其他情形。

2. 代扣代缴

代扣代缴，是指按照税法规定负有扣缴税款义务的单位或者个人，在向个人支付应纳税所得时，应计算应纳税额，从其所得中扣除并缴入国库，同时向税务机关报送扣缴个人所得税报告表。

第三节　税收管理

税务管理从狭义上讲是税务机关依据国家税收政策法规所进行的税款征收活动，从广义的角度来说是国家及其税务机关，依据客观经济规律和税收分配特点，对税收分配的全过程进行决策、计划、组织、监督和协调，以保证税收职能得以实现的一种管理活动。税务管理是税收征收管理的重要内容，是税款征收的前提。税务管理主要包括税务登记管理、发票管理和纳税申报等内容。

一、税务登记管理

税务登记，又称纳税登记，是税务机关依据税法规定，对纳税人的生产、经营活动进行登记管理的一项法定制度，也是纳税人依法履行纳税义务的法定手续。税务登记的对象包括：一是企业及企业在外地设立的分支机构和从事生产、经营的场所。个体工商户和从事生产、经营的事业单位，自领取营业执照之日起30日内，持有关证件，向税务机关申报办理税务登记。承包和租赁的，实行自负盈亏的生产经营者也应办理税务登记。二是不从事生产、经营活动，但是依照法律、行政法规规定负有纳税义务的单位和个人，除临时取得应税收入或发生应税行为以及只缴纳个人所得税、车船使用税的外，应当自依照税收法律、行政法规成为纳税义务人之日起30日内向所在地税务机关申报办理税务登记。

税务登记的种类包括设立登记，变更登记，停业、复业登记，注销登记，外出经营报验登记等。

《税务登记管理办法》于2003年12月17日以国家税务总局令第7号公布；根据2014年12月27日国家税务总局令第36号《国家税务总局关于修改〈税务登记管理办法〉的决定》修正。2015年3月1日起，由国家税务总局发布的《关于修改〈税务登记管理办法〉的决定》(国家税务总局令第36号)开始施行。

(一) 设立登记

根据《税务登记管理办法》第十条之规定,企业在外地设立的分支机构和从事生产、经营的场所,个体工商户和从事生产、经营的事业单位(以下统称从事生产、经营的纳税人),向生产、经营所在地税务机关申报办理税务登记。

设立登记是指从事生产经营活动的纳税人,经国家工商行政管理部门批准开业后办理的纳税登记。

1. 设立登记的对象

根据有关规定,需要办理开业税务登记的纳税人分以下两类:

(1) 领取营业执照从事生产经营的纳税人包括:① 企业,即从事生产经营的单位或组织,包括国有、集体、私营企业、中外合资(合作)企业、外商独资企业以及各种联营、联合、股份制企业等;② 企业在外地设立的分支机构和从事生产经营的场所;③ 个体工商户;④ 从事生产经营的事业单位。

(2) 其他纳税人:《税务登记管理办法》第十条规定以外的其他纳税人,除国家机关、个人和无固定生产、经营场所的流动性农村小商贩外,均应当自纳税义务发生之日起30日内,向纳税义务发生地税务机关申报办理税务登记,税务机关发放税务登记证及副本。

2. 设立登记的时间和地点

(1) 从事生产经营的纳税人,应当自领取营业执照之30日内,向生产经营地或者纳税义务发生地的主管税务机关申报办理税务登记,如实填写税务登记表,并按照税务机关的要求提供有关证件、资料。

(2) 除上述以外的其他纳税人,除国家机关和个人外,应当自纳税义务发生之日起30日内,持有关证件向所在地主管税务机关申报办理税务登记。

3. 设立税务登记

开业税务登记内容包括:(1) 单位名称、法定代表人或业主姓名及其居民身份证、护照或者其他证明身份的合法证件;(2) 住所、经营地点;(3) 登记注册类型及所属主管单位;(4) 核算方式;(5) 行业、经营范围、经营方式;(6) 注册资金、投资总额、开户银行及账号;(7) 经营期限、从业人数、营业执照号码;(8) 财务负责人、办税人员;(9) 其他相关事项。

4. 设立登记程序

纳税人应按照下列程序办理税务登记手续:

(1) 提出开业税务登记申请。从事生产经营的纳税人应在规定期限内向生产经营地主管国税机关(办税服务厅税务登记窗口)提交办理税务登记书面申请,并出示工商行政管理部门核发的营业执照和有关证件、资料。税务登记窗口工作人员初审后,发给统一印制的《税务登记表》和《纳税人税种登记表》。

纳税人办理税务登记时应提供如下证件、资料:① 营业执照或其他核准执业证件及工商登记表,或其他核准执业登记表复印件;② 有关机关、部门批准设立的文件;③ 有关章程、合同、协议书;④ 组织机构统一代码证书;⑤ 法定代表人或负责人或业主的居民身份证、护照或者回乡证等其他合法证件;⑥ 法定代表人和董事会成员名单;⑦ 住所或经营场所证明;⑧ 委托代理协议书复印件;⑨ 属于享受税收优惠政策的企业,还应提供相应的证明、资料以及税务机关需要的其他资料、证件。

(2) 填报税务登记表。税务登记表主要有:内资企业税务登记表、分支机构税务登记表、个体经营税务登记表、其他单位税务登记表、涉外企业税务登记表。

纳税人领取税务登记表或者注册税务登记表后,应当按照规定内容逐项如实填写,并加盖企业印章,经法定代表人签字或业主签字后,将税务登记表或者注册税务登记表报送主管国家税务机关。

税务机关受理后进行审核,对纳税人填报的《税务登记表》及提供的证件和资料,应当在收到之日起30日内审核完毕,符合规定的,予以登记;对不符合规定的不予登记,也应在30日内予以答复。

(3) 领取税务登记证件。纳税人提交的证件和资料齐全且《税务登记表》的填写内容符合规定的,税务机关应及时发放税务登记证件。纳税人提交的证件和资料不齐全或税务登记表的填写内容不符合规定的,税务机关应当场通知其补正或重新填报。纳税人提交的证件和资料明显有疑点的,税务机关应进行实地调查,核实后予以发放税务登记证件。

税务登记证件的主要内容包括:纳税人名称、税务登记代码、法定代表人或负责人、生产经营地址、登记类型、核算方式、生产经营范围(主营、兼营)、发证日期、证件有效期等。

税务登记证分为正本和副本。正本只核发一份,增值税一般纳税人因业务需要可申请多本副本。纳税人领取税务登记证后,应按照规定交纳工本费。

(二) 变更登记

1. 变更登记概念

变更登记是指纳税人在办理税务登记后,原登记的内容发生变化时向原税务机关申报办理的税务登记。

2. 变更条件

纳税人税务登记内容发生变化,有下列情况之一的,均应办理变更登记:改变单位名称、法定代表人或者业主姓名及其居民身份证、护照或者其他合法证件的号码;改变住所、经营地点;改变登记类型;改变核算方式;改变生产经营方式;改变生产经营范围;改变注册资金(资本)、投资总额;改变生产经营期限;改变财务负责人、联系电话(网址)。

3. 变更期限

纳税人改变名称、改变法定代表人或者业主姓名、改变经济类型或经济性质、改变住所或者经营地点(指不涉及改变主管国家税务机关)、改变生产经营范围或经营方式;增减注册资金(资本);改变隶属关系、生产经营期限;改变或增减银行账号;改变生产经营权属以及改变其他税务登记等内容的,纳税人应当自工商行政管理机关办理变更登记之日起30日内,持有关证件向原主管国家税务机关提出变更登记书面申请报告。

纳税人已在工商行政管理机关办理变更登记的,应当自工商行政管理机关变更登记之日起30日内,向原税务登记机关提供有关证件、资料,申报办理变更税务登记。

纳税人按照规定不需要在工商行政管理机关办理变更登记,或者其变更登记的内容与工商登记内容无关的,应当自税务登记内容实际发生变化之日起30日内,或者自有关机关批准或者宣布变更之日起30日内,持有关证件到原税务登记机关申报办理变更税务登记。

4. 登记期限及申报办理所需资料

纳税人应当自工商行政管理机关变更登记之日起30日内,持下列证件、资料申报办理变更税务登记：

（1）变更税务登记申请书；

（2）工商登记变更表及工商营业执照；

（3）纳税人变更登记内容的有关证明文件；

（4）原税务登记证件（登记证正、副本和登记表等）；

（5）其他有关资料。

5. 变更税务登记的程序如下：填写《税务登记变更表》；提供相关证件、资料；税务机关受理；主管税务机关审核；重新制发《税务登记证》。

（三）停业、复业登记

停业、复业登记是纳税人暂停和恢复生产经营活动而办理的纳税登记。

实行定期定额征收方式的纳税人在营业执照核准的经营期内需要停业的，应向原税务登记机关提交停业申请书，说明停业的理由、时间、停业前的纳税情况和发票的领、用、存情况。

税务机关收到纳税人停业书面申请时，发放"停业申请表"一式三份，纳税人如实填写。税务机关经过审核，应当责成申请停业纳税人结清税款并收回其税务登记证件、发票领购簿和发票，并办理停业登记，批准纳税人停业。

纳税人应当于恢复生产经营之前，向税务机关提出复业申请，经确认后，办理复业登记，领回或启用税务登记证件和发票领购簿及其领购的发票，纳入正常管理。

纳税人停业期满不能及时恢复生产经营的，应当在停业期满前向税务机关提出延长停业登记。纳税人停业期满未按期复业又不申请延长停业的，税务机关应当视为已恢复营业，实施正常的税收征收管理。

（四）注销税务登记

注销税务登记，是指纳税人发生解散、破产、撤销以及终止履行纳税义务的其他情形时，向原登记税务机关申请办理的登记。

纳税人发生解散、破产、撤销以及其他情形，依法终止纳税义务的，应当在向工商行政管理机关或者其他机关办理注销登记前，持有关证件和资料向原税务登记机关申报办理注销税务登记；按规定不需要在工商行政管理机关或者其他机关办理注册登记的，应当自有关机关批准或者宣告终止之日起 15 日内，持有关证件和资料向原税务登记机关申报办理注销税务登记。

纳税人被工商行政管理机关吊销营业执照或者被其他机关予以撤销登记的，应当自营业执照被吊销或者被撤销登记之日起 15 日内，向原税务登记机关申报办理注销税务登记。

纳税人因住所、经营地点变动，涉及改变税务登记机关的，应当在向工商行政管理机关或者其他机关申请办理变更、注销登记前，或者住所、经营地点变动前，持有关证件和资料，向原税务登记机关申报办理注销税务登记，并自注销税务登记之日起 30 日内向迁达地税务机关申报办理税务登记。

境外企业在中国境内承包建筑、安装、装配、勘探工程和提供劳务的，应当在项目完工、离开中国前 15 日内，持有关证件和资料，向原税务登记机关申报办理注销税务登记。

（五）外出经营报验登记

纳税人到外县（市）临时从事生产经营活动的，应在外出生产经营以前，持税务登记证件和书面申请，到所属主管税务机关申请开具《外出经营活动税收管理证明》，并向营业地税务机关报验登记，接受税务管理。纳税人外出经营结束后，应于《外出经营活动税收管理证明》有效期届满后10天内，将经营地主管税务机关注明经营情况并加盖印章的《外出经营活动税收管理证明》报所属主管税务机关核销。

（六）纳税人税种登记

纳税人在办理开业或变更税务登记的同时，应当申请填报税种登记，由税务机关根据其生产、经营范围以及拥有的财产等情况，确定纳税人所适用的税种、税目、税率、报缴税款期限、征收方式等。税务机关应当依据《纳税人税种登记表》所填写的项目，自受理之日起3日内进行税种登记。

（七）扣缴义务人扣缴税款登记

扣缴税款登记是对法律、法规规定负有代收代缴、代扣代缴义务的单位、个人办理登记的管理。

已办理税务登记的扣缴义务人应当自扣缴义务发生之日起30日内，向税务登记地税务机关申报办理扣缴税款登记。税务机关在其税务登记证件上登记扣缴税款事项，税务机关不再发给扣缴税款登记证件。根据税收法律、行政法规的规定可不办理税务登记的扣缴义务人，应当自扣缴义务发生之日起30日内，向机构所在地税务机关申报办理扣缴税款登记。税务机关核发扣缴税款登记证件。

二、发票的开具与管理

（一）发票的概念与日常管理

发票是单位和个人在购销商品、提供或者接受服务以及从事其他经营活动中，开具、取得的收付款凭证。发票管理是通过税务机关对发票的印制、供应、使用、保管、检查、违章处理等各环节所进行的一系列筹划、组织和控制活动。

为了加强发票管理和财务监督，保障国家税收收入，维护经济秩序，根据《税收征管法》相关规定，1993年12月12日经国务院批准并实施了《中华人民共和国发票管理办法》。在中华人民共和国境内印制、领购、开具、取得和保管发票的单位和个人（简称印制、使用发票的单位和个人），必须遵守《中华人民共和国发票管理办法》。国家税务总局统一负责全国发票管理工作。

税务机关是发票的主管机关，负责发票的印制、领购、开具、取得、保管、缴销的管理和监督。

1. 发票的印制

发票由各级税务机关统一管理。增值税专用发票由国务院主管税务部门指定的企业印制；其他发票按照国务院主管税务部门的规定，分别由省、自治区、直辖市国家税务局、地方税务局指定的企业印制。未经上述税务机关指定，不得印制发票。发票防伪专用品由国家税务总局指定企业生产。

有固定生产经营场所、财务和发票制度健全、发票使用量较大的单位，可申请印制有本单位名称的发票；如统一发票式样不能满足这些单位的业务需要，也可以自行设计单位的发票式样，但均需报经县(市)以上税务机关批准。

2. 发票的领购

依法办理税务登记证的单位和个人，在领取税务登记证件后，可向主管税务机关提出购票申请，提供经办人身份证明、税务登记证件和其他证明以及财务印章或发票专用章的印模，经主管税务机关审核后，发给发票领购簿。然后，凭发票领购簿核准的种类、数量以及购票方式向主管税务机关领购发票。购票方式通常包括限量供应(一般以一个季度的用量为限)、交旧购新或验旧购新等。

依法不需要办理税务登记的单位需要购领发票的以及需要临时使用发票的单位和个人，可直接向税务机关申请办理。

税务机关对外省、自治区、直辖市来本辖区从事临时经营活动的单位和个人申请领购发票的，可以要求其提供在我国境内具有担保能力的公民、法人或其他经济组织作保证人(国家机关不得作保证人)，也可以根据所领购发票的票面限额及数量缴纳不超过一万元保证金，并限期缴销发票。未按期缴销发票的，由保证人或者以缴纳保证金方式承担法律责任。

3. 发票的保管

纳税人领购的空白发票，应设置专柜由专人负责保管，确保发票的安全，做到能防盗、防失、防潮。开错的作废发票，必须将全部联次粘贴在原发票存根上套写"作废"字样或"误填作废"字样，一起妥善保管，以备查核。已开具的发票存根联和发票登记簿，应当保存五年。在保管期内，不得私自销毁；保存期满，报经税务机关查验后，由主管税务机关予以销毁。使用发票的单位和个人应当妥善保管发票，不得丢失。发票如有丢失，应于丢失当日，书面报告主管税务机关，并在报刊和电视等传播媒介上公告声明作废。

4. 发票的缴销

发票缴销是指用票单位和个人按照规定向税务机关上缴已使用或未使用的发票。发票缴销一般包括下列几种情况：

(1) 用票单位和个人已使用的发票保管期满后，应向主管税务机关缴销；

(2) 用票单位和个人发生合并、联营、分设、迁移、停业、歇业等事项时，应在申报办理变更税务登记、注销税务登记的同时，将原来印制、购买的发票向税务机关申请缴销；

(3) 税务机关在实行发票换版、更换发票监制章时，原来的发票使用期满后，用票单位和个人应将其登记造册，集中向税务机关缴销；

(4) 用票单位和个人有严重违反税务管理或发票管理制度行为的，由税务机关将其发票予以缴销。

在办理发票缴销手续时，由用票单位和个人根据发票管理规定，编制发票缴销清册，说明发票种类、号码及使用情况，并说明缴销的依据和理由，经负责人签字，加盖单位公章后，连同发票一并报送税务机关。

(二) 增值税专用发票

增值税专用发票是由国家税务总局监制设计印制的，只限于增值税专用发票税一般纳税人领购使用的，既作为纳税人反映经济活动中的重要会计凭证，又是兼记销货方纳税义务和购货方进项税额的合法证明；是增值税计算和管理中重要的决定性的合法的专用发票。

1. 纳税人的认定

增值税一般纳税人的认定。增值税专用发票是增值税一般纳税人(以下简称一般纳税人)销售货物或者提供加工、修理修配劳务开具的一种发票。一般纳税人认定条件包括：工业企业年应征增值税销售额在100万元以上；商业企业年应征增值税销售额在180万元以上；银行开立结算账户；在工商行政管理部门办理了企业法人（营业）执照，有固定的生产经营场所；在国家税务局办理了税务登记，并取得税务登记证；有专门从事财会工作的人员，其应有财政部门核发的会计证或具备会计员以上职称的可以从事会计工作的资格证明。

增值税小规模纳税人的认定。增值税小规模纳税人（以下简称小规模纳税人）是指年销售额在规定标准以下，并且会计核算不健全，不能按规定报送会计资料，实行简易办法征收增值税的纳税人。除此以外，还有三种纳税人也视同为小规模纳税人，即年销售额超过小规模纳税人纳税标准的个人（不包括个体经营者）、非企业性单位及不经常发生应税行为的企业。

2. 增值税专用发票的购买

增值税专用发票仅限于一般纳税人领购，小规模纳税人和非增值税纳税人不得领购。一般纳税人领购专用发票，首先要向主管税务机关提出申请，并提供盖有“一般纳税人确认章”的税务登记证副本、经办人身份证明、单位财务专用章或者发票专用章印模以及税务机关要求提供的其他证件资料，经县（市）税务机关审批后，由专用发票管理部门核发《发票领购簿》。纳税人就可以凭《发票领购簿》、经办人身份证明，按照《发票领购簿》上核定的票面金额、数量和购票方式，到主管国税机关领购专用发票。增值税专用发票只有增值税一般纳税人和税务机关为增值税小规模纳税人代开时使用。纳税人要从事正常的生产经营活动，一方面要向收款方索取发票，同时也要向付款方开具发票。特别是增值税实行凭票抵扣税款制度，发票已不仅仅是商事凭证，也是税款缴纳和抵扣的凭证。

有下列情况之一的，不能开具增值税专用发票：

（1）会计核算不健全，不能向税务机关准确提供增值税销项税额、进项税额、应纳税额数据及其他有关增值税税务资料的。上述其他有关增值税税务资料的内容，由省、自治区、直辖市和计划单列市国家税务局确定。

（2）有《税收征管法》规定的税收违法行为，拒不接受税务机关处理的。

（3）有下列行为之一，经税务机关责令限期改正而仍未改正的：第一，虚开增值税专用发票；第二，私自印制专用发票；第三，向税务机关以外的单位和个人买取专用发票；第四，借用他人专用发票；第五，未按规定开具专用发票；第六，未按规定保管专用发票和专用设备；第七，未按规定申请办理防伪税控系统变更发行；第八，未按规定接受税务机关检查。

（4）销售的货物全部属于免税项目者。

3. 增值税专用发票的开具

一般纳税人销售货物或者提供应税劳务，应向购买方开具专用发票。小规模纳税人需要开具专用发票的，可向主管税务机关申请代开。

（1）开具增值税专用发票的要求。开具增值税专用发票的要求：字迹清楚；不得涂改。如填写有误，应另行开具增值税专用发票，并在误填的增值税专用发票上注明“误填作废”四字，增值税专用发票开具后，因购货方不索取而成为废票的，应按填写有误办理；项目填写齐全；票、物相符，票面金额与实际收取的金额相符；各项目内容正确无误；全部联次一次填开，上、下联的内容和金额一致；发票联和抵扣联加盖财务专用章或发票专用章；按照规定的时限开具专用发票；不得开具伪造的增值税专用发票；不得拆本使用增值税专用发票；不得开具票样与国家税务总局统一制定的票样不相符合的增值税专用发票；开具发票应当使用中文，民族自治地方可以同时使用当地通用的一种民族文字；外商投资企业和外国企业可以同时使用一种外国文字；纳税人使用十万元版增值税专用发票，其填开的销售金额必须达到所限面额最高一位，否则，按照未按规定填开增值税专用发票处理，其抵扣联不得作为扣税凭证；不得超面额开具增值税专用发票。超面额开具增值税专用发票，是指纳税人在增值税专用发票“金额栏”逐行填写的销售额或合计行填写的销售额超过了该栏的最高金额单位。凡超面额开具增值税专用发票的，属于未按规定开具增值税专用发票行为，购货方取得这种专用发票一律不得作为扣税凭证。

开具的专用发票有不符合上述要求者，不得作为扣税凭证，购买方有权拒收。另外，开具专用发票应严格按照《增值税专用发票使用规定》的规定，统一加盖单位财务专用章或发票专用章，不得加盖其他财务印章。根据不同版本的专用发票，财务专用章或发票专用章分别加盖在专用发票的左下角或右下角，覆盖“开票单位”一栏。财务专用章或发票专用章使用红色印泥。纳税人开具专用发票不得手工填写“销货单位”栏，凡手工填写“销货单位”栏的，属于未按规定开具专用发票，购货方不得作为扣税凭证。专用发票“销货单位”栏戳记使用蓝色印泥。

除规定不得开具增值税专用发票的情形外，一般纳税人销售货物（包括视同销售货物在内）、应税劳务，根据《增值税暂行条例》实施细则规定应当征收增值税的非应税劳务，必须向购买方开具专用发票。

（2）不得开具专用发票的情形。下列情形不得开具专用发票：向消费者销售应税项目；销售免税项目；销售报关出口的货物、在境外销售应税劳务；将货物用于非应税项目；将货物用于集体福利或个人消费；将货物无偿赠送他人（如果受赠人为一般纳税人，可根据受赠者要求开具专用发票）；提供非应税劳务（应当征收增值税的除外），转让无形资产或销售不动产；商业企业零售的烟、酒、食品、服装、鞋帽（不包括劳保专用部分）、化妆品等消费品。

向小规模纳税人销售应税项目，可以不开具增值税专用发票。对工商企业销售的机械、机车、汽车、轮船、锅炉等大型机械电子设备，如购货方索取增值税专用发票，销货方可开具增值税专用发票。

4．为小规模纳税人代开增值税专用发票的有关规定

（1）代开增值税专用发票的范围。代开增值税专用发票的范围包括：从事工业、手工业生产向一般纳税人销售货物的小规模纳税人；从事商业批发向一般纳税人销售货物的小规模纳税人；为一般纳税人提供加工、修理修配劳务的，具有一定规模的小规模纳税人。

（2）申请代开专用发票的有关手续和规定。申请代开专用发票的有关手续和规定包括：

① 小规模纳税人需代开专用发票的，首先向分局申请代开资格，并填写《增值税小规模纳税人代开增值税专用发票审批表》，经分局和市国税局征管科审批同意后，方可申请开具专用发票。

② 小规模纳税人向分局申请开具专用发票，应提供发生购销业务、接受劳务或者其他经营活动方面的有关证明，填写代开申请单，由分局开票人员审核无误后，到纳税申报窗口开具税收缴款书并交清税款后，再到代开窗口凭税收缴款书开具专用发票。

③ 为小规模纳税人开具的专用发票必须在底端的中间位置，加盖开票税务机关代开增值税专用发票专用章，同时按规定加盖纳税人财务专用章或发票专用章。

④ 小规模纳税人专用发票如需作废或红冲，其已缴相应税款不退还，但可在下次开票时抵减或在下月纳税申报时抵减当月税款。

（三）普通发票

普通发票主要由营业税纳税人和小规模纳税人使用，一般纳税人在不能开具专用发票的情况下也可以使用普通发票。普通发票按照征收管理的范围，可以划分为一般行业发票和专业发票两类。行业发票适用于某个行业的经营业务，如商业零售统一发票、商业批发统一发票、工业企业产品销售统一发票等；专业发票是指国有金融、保险企业的存贷、汇兑、转账凭证、保险凭证；国有邮政、电信企业的邮票、邮单、话务、电报收据；国有铁路、国有航空企业和交通部门、国有公路、水上运输企业的客票、货票等。

1. 普通发票的基本内容

普通发票的基本内容包括：发票的名称、字轨号码、联次及用途、顾客名称、开户银行及账号、商品名称或经营项目、计量单位、数量、单价、大小写金额（超过票面限定金额填开无效）、备注、开票日期、开票人、开票单位（个人）、名称（章）等。

2. 普通发票的使用和保管

（1）销售商品、提供服务以及从事其他经营活动的单位和个人，对外发生经营业务收取款项，收款方应向付款方开具发票，并应按规定的时限、顺序、逐栏，全部联次一次性如实开具并加盖单位财务印章或者发票专用章，付款方应当向收款方取得发票，在取得发票时，不得要求变更品名和金额。不符合规定的发票，不得作为财务报销凭证，任何单位和个人有权拒收。

（2）发票限于领购单位和个人在本省、自治区、直辖市内开具，不得跨越规定的使用区域携带、邮寄或运输空白发票。

（3）任何单位和个人不得转借、转让、代开发票；未经税务机关批准，不得拆本使用发票；不得自行扩大专业发票使用范围。

（4）不得携带、邮寄或运输空白发票出入境。

（5）开具发票的单位和个人应当建立发票使用登记制度，设置发票登记簿，并定期向主管税务机关报告发票使用情况。在办理变更或者注销登记的同时，应办理发票和发票领购簿的变更或缴销手续。

（6）开具发票的单位和个人应当按照税务机关的规定存放和保管发票，不得擅自损毁。已经开具的发票存根联和发票登记簿应保存 10 年，保存期满，报经税务机关查验后销毁。

（7）丢失、被盗发票，应在丢失、被盗发票的当天书面报告税务机关，填写《发票挂失申请表》。经税务机关审核后，在一个星期内到市以上的报社和电视台刊登和报送发票作废声明。作废声明的内容包括：发票名称、面额、字轨、起止号码和用票户名称、地址及丢失、被盗发票的时间等。

3. 跨省、市、县从事临时经营活动的单位和个人领购普通发票办法

跨省、市、县从事临时经营活动的单位和个人领购普通发票办法包括：临时到本省、市、县以外从事经营活动的单位或者个人，应当凭所在地税务机关的证明，向经营地税务机关申请领购经营地的发票；经营地税务机关可以要求其提供保证人或者根据所领购发票的票面限额及数量交纳不超过 1 万元的保证金，并限期缴销发票；按期缴销发票的，解除保证人的担保义务或者退还保证金，未按期缴销发票的，由保证人或者以缴纳保证金方式承担法律责任；经营地主管国家税务机关收取发票保证金，应当开具收据。

4. 纳税人申请代开普通发票需要的手续

主管国家税务机关为纳税人开具普通发票，应当严格审核申请代开发票单位和个人的有关手续，有关手续包括：付款单位接收产品（商品）、劳务承认付款的证明；申请代开单位的税务登记证件或证实申请代开人职业的证明；申请代开人的居民身份证；其他有关证明。

5. 开具普通发票后，发生退货或销售折让的处理

（1）购销双方发票均未入账，购货方应将发票退还给销货方，销货方收到该发票后粘贴在该份发票的存根联上，将所有联次注明"作废"字样，并按实际销售重新开具发票。

（2）在购货方发票未做账务处理，而销货方已做账务处理的情况下，购货方将原发票退还给销货方。销货方收到发票后，在该发票上注明"作废" 字样，同时开具相同数额的红字普通发票，将注明"作废"退还的发票粘贴在红字发票后面，撕下红字发票记账联入账，并按实际销售重新开具发票。

（3）在购货方发票已做账务处理，发票无法退还销货方的情况下，销货方必须取得购货方出具的退货（含部分退货）或折让书面证明，据以开具红字普通发票，证明应粘贴于红字发票存根联后面，发票联交购货方入账，记账联由销货方入账。

（四）专业发票

1. 专业发票概念

专业发票是指那些性质特殊，使用对象明确，使用范围较窄，用途单一且经法定机关审批使用的各类营业收款凭证（如国有金融、邮电、铁路、民用航空、公路和水上运输等单位在某些特定业务范围内使用的营业收款凭证）。专业发票经国家税务总局或省、自治区、直辖市以上的国税局批准后，可由用票单位自定式样，自行印制、发放和管理，不套印税务机关发票监制章。

2. 确定专业发票的认定条件与审批权限

（1）认定条件

从行业来说，必须是《发票管理办法》列举的行业，不得自行放宽。从业务内容来看，必须是特定的业务。如金融、保险企业的存贷、汇总、转账凭证、保险凭证可作为专业发票，但其收购、销售金银的收付款凭证，出售房地产、验钞机、点钞机的收款凭证，都不应列入专业发票。

（2）审批权限

专业发票的审批机关是国家税务总局或省、自治区、直辖市税务局。由国务院金融、邮电、铁路、民用航空、交通主管部门统一规定，在全国范围内统一使用、流通的专业发票，由国家税务总局审批，并抄知各地税务机关。

上述行业的省级行业主管部门，在中央统一规定之外补充的专业发票，《发票管理办法》及其细则未列举的仅在各省、自治区、直辖市范围内统一式样的专业发票（如电影票、专用发票等）或虽属以上列举的行业，但是由地方自办的企业（如地方航空公司）所使用的专用发票等，由省、自治区、直辖市国税局审批并抄报国家税务总局。

普通发票的开具要求如下：

① 开具发票的文字使用要规范，应当使用中文；开具发票的大小写金额要规范；在发生经营业务确认营业收入时，开具发票的开票日期要规范；开具购货单位名称要规范；开具货物名称或服务项目要规范；开具发票的规格、单位、数量、单价等栏目规范。

② 开具发票时，项目填写齐全，字迹清楚，全部联次一次性复写或打印，应当按号码顺序

填开，未实行盖章出门的要在发票联加盖发票专用章或财务专用章。使用电子计算机开具发票的，须经税务机关批准，使用税务机关监制的机外发票，开具后的存根联应按照顺序号装订成册。

③ 只有经济业务发生时方可开具发票，必须据实开具，不得变更商品或劳务的名称和金额；未发生经济业务，一律禁止开具发票。

④ 发生销售折让的，应当收回原开具的发票并注明“作废”字样，重新开具销售发票。

⑤ 以下情况必须开具红字发票：若原开具的发票已经入账，无法收回原发票的，可要求对方提供由当地主管税务机关出具的有关证明，按实际的经营业务另行据实开具发票，并在新开具的发票上注明原发票的号码及开具金额和凭证号码；原开具的发票尚未入账且可以收回的，整份发票装订在一起，加盖“作废”戳记或注明“作废”字样，据实另行开具发票；不得以红字普通发票冲抵增值税专用发票。

⑥ 临时需要发票的单位和个人，可以凭经营业务发生的书面证明到主管税务机关指定的场所，由税务人员代为开具。依法应当纳税的，在申请开具发票时，缴纳应缴的税款。

⑦ 丢失已取得的发票联，不得要求原开票方另行开具发票，应当由丢失发票联的一方向对方出具证明，原开票方在查对存根联、记账联无误后，附原存根联或记账联的复印件，按原来开具的实际情况出具书面证明。

第四节　税款征收与税务代理

一、税款征收

税款征收是税务机关依照税收法律、行政法规的规定，将纳税人应当缴纳的税款组织征收入库的一系列活动的总称。对于纳税人来说，也就是税款缴纳。税款征收是税收征收管理的目的和归宿，是实现税收职能的最关键的环节，也是税收征收管理的核心。

（一）税款征收方式

税款征收的方式，亦称税款征收的方法，它是指税务机关依照税法规定和纳税人生产经营、财务管理情况以及便于征收和保证国家税款及时足额入库的原则，而采取的具体组织税款入库的方法。

根据新《中华人民共和国税收征收管理法》（以下简称《税收征管法》）及《中华人民共和国税收征收管理法实施规则》（以下简称《征管法实施细则》）的规定，税款征收的方式主要有查账征收、查定征收、查验征收、定期定额征收、代扣代缴、代收代缴、邮寄纳税以及其他方式等。

1. 查账征收

查账征收是指税务机关按照纳税人提供的账表所反映的经营情况，依照适用税率计算缴纳税款的方式。实行这种征收方式的程序是：由纳税人在规定的纳税期限内，向税务机关报送纳税申报表和财务会计报表。经税务机关查账核实后，填写缴款书，由纳税人到当地开户银行缴纳税款。

2. 查定征收

查定征收，是由税务机关根据纳税人的从业人员、生产设备、耗用原材料等因素，在正常生产经营条件下，对其产出的应税产品查实核定产量、销售额并据以计征税款的一种方式。如果实际产量超过查定额时，纳税人应申报补缴差额税款；如不及查定额，可报请税务机关重新审定。目前，查定征收仅适用于会计核算不健全的小型工矿企业和个体工业户，查实的内容主要是应税产品产量、销售数量和销售价格，按季或按年核定其应纳税额，分月缴纳。

3. 查验征收

查验征收是税务机关对纳税人应税商品，通过查验数量，按市场一般销售单价计算其销售收入并据以征税的一种方式，适用于城乡集贸市场的临时经营以及场外，如火车站、机场、码头、公路交通要道等地方经销商品的课税。其税款征收程序是：个体工商户按照税务机关制定的报验商品的范围，如纺织、服装、鞋帽等，在购进这些商品后，持进货凭证和有关税收凭证连同商品一起到税务机关报验，由税务机关查验征收税款；或在进入市场时，由个体工商户向税务机关申报登记，税务机关在商品的适当部位印(粘)标记，据以计算应征税款。

4. 定期定额征收

定期定额征收，是对那些账制不健全，营业额和所得额难以准确计算的小型工商户，主要是城乡个体工商户，经过自报公议，由税务机关核定一定时期的营业额和所得税附征率，实行产品税、增值税、营业税、所得税和其他地方各税合并征收的一种征收方式。

5. 代扣代缴

代扣代缴是指支付纳税人收入的单位和个人从所支付的纳税人收入中扣缴其应纳税款并向税务机关解缴的行为。

6. 代收代缴

代收代缴是指与纳税人有经济往来关系的单位和个人借助经济往来关系，向纳税人收取其应纳税款并向税务机关解缴的行为。这两种征收方式适用于税源零星分散、不易控管的纳税人。

7. 委托征收

委托征收是指税务机关为了解决税务专管员人力不足的矛盾，根据国家法律、法规的授权，并根据加强税款征收、保障国家税收收入实际需要，依法委托其他部门和单位代为执行税款征收任务的一种税款征收方式。

8. 其他征收方式

除上述征收方式外，其他征收方式还包括邮寄申报纳税、自填自缴、自报核缴方式等。邮寄申报纳税方式是纳税人在邮寄纳税申报表的同时，经税务机关审核，汇寄并解缴应纳税款的方式。纳税人到税务机关办理纳税有困难的(如距离税务机关申报站较远的郊区、农村所在地的纳税人申报等)，经税务机关批准方可通过邮寄申报纳税。另外还有利用网络申报、用IC卡纳税等方式。

(二) 税款征收的原则

1. 税务机关是征税的唯一行政主体

《税收征管法》第二十九条规定："除税务机关、税务人员以及经税务机关依照法律、行政法规委托的单位和个人外，任何单位和个人不得进行税款征收活动。"第四十一条同时规定："采取税收保全措施、强制执行措施的权利，不得由法定的税务机关以外的单位和个人行使。"

2. 税务机关依法征收税款

根据《税收征管法》第二十八条的规定，税务机关只能依照法律、行政法规的规定征收税款。未经法定机关和法定程序调整，征纳双方均不得随意变动。税务机关代表国家向纳税人征收税款，不能任意征收，只能依法征收。

税务机关不得违反法律、行政法规的规定开征、停征、多征、少征、提前征收或者延缓征收税款或者摊派税款。

在税款征收过程中，税务机关应当按照税收法律、行政法规预先规定的征收标准进行征税。不得擅自增减改变税目、调高或降低税率、加征或减免税款、提前征收或延缓征收税款以及摊派税款。

税务机关执法必须遵守法定权限和法定程序。例如，采取税收保全措施或强制执行措施；办理减税、免税、退税；核定应纳税额；进行纳税调整；针对纳税人的欠税，进行清理，采取各种措施等，税务机关都必须按照法律或者行政法规规定的审批权限和程序进行操作，否则就是违法。

税务机关征收税款或扣押、查封商品、货物或其他财产时，必须向纳税人开具完税凭证或开具扣押、查封的收据或清单。

税款、滞纳金、罚款统一由税务机关上缴国库。

3. 税款优先的原则

根据《税收征管法》第四十五条的规定，第一次在税收法律上确定了税款优先的地位，确定了税款征收在纳税人支付各种款项和偿还债务时的顺序。税款优先的原则不仅增强了税法的刚性，而且增强了税法在执行中的可操作性。

(1) 税收优先于无担保债权。这里所说的税收优先于无担保债权是有条件的，也就是说并不是优先于所有的无担保债权，对于法律上另有规定的无担保债权，不能行使税收优先权。

(2) 纳税人发生欠税在前的，税收优先于抵押权、质权和留置权的执行。这里有两个前提条件：其一，纳税人有欠税；其二，欠税发生在前，即纳税人的欠税发生在以其财产设定抵押、质押或被留置之前。纳税人在有欠税的情况下设置抵押权、质权、留置权时，应当向抵押权人、质权人说明其欠税情况。

(3) 税收优先于罚款、没收非法所得。

(三) 税款的退还与追征

税款的退还：依据《税收征管法》第五十一条的规定，纳税人不论何种原因，超过应纳税额多缴纳的税款，税务机关发现后应当立即退还；纳税人自结算缴纳税款之日起 3 年内发现的，可以向税务机关要求退还多缴的税款并加算银行同期存款利息，税务机关及时查实后应立即退还；涉及从国库中退库的，依照法律、行政法规有关国库管理的规定退还。如果纳税人在结清缴纳税款之日起 3 年后才向税务机关提出退还多缴税款要求的，税务机关将不予受理。

税款的追征：依据《税收征管法》第五十二条规定，税务机关对超过纳税期限未缴或少缴税款的纳税人可以在规定的期限内予以追征。根据该条规定，税款的追征具体有以下三种情形：

(1) 因税务机关的责任，致使纳税人、扣缴义务人未缴或者少缴款的，税务机关在 3 年内可以要求纳税人、扣缴义务人补缴税款，但是不得加收滞纳金。

(2) 因纳税人、扣缴义务人计算错误等失误，未缴或者少缴款的，税务机关在 3 年内可以追征税款，并加收滞纳金；有特殊情况的(即数额在 10 万元以上的)，追征期可以延长到 5 年。

(3) 对因纳税人、扣缴义务人和其他当事人偷税、抗税、骗税等原因而造成未缴或者少缴的税款，或骗取的退税款，税务机关可以无限期追征。

二、税务代理

（一）税务代理概念

税务代理是代理的一个组成部分，具有代理的一般属性，属于民事代理中委托代理的一种。具体来说，税务代理就是指税务代理人在国家法律规定的代理范围内，受纳税人、扣缴义务人的委托，代为办理税务事宜的各项行为的总称。国家对从事税务代理活动的专业技术人员实行注册登记制度。取得中华人民共和国注册税务师执业资格证书并注册的人员，方可从事税务代理活动。一般来说，在注册税务师的帮助下，可以减少纳税错误，用足、用活税收优惠政策，做好税收筹划。注册税务师还可以协调税收征纳双方的分歧和矛盾，依法提出意见进行调解，也可接受委托向上级税务机关申请相关事宜。

（二）税务代理的主要特征

1. 公正性

税务代理机构不是税务行政机关，而是征纳双方的中介结构，因而只能站在公正的立场上，客观地评价代理人的经济行为；同时代理人必须在法律范围内为被代理人办理税收事宜，独立、公正地执行业务，既维护国家利益，又保护委托人的合法权益。

2. 自愿性

税务代理的选择一般有单向选择和双向选择，无论哪种选择都是建立在双方自愿的基础上的。也就是说，税务代理人实施税务代理行为，应当以纳税人、扣缴义务人自愿委托和自愿选择为前提。

3. 有偿性

税务代理机构是社会中介机构，不是国家行政机关的附属机构。因此，同其他企事业单位一样要自负盈亏，提供有偿服务，通过代理取得收入并抵补费用，获得利润。

4. 独立性

税务代理机构与国家行政机关、纳税人或扣缴义务人等没有行政隶属关系，既不受税务行政部门的干预，又不受纳税人、扣缴义务人左右，独立代办税务事宜。

5. 确定性

税务代理人的税务代理范围，是以法律、行政法规和行政规章的形式确定的。因此，税务代理人不得超越规定的内容从事代理活动。税务机关按照法律、行政法规规定委托其代理外，代理人不得代理应由税务机关行使的行政权力。

（三）税务代理法律特征

1. 税务代理行为是以纳税人（含扣缴义务人）的名义进行的。

2. 税务代理行为必须是具有法律意义的行为。

3. 税务代理人在其权限范围内有独立意思表示的权利。

4. 税务代理的法律后果直接归属于纳税人（含扣缴义务人）。

（四）税务代理遵循原则

纳税人、扣缴义务人可以根据需要委托税务代理人进行全面代理、单项代理或临时代理、常年代理。

税务代理是一项社会性中介事务，税务代理必须遵守以下三项基本原则：

1. 依法代理原则

法律、法规是任何活动都要遵守的行为准则，开展税务代理首先必须维护国家税收法律、法规的尊严，在税务代理的过程中应严格按照法律、法规的有关规定全面履行职责，不能超越代理范围和代理权限。只有这样才能既保证国家的税收利益，维护税收法律、法规的严肃性，又保护纳税人的合法权益，同时使其代理成果被税务机关所认可。因此，依法代理是税务代理业生存和发展的基本前提。

2. 自愿有偿原则

税务代理属于委托代理，税务代理关系的产生必须以委托与受托双方自愿为前提。纳税人、扣缴义务人有委托和不委托的选择权，也有选择委托人的自主权。如果纳税人、扣缴义务人没有自愿委托他人代理税务事宜，任何单位和个人都不能强令代理。代理人作为受托方，也有选择纳税人、扣缴义务人的权利。可见，税务代理当事人双方之间是一种双向选择形成的合同关系，理应遵守合同中的自愿、平等、诚实信用等原则。税务代理不仅是一种社会中介服务，而且是一种专业知识服务，因而税务代理人在执行税务代理业务时也应得到相应的报酬，这种报酬应依照国家规定的中介服务收费标准确定。

3. 客观公正原则

税务代理是一种社会中介服务，税务代理人介于纳税人、扣缴义务人和税务机关之间，既要维护纳税人、扣缴义务人的合法权益，又要维护国家的税收利益。因此，税务代理必须坚持客观公正原则，以服务为宗旨，正确处理征纳矛盾，协调征纳关系。在税务代理过程中，既要对被代理人负责，又要对国家负责，代理行为既要符合国家法律、法规的规定，又要符合被代理人的意愿，而不能偏向任何一方。

（五）税务代理业务范围

税务代理的业务指法律规定的税务代理人可以从事的税务代理事项。为保障税务代理行业的正常发展，世界各国一般都在法律上明确了税务代理业务的范围。国外税务代理业务范围十分广泛，不仅包括一般的纳税申报、办理退税、税务咨询等业务，而且还有充分利用税务代理人的专业素质进行较高层次的税收筹划等业务。我国由于税务代理业还不成熟，认识上有待深化，尤其税务代理业与相近的行业如注册会计师、律师、代理记账的普通会计的业务范围存在交叉等问题。因此我国《注册税务师资格制度暂行规定》第二十条采取了肯定式列举的方法，对我国税务代理的业务范围作了规定。根据该规定，纳税人、扣缴义务人可以委托税务代理人办理的涉税业务包括：税务登记、变更税务登记和注销税务登记；普通发票领购手续；纳税申报和扣缴税款报告；缴纳税款和申请退税；制作涉税文书；审查纳税情况；建账建制，办理账务；税务行政复议；税务咨询，受聘税务顾问；国家税务总局规定的其他业务。

根据现行有关法律的规定，注册税务师不能违反法律、行政法规的规定行使税务机关的行政职能。同时，对税务机关规定必须由纳税人、扣缴义务人自行办理的税务事宜，注册税务师不得代理。例如，《注册税务师资格制度暂行规定》明确规定，增值税专用发票的领购事宜必须由纳税人自行办理，注册税务师不得代理。另外，纳税人、扣缴义务人违反税收法律、法规的事宜，注册税务师不准代理。此外《注册税务师资格制度暂行规定》第二十六条、第三十条都明确规定了注册税务师不得授受纳税人、扣缴义务人违反税收法律、行政法规事项的委托，并有义务对其行为加以制止及报告有关税务机关。

根据委托人授权的范围大小，税务代理人可对其进行全面代理和单项代理。单项代理指纳税人、扣缴义务人将自身某一项具体的涉税事宜委托税务代理人办理，而全面代理指纳税人、扣缴义务人对多项涉税问题委托税务代理人办理。根据委托人委托期限的长短，税务代理人可对其进行常年代理或临时代理。常年代理一般指委托代理期限在1年以上；临时代理是指委托代理期限在1年以内，一次性的代理。纳税人、扣缴义务人可根据实际需要自行确定不同的税务代理方式。

税务代理的范围是指按照国家有关法律的规定，允许税务代理人从事的业务内容。尽管世界各国所规定的业务不尽相同，但其基本原则大致一样的，即税务代理的业务范围主要是纳税人、扣缴义务人所委托的各项涉税事宜。

《税务代理业务规程》规定，代理人可以接受纳税人、扣缴义务人的委托，从事下列范围内的业务代理：

1. 办理税务登记、变更税务登记和注销税务登记手续；
2. 办理纳税、退税和减免税申报；
3. 建账建制、办理账务；
4. 办理除增值税专用发票外的发票领购手续；
5. 办理纳税申报和扣减税款报告；
6. 制作涉税文书；
7. 开展税务咨询(顾问)、税收筹划、涉税培训等涉税服务业务；
8. 税务行政复议手续；
9. 审查纳税情况；
10. 办理增值税一般纳税人资格认定手续；
11. 利用主机共享服务系统，为增值税一般纳税人代开增值税专用发票；
12. 国家税务总局规定的其他服务。

除此之外，涉税鉴证业务范围包括：

1. 企业所得税汇算清缴纳税申报鉴证；
2. 企业所得税税前弥补亏算和财产损失的鉴证；
3. 国家税务总局和省税务局的其他涉税鉴证业务。

第五节　税收检查、税收法律责任及行政复议

一、税收检查

税务检查是税收征收管理的一个重要环节。它是指税务机关依法对纳税人履行缴纳税款义务和扣缴义务人履行代扣、代收税款义务状况所进行的监督检查。纳税人、扣缴义务人必须接受税务机关依法进行的税务检查，如实反映情况，提供有关资料，不得拒绝、隐瞒。税务机关依法进行税务检查时，有关部门和单位应当支持、协助。

通过税务检查，既有利于全面贯彻国家的税收政策，严肃税收法纪，加强纳税监督，查处偷税、漏税和逃骗税等违法行为，确保税收收入足额入库，也有利于帮助纳税人端正经营方向，促使其加强经济核算，提高经济效益。

（一）税收保全措施

《税收征管法》第三十八条规定："税务机关有根据认为从事生产、经营的纳税人有逃避纳税义务行为的，可以在规定的纳税期之前，责令限期缴纳应纳税款；在限期内发现纳税人有明显的转移、隐匿其应纳税的商品、货物以及其他财产或者应纳税收入迹象的，税务机关可以责成纳税人提供纳税担保。如果纳税人不能提供纳税担保，经县级以上税务局（分局）局长批准，税务机关可以采取下列税收保全措施：（1）书面通知纳税人开户银行或者其他金融机构冻结纳税人的相当于应纳税款的存款金额。（2）扣押、查封纳税人的价值相当于应纳税款的商品、货物或者其他财产。"

（二）税收强制执行措施

《税收征管法》第四十条规定："从事生产、经营的纳税人、扣缴义务人未按照规定的期限缴纳或者解缴税款，纳税担保人未按照规定的期限缴纳所担保的税款，由税务机关责令限期缴纳，逾期仍未缴纳的，经县级以上税务局（分局）局长批准，税务机关可以采取下列强制执行措施：（1）书面通知其开户银行或者其他金融机构从存款中扣缴税款；（2）扣押、查封、依法拍卖或者变卖其价值相当于应纳税款的商品、货物或者其他财产，以拍卖或者变卖所得抵缴税款。"

（三）税收保全措施和强制执行措施的区别

从《税收征管法》规定的内容和实践情况来看，税收保全措施与强制执行措施既有实施主体均是税务机关及税务人员、均须经县级以上税务局（分局）局长批准、均须开具清单和收据等相同之处，也有适用对象、实施条件、实施时间等不同之处。理解这些不同之处，对税务机关能否依法办事，纳税人能否依法保护自己的合法权益而言是非常重要的。两种措施的主要区别是：

1. 两种措施的适用对象不同

税收保全措施仅适用于纳税义务人；而强制执行措施适用于纳税义务人、扣缴义务人和纳税担保人。

2. 两种措施的实施条件不同

对当期应纳税款实施税收保全措施的条件是责令限期缴纳在前，提供纳税担保居中，税收保全措施断后（注：对以前应纳税款可以直接采取税收保全措施）。强制执行措施实施的条件是责令限期缴纳在前，强制执行措施断后。注意此处的"责令限期缴纳"对两种措施而言有所不同，税收保全措施的"限期"是指纳税期限；强制执行措施的"限期"是指纳税期限结束后，由税务机关规定的限期。

3. 两种措施的实施时间不同

税收保全措施是对当期的纳税义务在《税法》规定的纳税期限届满之前实施的；而强制执行措施则是在《税法》规定的纳税期限届满并且责令限期届满之后实施的。

4. 两种措施的执行金额不同

采取税收保全措施时仅以纳税人当期应纳税款为执行金额；而强制执行措施应以纳税人应纳税款连同滞纳金一并作为执行金额。

5. 两种措施的采取方式不同

税收保全措施的方式是书面通知金融机构冻结存款或扣押、查封商品、货物或其他财产，仅仅是冻结、查封、扣押纳税人财产，并未剥夺纳税人财产所有权，只是对纳税人的财产处分权的一种限制。而强制执行措施的方式是书面通知金融机构从其存款扣缴税款或以依法拍卖或者变卖商品、货物及其他财产所得抵缴税款，扣缴、拍卖、变卖纳税人财产，可以直接使纳税人财产所有权发生变更。

（四）税务检查方法

税务机关进行税务检查，一般采用以下三种方法：

1. 税务查账

税务查账是对纳税人的会计凭证、账簿、会计报表以及银行存款账户等核算资料所反映的纳税情况进行的检查。这是税务检查中最常用的方法。

2. 实地调查

实地调查是对纳税人账外情况进行的现场调查。

3. 税务稽查

税务稽查是对纳税人的应税货物进行的检查。

（五）税务检查的特点

税务检查是众多经济监督手段之一，与会计检查、审计检查、物价检查相比较，有着其自身的特点：

1. 特定的检查主体。税务检查的主体是税务机关，代表国家行使政治权力，依法对纳税人的所有经济行为和应税行为进行检查。

2. 特定的检查对象。税务检查的对象仅限于具有纳税义务的纳税人、扣缴义务人。

3. 特定的检查目的。税务检查的目的是保障国家财政收入及时足额入库，严肃财经纪律，规范纳税秩序，实现税收职能。

4. 特定的检查依据。税务检查是依据国家税收法律、法规进行的，是以会计核算为前提，建立在会计制度的实施基础之上的一种经济监督活动。

二、税收法律责任

所谓税收法律责任，是指税收法律关系的主体因违反税收法律规范应承担的法律后果。税收法律责任依其性质和形式的不同，可分为经济责任、行政责任和刑事责任；依承担法律责任主体的不同，可分为纳税人的责任、扣缴义务人的责任、税务机关及其工作人员的责任。所谓税收法律责任的形式，是指纳税人因不履行或不完全履行税法规定的义务应承担的法律后果的类型。根据现行规定，税收法律责任的形式主要有行政法律责任和刑事法律责任。

（一）税务违法行政处罚

1. 责令限期改正

责令限期改正是税务机关对违反法律、行政法规所规定义务的当事人的谴责和申诫。责令限期改正主要适用于情节轻微或尚未构成实际危害后果的违法行为，是一种较轻的处罚形式。责令限期改正，既可以起到教育的作用，又具有一定的处罚作用，因而为税收法律、法规广泛采用。

纳税人未按照规定的期限申报办理税务登记、变更或者注销登记的，由税务机关责令限期改正，可以处二千元以下的罚款；情节严重的，处二千元以上一万元以下的罚款。

2. 罚款

罚款是对违反税收法律、法规，不履行法定义务的当事人的一种经济上的处罚。由于罚款既不影响被处罚人的人身自由及其合法活动，又能起到对违法行为的惩戒的作用，因而是税务行政处罚中应用最广的一种。正是由于罚款在税务行政处罚中运用很广，而且意味着对相对一方当事人财物的剥夺，因此，运用这一处罚形式必须依法行使，严格遵循法律、法规规定的数额、幅度、权限和程序及形式。

3. 没收非法所得

没收非法所得是税务机关实施的，将税务违法人通过非法手段获得的财产收归国家所有的处罚形式。

4. 收缴发票和暂停供应发票

收缴发票和暂停供应发票是指税务机关对违反发票管理规定或有其他税务违法行为的当事人停止其使用、不予出售甚至收缴其普通发票和增值税专用发票的一种处罚形式。

5. 停止出口退税权

停止出口退税权是税务机关对有骗税或其他税务违法行为的出口企业停止其一定时间的出口退税权的处罚形式。

（二）税务违法的刑事处罚

刑事处罚，是指犯罪行为应当承担的法律责任，即由人民法院依照《刑法》等法律规定，追究犯罪分子刑事法律责任。根据我国《刑法》规定，刑罚分为主刑和附加刑。主刑分为管制、拘役、有期徒刑、无期徒刑和死刑。

根据税法规定，对于下列行为，情节严重构成犯罪的，应当依法追究刑事责任：

1. 纳税人伪造、变造、隐匿、擅自销毁账簿、记账凭证，或者在账簿上多列支出或者不列、少列收入，或者经税务机关通知申报而拒不申报或者进行虚假的纳税申报，不缴或者少缴应纳税款的。

2. 纳税人欠缴应纳税款，采取转移或者隐匿财产的手段，妨碍税务机关追缴欠缴的税款的。

3. 以假报出口或者其他欺骗手段，骗取国家出口退税款的。

4. 以暴力、威胁方法拒不缴纳税款的。

5. 非法印制发票的。

6. 未经税务机关依法委托征收税款，致使他人合法权益受到严重损失的。

7. 税务人员徇私舞弊，对依法应当移交司法机关追究刑事责任的犯罪行为不移交。

8. 税务人员与纳税人、扣缴义务人勾结，唆使或者协助纳税人、扣缴义务人偷逃税款行为的。

9. 税务人员徇私舞弊或者玩忽职守，不征或者少征应征税款，致使国家税收遭受重大损失的。

10. 税务人员对控告、检举税收违法违纪行为的纳税人、扣缴义务人以及其他检举人进行打击报复的。

11. 违反法律、行政法规的规定，擅自作出税收的开征、停征或者减税、免税、退税、补税以及其他同税收法律、行政法规相抵触的规定的。

三、税务行政复议

税务行政复议是我国行政复议制度的一个重要组成部分。税务行政复议是指当事人(纳税人、扣缴义务人、纳税担保人及其他税务当事人)不服税务机关及其工作人员作出的税务具体行政行为,依法向上一级税务机关(复议机关)提出申请,复议机关经审理,对原税务机关具体行政行为依法作出维持、变更、撤销等决定的活动。税务行政复议以当事人不服税务机关处理决定为前提,如果税务机关未做出处理,或者当事人服从了处理决定,税务行政复议就不存在了。接受申请的复议机关不仅可以对原具体行政行为的合法性进行审查,而且可以对其适当性进行审查。税务行政复议与行政诉讼相衔接,构成行政诉讼的前置程序。税务行政复议案件的审理以书面形式进行,以不调解为原则。而且税务行政复议不作公开审理,一般也无须当事人到场。税务行政复议是由原处理税务机关的上级税务机关进行,而不是其他行政机关或其他税务机关。

(一) 税务行政复议原则

税务行政复议原则是指复议机关在解决和处理税务争议案件必须遵守的具有普遍指导意义的基本原则。根据税务行政复议法的规定,税务行政复议应遵循以下原则:

1. 以事实为依据,以法律为准绳原则

以事实为依据指的是税务行政复议机关审理复议案件,必须以查明的客观情况作为认定事实、判断证据、适用法律、做出裁决的根据。以法律为准绳是指税务行政复议机关在弄清客观情况的基础上,正确适用法律,严格依法办案。

2. 一级复议原则

所谓一级复议原则,是指申请人不服原处理机关的具体行政行为,依法向上一级税务机关申请复议,对复议裁决仍不服的,申请人即可向人民法院起诉,而不能再逐级向税务机关申请复议。

3. 复议机关依法审查原则

复议机关依法对具体行政行为是否合法和适当进行审查的原则。税务行政复议机关审理税务争议案件的范围仅限于税务机关的具体行政行为,而复议机关审理税务争议案件的权限不仅包括对具体行政行为是否合法进行审查,而且还可以对具体行政行为是否适当进行审查。

4. 便民原则

税务行政复议活动能够做到方便复议申请人,不使申请人因为复议活动而造成人力、财力、物力的浪费,这是区别于法院行政诉讼活动的重要特点之一。

5. 税务行政复议不适用调解原则

该原则的基本要求是:税务行政复议机关不能采用调解的方式审理税务行政复议案件,也不能以调解方式结案。

6. 税务行政复议期间税务具体行政行为不停止执行原则

税务行政复议期间税务具体行政行为不停止执行原则是指税务行政行为一经做出,即发生法律效力,行政管理相对人必须执行,不能因处于税务行政复议期间而影响税收的缴纳。

(二) 税务行政复议的收案范围

根据《税收征管法》、《行政复议法》和《税务行政复议规则(试行)》的规定,税务行政复议的受案范围仅限于税务机关作出的税务具体行政行为。税务具体行政行为是指税务机关及其工作人员在税务行政管理活动中行使行政职权，针对特定的公民、法人或者其他组织，就特定的具体事项，作出的有关该公民、法人或者其他组织权利、义务的单方行为。主要包括：

1. 税务机关作出的征税行为

(1) 征收税款、加收滞纳金

(2) 扣缴义务人、受税务机关委托征收的单位作出的代扣代缴、代收代缴行为及代征行为

2. 税务机关作出的责令纳税人提供纳税担保行为

3. 税务机关作出的税收保全措施

(1) 书面通知银行或者其他金融机构冻结纳税人存款

(2) 扣押、查封商品、货物或其他财产

4. 税务机关未及时解除税收保全措施，使纳税人的合法权益遭受损失的行为

5. 税务机关作出的税收强制执行措施

(1) 书面通知银行或者其他金融机构从当事人存款中扣缴税款

(2) 拍卖或者变卖扣押、查封的商品、货物或其他财产

6. 税务机关作出的税务行政处罚行为

(1) 罚款

(2) 没收财产(具体有没收财物和违法所得两种情况)

(3) 停止出口退税权

(4) 收缴发票和暂停供应发票

(5) 责令限期改正

7. 税务机关不予依法办理或答复的行为

(1) 不予审批减免税或出口退税

(2) 不予抵扣税款

(3) 不予退还税款

(4) 不予颁发税务登记证、发售发票

(5) 不予开具完税凭证和出具票据

(6) 不予认定为增值税一般纳税人

(7) 不予核准延期申报;批准延期缴纳税款

8. 税务机关作出的取消增值税一般纳税人资格的行为

9. 税务机关作出的通知出境管理机关阻止出境行为

10. 税务机关作出的其他税务具体行政行为

根据此项内容，不管现行税法有无规定，只要是税务机关作出的具体行政行为，今后纳税人均可以申请税务行政复议。这也是行政复议法实施后，有关税务行政复议的一个新的规定。

(三) 税务行政复议的管辖

根据《行政复议法》和《税务行政复议规则(试行)》的规定，我国税务行政复议管辖的基本制度原则上是实行由上一级税务机关管辖的一级复议制度。具体内容如下：

1. 对省级以下各级国家税务局作出的税务具体行政行为不服的，向其上一级机关申请行政复议;对省级国家税务局作出的具体行政行为不服的，向国家税务总局申请行政复议。

2. 对省级以下各级地方税务局作出的税务具体行政行为不服的，向其上一级机关申请复

议;对省级地方税务局作出的具体行政行为不服的,向国家税务总局或省级人民政府申请复议。

3. 对国家税务总局作出的具体行政行为不服的,向国家税务总局申请行政复议。对行政复议决定不服的,申请人可以向人民法院提出行政诉讼,也可以向国务院申请裁决,国务院的裁决为终局裁决。应该注意的是,向国务院申请二级复议审理是特殊规定,只适用于纳税人不服由国家税务总局直接作出的具体税务行政行为的情况。对纳税人不服省级国税机关、地税机关具体作出的税务行政行为,而向国家税务总局申请复议,并且对总局的复议决定不服的,此种情况,纳税人不能向国务院申请裁决,只能向人民法院起诉,即仍按一级复议原则处理。

4. 对上述(一)、(二)、(三)条规定以外的其他机关、组织等作出的税务具体行政行为不服的,按照下列规定申请行政复议:

(1) 对税务机关依法设立的派出机构,依照法律、法规或者规章的规定,以自己名义作出的税务具体行政行为不服的,向设立该派出机构的税务机关申请行政复议。

(2) 对扣缴义务人作出的扣缴税款行为不服的,向主管该扣缴义务人的税务机关的上一级税务机关申请复议;对受税务机关委托的单位作出的代征税款行为不服的,向委托税务机关的上一级税务机关申请复议。

(3) 对国家税务局和地方税务局共同作出的具体行政行为不服的,向国家税务总局申请复议;对税务机关与其他机关共同作出的具体行政行为不服的,向其上一级行政机关申请复议。

(4) 对被撤销的税务机关在撤销前所作出的具体行政行为不服的,向继续行使其职权的税务机关的上一级税务机关申请行政复议。

为方便纳税人,按《行政复议法》有关规定,在上述情况下,复议申请人也可以向具体行政行为发生地的县级地方人民政府提出行政复议申请,由接受申请的县级地方人民政府依法进行转送。

第六节　案例分析

【案例 8－1】

【案例分析目的】掌握各个税种及相关税率知识

【案例分析资料】

洪都机械股份有限公司为增值税一般纳税人,并具有进出口经营权。2011 年 6 月从国外进口小轿车一辆,支付价款 50 万元,支付购货佣金 1 万元,支付从我国海关到某公司仓库的运输费用 4 万元、保险费用 2 万元。(进口小轿车消费税税率为 50%,关税税率为 30%)

【案例分析要求】

根据相关业务,该单位会计人员计算汽车进口应缴纳的关税、消费税以及进口应缴纳的增值税。

【案例评析】

(1) 洪都机械股份有限公司进口应缴纳的关税＝50×30%＝15(万元)

(2) 洪都机械股份有限公司进口应缴纳的消费税＝(50＋15)×50%＝32.5(万元)

(3) 洪都机械股份有限公司进口应缴纳的增值税＝(50＋15＋32.5)×17%＝16.575(万元)

【案例 8-2】

【案例分析目的】掌握税收保全相关知识

【案例分析资料】

2011 年 8 月税务机关在一次专项检查中发现并查实：洪都机械股份有限公司作为一般纳税人，从 2010 年 7 月成立之初就利用不开或少开发票、发票外收入不入账等手段进行偷税，累计偷税额达 80 万元。8 月 12 日该税务机关依法定程序作出补税并罚款的决定，并下达了"税务处理决定书"等税务文书，限定该企业在 8 月 27 日前缴清税款及罚款。期间，该企业并没有履行决定书中的处理规定。8 月 20 日，税务机关接到群众举报，反映该企业有转移财产迹象。税务机关在调查核实后，于 8 月 21 日责成该企业 8 月 22 日前缴纳税款或提供纳税担保，8 月 23 日该企业一直未履行税务机关的决定，税务机关遂于 8 月 23 日上午 8 时依法采取税收保全措施，扣押了其相当于应纳税款的商品及货物。该企业于 8 月 24 日缴清了税款，税务机关于 8 月 26 日下午 4 时才解除税收保全措施。8 月 28 日，该企业向当地法院起诉，认为税务机关的税收保全措施给其合法利益造成了损害，要求税务机关赔偿其经济损失，法院依法判处税务机关承担赔偿责任。

【案例分析要求】对以上案例进行分析。

【案例评析】

这是一个有关税务行政赔偿的案例。税务行政赔偿是税务机关作为履行国家赔偿义务的机关，对本机关及其工作人员的职务违法行为给纳税人和其他税务当事人的合法权益造成损害，代表国家予以赔偿的制度。本案例中，税务机关为保全国家税收收入，依法行使了税收保全措施，依据税收保全措施的实施规定，纳税人在税务机关实施税收保全措施后按规定期限缴纳了税款的，税务机关应在收到税款或银行转回的税票后的 24 小时内解除税收保全措施。上述案例中，纳税人于 8 月 24 日缴清了税款，而税务机关直到 26 日下午 4 时才解除税收保全措施，显然超过了法律规定的 24 小时时限，影响了纳税人的正常经营，给纳税人造成了一定的经营损失。所以依据国家赔偿法的规定，法院依法判处了税务机关承担赔偿责任。

【案例 8-3】

【案例分析目的】了解税收征收管理法律相关规定以及应承担的法律责任

【案例分析资料】

某市审计机关对洪都机械股份有限公司 2011 年财务情况进行审计时，发现该公司有以下行为：

(1) 该公司作为一般纳税人，2011 年 6 月，在未发生材料购入业务的情况下，从其他单位买入空白增值税发票，并在发票上注明购入甲材料，买价 3 000 万元，增值税额 510 万元。财务部门以该发票为依据，编制了购入材料的记账凭证并登记入账，纳税申报时作为增值税进项税额抵扣了当期税款。

(2) 该公司销售商品，有 18 张发票是这样开的："发票联"的业务内容真实，但本单位"记账联"和"存根联"的金额比真实金额小。会计以"记账联"编制记账凭证，登记账簿，导致少记销售收入 1 600 万元，少记增值税 272 万元。

【案例分析要求】

(1) 以上行为是否符合相关税收征收管理法律规定?

(2) 如不符合,应承担什么法律责任?

【案例评析】

(1) 纳税人编造虚假计税依据的,由税务机关责令限期改正,并处五万元以下罚款。

(2) 纳税人未按规定印制、领购、开具、保管、取得发票,未按规定接受发票检查,税务机关可以责令限期改正,没收非法所得,并处一万元以下罚款。

(3) 偷税数额占应纳税额百分之十以上不满百分之三十并且偷税数额在一万元以上不满十万元的,或者因偷税被税务机关给予两次行政处罚又偷税的,处三年以下有期徒刑或者拘役,并处偷税数额一倍以上五倍以下的罚金;偷税数额占应纳税额的百分之三十以上并且偷税数额在十万元以上的,处三年以上七年以下有期徒刑,并处偷税数额一倍以上五倍以下罚金。

(4) 虚开增值税专用发票抵扣税款发票罪。虚开增值税专用发票或者虚开用于抵扣税款的其他发票的,处三年以下有期徒刑或者拘役,并处二万元以上二十万元以下罚金;虚开的税款数额较大或者有其他严重情节的,处三年以上十年以下有期徒刑,并处五万元以上五十万元以下罚金。

(5) 非法购买增值税专用发票罪。非法购买增值税专用发票,处五年以下有期徒刑或者拘役,并处或者单处二万元以上二十万元以下罚金。

本章小结与关键词

本章小结

税收是国家凭借政治权力,按照预定标准,无偿地征收实物或货币而形成的特定的分配关系。税收具有强制性、无偿性和固定性的特征。税法是指调整一切税收关系的法律规范的总称。税法具有政策性、经济性、技术性、复杂性、多样性、综合性、特殊性等特征。税法的构成要素包括:纳税义务人、征税对象、税目、税率、计税依据、纳税环节、纳税期限、纳税地点、减税免税、法律责任等。增值税是以生产、销售商品或提供加工、修理修配劳务过程中产生的增值额为征税对象而征收的一种流转税。增值税、消费税、营业税、企业所得税、个人所得税等为目前的一些主要税种。

税务管理是指税收征收管理机关为了贯彻、执行国家税收法律制度,加强税收工作,协调征税关系而开展的一项有目的的活动。税务管理主要包括税务登记管理,发票管理和纳税申报等内容。税务登记的种类包括开业登记、变更登记、停业、复业登记、注销登记、外出经营报验登记等。纳税申报包括纳税申报对象,纳税申报的内容,纳税申报须知,纳税申报应报送的资料,纳税申报的期限,纳税申报的方式。

税款征收是税务机关依照税收法律、行政法规的规定将纳税人应当缴纳的税款组织征收入库的一系列活动的总称。税款征收的原则包括税务机关是征税的唯一行政主体,税务机关依法征收税款,税款优先的原则。税款征收的方式主要有查账征收、查定征收、查验征收、定期定额征收、代扣代缴、代收代缴、邮寄纳税以及其他方式等。税务代理是民事代理的一种,是指税务代理人在法定范围内,接受纳税人的委托,以纳税人名义代为办理税务事宜的专门行为。

税务代理具有中介性、法定性、自愿性、公正性的特点。

税务检查也叫纳税检查，是税务机关以国家的法律、法规政策和税收征收管理制度为依据，对纳税人履行纳税义务情况及其偷逃税行为的审核和查处的总称。税务违法行政处罚包括责令限期改正、罚款、没收非法所得、收缴发票和暂停供应发票及停止出口退税权。

本章关键词

税收征收管理制度　税收　税法　增值税　消费税　企业所得税　税收管理发票　税款征收　税务代理　税收检查　税收法律责任　税务行政复议　营业税改增值税

本章思考与案例分析题

一、思考题

1. 简述税法的构成要素以及税收与税法的关系。
2. 什么是税务登记？税务登记的内容有哪些？
3. 简述开业税务登记的内容和程序。
4. 什么是税务变更登记？简述税务变更登记的程序。
5. 简述普通发票的内容以及普通发票填制时应符合哪些要求。
6. 什么是纳税申报？简述纳税申报的内容。
7. 税款征收有哪些方式？可以采取哪些措施？
8. 什么是税务代理？
9. 什么是税务检查？简述税务检查的范围。
10. 简述纳税人的行政法律责任。
11. 营业税改增值税有哪些意义？
12. 简述营业税改增值税的主要内容。

二、案例分析题

【案例 1】

案例分析资料：

东方家具公司为增值税一般纳税人。2014 年该公司发生以下经济业务：

(1) 2 月 4 日，销售家具一批，取得销售额(含增值税)93.6 万元。收到 A 公司的开户银行开出见票即付的汇票一张，注明的出票日期为 2014 年 2 月 4 日，金额 93.6 万元。

(2) 2 月 10 日，外购用于生产家具的木材一批，全部价款已付并验收入库。对方开具的增值税专用发票注明的货款(不含增值税)为 40 万元，运输单位开具的货运发票注明的运费金额为 1 万元。

(3) 2 月 15 日，外购建筑涂料用于装饰公司办公楼，取得对方开具的增值税发票上注明的增值税税额为 9 万元，已办理验收入库手续。

(4) 2 月 20 日，向客户 B 企业开出一张支票，由于 B 企业的名称全称和金额不确定，因此出纳在开出支票时未记载“收款人名称”和“金额”。

(5) 5 月 1 日，向 C 公司销售货物，取得了 C 公司开具的一张银行承兑汇票，该汇票为见票后定期付款的汇票，付款期为 3 个月，出票人为 C 公司，出票日期为 5 月 1 日。

(6) 6 月 15 日，支付给 D 公司财务咨询费，将 C 公司开具的银行承兑汇票背书转让给 D 公司，在背书时，出纳将公司的签章盖在了票据背面“被背书人”处，将 D 公司的名称写在了“背书人”处。

根据上述资料，回答下列问题：

1. 东方家具公司 2 月 4 日收到 A 公司见票即付的汇票，下列提示付款期限中，没有超过法定期限的有(　　)。

A. 2014 年 2 月 5 日　　B. 2014 年 3 月 1 日

C. 2014 年 5 月 14 日　　D. 2014 年 6 月 18 日

2. 该公司 2 月份增值税进项税额为(　　)万元。

A. 0.84　　B. 0.48　　C. 9.78　　D. 6.87

3. 该公司 2 月份应纳增值税税额为(　　)万元。

A. 6.73　　B. 6.37　　C. 52　　D. 25

4. 关于 2 月 20 日向 B 企业开出支票的行为，下列表述中正确的有(　　)。

A. 收款人名称可以授权补记，在出票时未记载的，票据也是有效的

B. 由于“收款人名称”是支票的绝对记载事项，因此支票无效

C. 由于“确定的金额”是支票的绝对记载事项，因此支票无效

D. 确定的金额可以授权补记，在出票时未记载的，票据也是有效的

5. 关于 6 月 15 日公司进行汇票背书的行为，下列观点正确的有(　　)。

A. 背书时应不记载背书人，被背书人应记载为“D 公司”

B. 公司出纳的背书记载不符合规定

C. 该记载会导致此票据背书不连续

D. 该记载会导致承兑人拒绝付款

[案例 8-2]

目的：了解掌握申报办理税务登记相关规定

资料：广州市某私营企业已注册经营两年，由于该经营地近期要拆迁，该私营企业于 2009 年 2 月 3 日将经营地点从原来街道搬迁到离原来街道不远的另一条街道，两条街道同属于荔湾区内街道，税务机关 2009 年 4 月 6 日对辖区内的企业进行检查，发现该私营企业未办理税务登记，于是责令该私企 10 日内到税务机关办理税务登记，并对其处以罚款 2 000 元的处罚。

要求：(1) 什么是税务登记？税务登记有哪几种？

(2) 该私营企业由于搬迁经营地应办理哪种税务登记？

(3) 该企业应该在什么时间办理税务登记？

第九章　财政法规制度

学习目的与要求

1. 熟悉国家预算的概念、预算管理的职权和预算组织程序。
2. 了解和掌握政府采购的范围、原则和方式。
3. 了解国库集中收付制度的账户体系。
4. 掌握财政收入收缴方式和程序。
5. 掌握财政支出支付方式和程序。

导入案例

2003年9月，国务院批准了国家发展与改革委员会、卫生部编制的《突发公共卫生事件医疗救治体系建设规划》。2003年10月，国家发展与改革委员会、卫生部委托两家采购代理机构——国信招标有限责任公司和中国远东国际贸易总公司，分别对医疗救治体系项目进行公开招标，采购相关仪器设备。北京现代沃尔经贸有限责任公司(以下简称北京现代沃尔公司)分别参加了两家采购代理机构组织的投标，但都未中标。

北京现代沃尔公司认为，此次招投标的组织不合法，故于2004年12月21日向财政部投诉。财政部受理后，将投诉信及相关材料转交国家发展与改革委员会稽查办处理，并要求其在处理后将结果抄送财政部。财政部因没有收到国家发展与改革委员会的处理结果，故在规定期限内未对投诉给予答复。

2005年3月23日，北京现代沃尔公司以财政部未履行对政府采购行为的监管职责和未对其投诉事项予以处理和答复为由，向北京市第一中级人民法院提起行政诉讼，请求判令财政部在一定期限内履行其法定职责，作出具体行政行为。

由于该诉讼是《政府采购法》2003年1月1日起正式实施后的第一例状告财政部的政府采购案件，故有“政府采购第一案”之称。2006年12月8日，北京市第一中级人民法院判决认定，本案涉及的招投标采购内容为突发公共卫生事件医疗救治体系项目中的286台血气分析仪，此类物品属于货物采购。北京现代沃尔公司向财政部投诉的是采购代理机构在以招投标方式采购上述货物过程中，存在招投标的组织不合法问题。根据相关法律及相关规范性文件的规定，属于财政部的监督管理权限范围。财政部未按《中华人民共和国政府采购法》第五十六条的规定，在收到该投诉材料后三十个工作日内，对投诉事项予以回复，应属于未履行法定职责。据此，依照《中华人民共和国行政诉讼法》第五十四条第(三)项、最高人民法院《关于执行若干问题的解释》第六十条第二款的规定，判决财政部对北京现代沃尔公司就招投标的组织不合法问题所进行的投诉予以处理和答复。

财政部不服一审判决，向北京市高级人民法院提出上诉。(资料来源：2012年11月22日《经济参考报》)

第一节　预算法律制度

一、预算法律制度的构成

预算法律制度是指国家经过法定程序制定的，用以调整国家预算关系的法律、行政法规和相关规章制度。预算法律制度在财政法的体系中处于核心地位。我国预算法律制度由《预算法》、《预算法实施条例》及与国家预算管理有关的其他法规制度构成。

（一）《预算法》

预算是经法定程序审核批准的国家年度集中性财政收支计划。《预算法》是国家重要的经济法之一，我国现行的《预算法》是 1994 年 3 月 22 日由第八届全国人民代表大会通过的，于 1995 年 1 月 1 日起施行。该法是我国第一部财政基本法，是我国国家预算管理工作的根本性法律以及制定其他预算法规的基本依据，其内容涉及预算管理权限、预算收支范围、预算编制、预算审核和批准、预算执行、预算调整、决算、监督和法律责任等。自颁布实施以来，有力地促进了各级人大对财政预决算的审查和监督，各级政府、财税部门和各单位依法加强财政预算管理，促进了财政职能转变及我国公共财政基本框架的建立，对于强化我国预算的分配和监督职能、健全预算管理、加强国家宏观调控、保障经济和社会健康发展，发挥了重要作用。2014 年 8 月 31 日，十二届全国人民代表大会人大常务委员会第十次会议表决通过了修改后的《预算法》，经第十二号主席令公布，自 2015 年 1 月 1 日起施行。

（二）《预算法实施条例》

为贯彻实施《预算法》，使《预算法》更具操作性，为预算及其监督提供更为明确的行为准则，国务院于 1995 年 11 月 2 日制定并通过了《预算法实施条例》，并于发布之日起开始施行。该条例是对《预算法》的解释和补充，它根据《预算法》所确定的基本原则和规定，具体规定了其中的相关法律概念，以及预算管理的方法和程序等内容。

二、国家预算

（一）国家预算的概念

国家预算，也称政府预算，是按照一定的法律程序编制和执行的政府年度财政收支计划，是政府组织和规范财政分配活动的重要工具。在现代社会，它还是政府调节经济的重要杠杆，是政府集中和分配资金，调节社会经济生活的主要财政机制，是国家的重要立法文件。

国家预算是财政体系的重要组成部分，并同国家财政具有内在的联系。政府预算首先是以年度财政收支的形式存在的，其具体形式是按一定的标准将政府预算年度的财政收支分门别类地列入各种计划表格，是反映政府财政活动的一面镜子。同时，国家预算是具有法律效力的文件，要经过国家权力机构的审批才能生效，这就使政府的财政行为，通过预算的法制化管理被置于民众的监督之下。

（二）国家预算的作用

国家预算作为财政分配和宏观调控的主要手段，具有分配、调控和监督职能。国家预算的作用是国家预算职能在经济生活中的具体体现，它主要包括三个方面：

1. 财力保证作用

国家预算既是保障国家机器运转的物质条件，又是政府实施各项社会经济政策的有效保证。在编制预算时，要根据对社会经济发展的预计，预测能收取到多少收入，根据社会管理和发展的需要安排支出。

2. 调节制约作用

国家预算作为国家的基本财政计划，是国家财政实行宏观控制的主要依据和主要手段。国家预算的收支规模可调节社会总供给和总需求的平衡，预算支出的结构可调节国民经济结构，因而国家预算的编制和执行情况对国民经济和社会发展都有直接的制约作用。

3. 反映监督作用

国家预算是国民经济的综合反映，预算收入反映国民经济发展规模和经济效益水平，预算支出反映各项建设事业发展的基本情况。因此通过国家预算的编制和执行便于掌握国民经济的运行状况、发展趋势以及出现的问题，从而采取对策措施，促进国民经济稳定协调地发展。

（三）国家预算的级次划分

在我国，国家预算的级次是按照一级政权设立一级预算的原则设立的。根据国家政权机构、行政区域划分和财政管理体制要求，我国设立中央，省、自治区、直辖市，设区的市、自治州，县、自治县、不设区的市、市辖区，乡、民族乡、镇五级预算。

（四）国家预算的构成

根据新修订的《预算法》第二条规定，国家预算由中央预算和地方预算组成。地方预算分为省、自治区、直辖市，设区的市、自治州，县、自治县、不设区的市、市辖区，乡、民族乡、镇四级。

中央预算由中央各部门(含直属单位)预算组成，包括地方向中央上解的收入数额和中央对地方返还和补助支出的数额。

地方预算由各省、自治区、直辖市总预算组成。地方各级总预算由本级政府预算(以下简称本级预算)和汇总的下一级总预算组成；下一级只有本级预算的，下一级总预算即指下一级的本级预算。没有下一级预算的，总预算即指本级预算。地方各级政府预算由本级各部门(含直属单位，下同)的预算组成。地方各级政府预算包括下级政府向上级政府上解的收入数额和上级政府对下级政府返还或者给予补助的数额。

三、预算管理的职权

《预算法》明确规定各级预算应当遵循统筹兼顾、勤俭节约、量力而行、讲求绩效和收支平衡的原则。国家各级权力机构、政府机关、各级财政部门以及各预算具体执行部门和单位在预算管理中具有特定职权，这是保证预算严格依法管理的前提条件，因而是预算法的核心内容。根据宪法和有关法律的规定，对预算管理职权作出以下的规定：

（一）各级人民代表大会的职权

1. 全国人民代表大会的职权

全国人民代表大会审查中央和地方预算草案及中央和地方预算执行情况的报告；批准中央预算和中央预算执行情况的报告；改变或者撤销全国人民代表大会常务委员会关于预算、决算的不适当的决议。

全国人民代表大会常务委员会监督中央和地方预算的执行；审查和批准中央预算的调整方案；审查和批准中央决算；撤销国务院制定的同宪法、法律相抵触的关于预算、决算的行政法规、决定和命令；撤销省、自治区、直辖市人民代表大会及其常务委员会制定的同宪法、法律和行政法规相抵触的关于预算、决算的地方性法规和决议。

2. 县级以上地方各级人民代表大会的职权

县级以上地方各级人民代表大会审查本级总预算草案及本级总预算执行情况的报告；批准本级预算和本级预算执行情况的报告；改变或者撤销本级人民代表大会常务委员会关于预算、决算的不适当的决议；撤销本级政府关于预算、决算的不适当的决定和命令。

3. 乡、民族乡、镇的人民代表大会的职权

设立预算的乡、民族乡、镇的人民代表大会审查和批准本级预算和本级预算执行情况的报告；监督本级预算的执行；审查和批准本级预算的调整方案；审查和批准本级决算；撤销本级政府关于预算、决算的不适当的决定和命令。

同时，新修订的《预算法》还规定：经人民代表大会批准的预算，非经法定程序，不得调整。各级政府、各部门、各单位的支出必须以经批准的预算为依据，未列入预算的不得支出。

（二）各级财政部门的职权

1. 国务院财政部门的职权

国务院财政部门具体编制中央预算、决算草案；具体组织中央和地方预算的执行；提出中央预算预备动用方案；具体编制中央预算的调整方案；定期向国务院报告中央和地方预算的执行情况。

2. 地方各级政府财政部门的职权

地方各级政府财政部门具体编制本级预算、决算草案；具体组织本级总预算的执行；提出本级预算预备费动用方案；具体编制本级预算的调整方案；定期向本级政府和上一级政府财政部门报告本级总预算的执行情况。

（三）各部门、各单位的职权

1. 各部门的职权

各部门编制本部门预算、决算草案；组织和监督本部门预算的执行；定期向本级政府财政部门报告预算的执行情况。

2. 各单位的职权

各单位编制本单位预算、决算草案；按照国家规定上缴预算收入，安排预算支出，并接受国家有关部门的监督。

四、预算收入与预算支出

根据《预算法》第十九条的规定，预算由预算收入和预算支出组成。

（一）预算收入

预算收入指在预算年度内通过一定的形式和程序，有计划地筹措到的归国家支配的资金，是实现国家职能的财力保证。按来源分，预算收入包括税收收入、依照规定应当上缴的国有资产收益、专项收入和其他收入；从归属上看，预算收入划分为中央预算收入、地方预算收入、中央和地方预算共享收入。

（二）预算支出

预算支出是国家对集中的预算收入有计划地分配和使用而安排的支出。按内容分，预算支出包括经济建设支出、教育、科学、文化、卫生、体育等事业发展支出、国家管理费用支出、国防支出、各项补贴支出、其他支出；从主体上讲，预算支出划分为中央预算支出和地方预算支出。

五、预算组织程序

根据《预算法》的规定，我国预算的组织程序包括预算的编制、预算的审查和批准、预算的执行和预算的调整。

（一）预算的编制

1. 预算年度

预算年度也称财政年度。我国预算年度采用公历年制，自公历 1 月 1 日起至 12 月 31 日止。

2. 预算草案的编制依据

中央预算和地方各级政府预算，应当参考上一年预算执行情况和本年度收支预测进行编制。中央预算和地方各级政府预算按照复式预算编制，复式预算的编制办法和实施步骤，由国务院规定。

中央政府公共预算不列赤字。地方各级预算按照量入为出、收支平衡的原则编制，不列赤字。各级预算收入的编制，应当与国民生产总值的增长率相适应。按照规定必须列入预算的收入，不得隐瞒、少列，也不得将上年的非正常收入作为编制预算收入的依据。

国务院应当及时下达关于编制下一年预算草案的指示。各级政府编制年度预算草案的依据包括法律、法规；国民经济和社会发展计划、财政中长期计划以及有关的财政经济政策；本级政府的预算管理职权和财政管理体制确定的预算收支范围；上一年度预算执行情况和本年度预算收支变化因素；上级政府对编制本年度预算草案的指示和要求。

各部门、各单位编制年度预算草案的依据包括法律、法规；本级政府的指示和要求以及本级政府财政部门的部署；本部门、本单位的职责、任务和事业发展计划；本部门、本单位的定员定额标准；本部门、本单位上一年度预算执行情况和本年度预算收支变化因素。

3. 预算草案的编制内容

中央预算的编制内容包括本级预算收入和支出；上一年度结余用于本年度安排的支出；返还或者补助地方的支出；地方上解的收入。另外，中央财政本年度举借的国内外债务和还本付息数额应当在本级预算中单独列示。

地方各级政府预算的编制内容包括本级预算收入和支出；上一年度结余用于本年度安排的支出；上级返还或者补助的收入；返还或者补助下级的支出；上解上级的支出；下级上解的收入。

同时，新修订的《预算法》还规定：按经省、自治区、直辖市政府批准，乡、民族乡、镇本级预算草案、预算调整方案、决算草案，可以由上一级政府代编，并依照本法第二十一条的规定报乡、民族乡、镇的人民代表大会审查和批准。

（二）预算的审查和批准

中央预算由全国人民代表大会审查和批准。地方各级政府预算由本级人民代表大会审查和批准。

乡、民族乡、镇政府应当及时将经本级人民代表大会批准的本级预算报上一级政府备案。县级以上地方各级政府应当及时将经本级人民代表大会批准的本级预算及下一级政府报送备案的预算汇总，报上一级政府备案。

县级以上地方各级政府将下一级政府依照前款规定报送备案的预算汇总后，报本级人民代表大会常务委员会备案。国务院将省、自治区、直辖市政府依照前款规定报送备案的预算汇总后，报全国人民代表大会常务委员会备案。

（三）预算的执行

各级预算由本级政府组织执行，具体工作由本级政府财政部门负责。预算年度开始后，各级政府预算草案在本级人民代表大会批准前，本级政府可以先按照上一年同期的预算支出数额安排支出；预算经本级人民代表大会批准后，按照批准的预算执行。各级政府预算预备费的动用方案，由本级政府财政部门提出，报本级政府决定。

各级政府应当加强对预算执行的领导，支持政府财政、税务、海关等预算收入的征收部门依法组织预算收入，支持政府财政部门严格管理预算支出。县级以上各级预算必须设立国库；具备条件的乡、民族乡、镇也应当设立国库。

（四）预算的调整

预算调整是指经全国人民代表大会批准的中央预算和经地方各级人民代表大会批准的本级预算，在执行中因特殊情况需要增加支出或者减少收入，使原批准的收支平衡的预算的总支出超过总收入，或者使原批准的预算中举借债务的数额增加的部分发生变更。

经全国人民代表大会批准的中央预算和经地方各级人民代表大会批准的地方各级预算，在执行中出现需要增加或者减少预算总支出的、需要调入预算稳定调节基金的、需要调减预算安排的重点支出数额的、需要增加举借债务数额的四种情况之一的，应当进行预算调整。

各级政府对于必须进行的预算调整，应当编制预算调整方案。中央预算的调整方案必须提请全国人民代表大会常务委员会审查和批准；县级以上地方各级政府预算的调整方案必须提请本级人民代表大会常务委员会审查和批准；乡、民族乡、镇政府预算的调整方案必须提请本级人民代表大会审查和批准。未经批准，不得调整预算。未经批准调整预算，各级政府不得作出任何使原批准的收支平衡的预算的总支出超过总收入或者使原批准的预算中举借债务的数额增加的决定。

六、决算

决算是预算执行的总结。它反映年度国家预算收支的最终结果，是国家经济活动在财政上的集中反映。

（一）决算草案的编制

决算草案是指各级政府、各部门、各单位编制的未经法定程序审查和批准的预算收支的年度执行结果，由各级政府、各部门、各单位在每一预算年度终了后按照国务院规定的时间编制。编制决算草案，必须符合法律、行政法规，做到收支数额准确、内容完整、报送及时。

（二）决算草案的审批

各部门对所属各单位的决算草案，应当审核并汇总编制本部门的决算草案，在规定的期限内报本级政府财政部门审核。各级政府财政部门对本级各部门决算草案审核后发现有不符合法律、行政法规规定的，有权予以纠正。

国务院财政部门编制中央决算草案，报国务院审定后，由国务院提请全国人民代表大会常务委员会审查和批准。县级以上地方各级政府财政部门编制本级决算草案，报本级政府审定后，由本级政府提请本级人民代表大会常务委员会审查和批准。乡、民族乡、镇政府编制本级决算草案，提请本级人民代表大会审查和批准。

（三）决算草案的批复

各级决算草案经本级人民代表大会常务委员批准后，本级财政部门应当在二十日内向本级各部门批复决算，各部门应当在接到本级政府财政部门批复的本部门决算后，十五日内向所属单位批复决算。

七、预、决算的监督

预、决算的监督包括国家权力机关的监督、各级政府的监督、各级政府财政部门的监督及各级政府审计部门的监督。

（一）国家权力机关的监督

全国人民代表大会及其常务委员会对中央和地方预算、决算进行监督。县级以上地方各级人民代表大会及其常务委员会对本级和下级政府预算、决算进行监督。乡、民族乡、镇人民代表大会对本级预算、决算进行监督。

各级政府接受本级人民代表大会及常务委员会对预算执行情况和决算的监督。各级政府应当在每一预算年度内至少两次向本级人民代表大会及常务委员会报告两次预算执行情况。

（二）各级政府、政府财政部门、政府审计部门的监督

各级政府监督下级政府的预算执行；下级政府应当定期向上一级政府报告预算执行情况。

各级政府财政部门负责监督检查本级各部门及其所属各单位预算的编制、执行，并向本级政府和上一级政府财政部门报告预算执行情况。

县级以上政府审计部门依法对预算执行、决算实行审计监督。对预算执行和其他财政收支的审计工作报告应当向社会公开。

第二节　政府采购法律制度

一、政府采购法律制度的构成

从政府采购产生起，世界各国就制定了与之相应的法律制度对它进行规范和约束。随着政府采购实践的发展，政府采购法律制度的内容变得越来越丰富和全面。我国的政府采购法律制度由《中华人民共和国政府采购法》（简称《政府采购法》）、《政府采购法实施条例》（简称

《政府采购条例》)、国务院各部门特别是财政部颁布的一系列部门规章以及地方性法规和政府规章组成。

（一）政府采购法

政府采购法，是指调整各级国家机关、事业单位和团体组织，使用财政性资金依法采购货物、工程和服务活动的法律规范的总称。2002 年 6 月 29 日，第九届全国人民代表大会常务委员会第二十八次会议通过了《政府采购法》，该法于 2003 年 1 月 1 日起开始正式实施，并于 2014 年 8 月 31 日第十二届全国人民代表大会进行了修订，是我国政府采购主要的法律依据。它的立法宗旨是为了规范政府采购行为，提高政府采购资金的使用效益，维护国家利益和社会公共利益，保护政府采购当事人的合法权益，促进廉政建设。

《政府采购法》共分九章八十八条，包括总则、政府采购当事人、政府采购方式、政府采购程序、政府采购合同、质疑与投诉、监督检查、法律责任和附则，是规范我国政府采购活动的根本性法律，也是制定其他政府采购法规制度的基本依据。

（二）政府采购行政法规

2014 年 12 月 31 日，国务院第 75 次常务会议通过《政府采购法实施条例》，该条例自 2015 年 3 月 1 日起施行。

（三）政府采购部门规章

部门规章，是国务院各部门根据法律和行政法规的规定和国务院的决定，在本部门的权限范围内制定和发布的调整本部门范围内的行政管理关系的，且不得与宪法、法律和行政法规相抵触的规范性文件，主要形式是命令、指示、规章等。我国政府采购相关的部门规章，主要是财政部以财政部长令发布实施的政府采购相关文件，包括 2004 年 8 月 11 日发布《政府采购货物和服务招标投标管理办法》(财政部令第 18 号)、《政府采购信息公告管理办法》(财政部令第 19 号)、《政府采购供应商投诉处理办法》(财政部令第 20 号)，以及 2013 年 12 月 19 日发布的《政府采购非招标采购方式管理办法》(财政部令第 74 号)等，这些规章细化了《政府采购法》中的原则性规定，增强了《政府采购法》的可操作性。

另外，国家发展与改革委员会还制定出台了许多与政府采购招投标相关的部门规章，例如《评标专家和评标专家库管理暂行办法》、《中央投资项目招标代理资格管理办法》、《电子招标投标办法》等。

（四）政府采购地方性法规和政府规章

政府采购地方性法规是由省、自治区、直辖市人民代表大会及其常委会在不与法律和行政法规相抵触的情况下制定的规范性文件，政府采购地方性规章是指省、自治区、直辖市人民政府制定的地方规范性文件。这些法规和规章都是以《政府采购法》和政府采购部门规章为依据，结合本地区的实际情况而制定的规范性文件，例如《上海市政府采购管理办法》、《西藏自治区政府采购管理办法(暂行)》、《深圳经济特区政府采购条例》等。

二、政府采购的概念

政府采购，是指国家机构、事业单位和团体组织为从事日常的政务活动或为了满足公共服务的目的，使用财政性资金采购集中采购目录以内或者采购限额标准以上的货物、工程和服务的行为。政府采购不仅是指具体的采购过程，而且是采购政策、采购程序、采购过程及采购管理的总称，是一种对公共采购管理的制度，是一种政府行为。它具有资金来源的公共性、采购目的的非营利性、采购管理的公开性、采购范围的广泛性等特点。完善、合理的政府采购是对社会资源的有效利用，有利于提高财政资金的利用效果，因而是财政支出管理的一个重要环节。

（一）政府采购的主体范围

政府采购的主体范围是按政府采购法律规范进行采购活动的社会主体。在我国，《政府采购法》规定，政府采购的主体主要是指国家机关、事业单位、团体组织。国家机关是指各级政府机关、人大机关、政协机关等，如全国人民代表大会、国务院、地方各级人民代表大会和人民政府、各级人民法院、检察院等；事业单位是指由政府利用国有资产设立的，从事教育、科技、文化、卫生等公共事业活动的社会服务组织，如学校、医院、科研机构等；团体组织是指依法设立的由财政供养的从事公共社会活动的组织，如企业联合会、有关行业协会、民主党派等。国有企业不属于政府采购的主体范围。

（二）政府采购的资金范围

采购资金的性质是确定采购行为是属于政府采购制度规范范围的重要依据。按新修订的《政府采购法》规定，政府采购资金为财政性资金。政府采购法律的这种规定，既体现了我国政府采购制度的特点，也反映了我国公共资金管理的特点。按照财政部的现行规定，财政性资金是指预算内资金、预算外资金，以及与财政性资金相配套的单位自筹资金的总和。预算资金是指财政预算安排的资金，包括预算执行中追加的资金；预算外资金是指按规定缴入财政专户和经财政部门批准留用的未纳入财政预算收入管理的财政性资金；单位自筹资金是指采购机关按照政府采购拼盘项目要求，按规定用单位自有资金安排的资金。这些资金最终来源为纳税人的税收和政府对公共服务的收费。

（三）政府集中采购目录和政府采购限额标准

《政府采购法》明确规定，政府采购实行集中采购与分散采购相结合，即对一些政府认为必须集中采购的产品和服务以及一次性采购数额较大的采购，实行集中采购。对于未列入采购目录、一次性采购数额在限额标准以下采购的采取分散采购的方式。

对于政府采购集中和分散范围的处理，各国通常有两种方式：

第一，实行集中采购目录制，即由政府采购管理部门来确定政府各部门、事业单位和社会团体采购的相关品目，如汽车、电脑、传真设备等，凡是被纳入该项目的品目，不管采购的金额有多大，都必须实行集中统一采购，并由政府采购监督管理部门统一组织、协调。

第二，实行政府采购限额标准制度，即规定政府各相关单位的一次性采购金额超过一定数额以上的，必须实行统一集中采购。这种制度被不少国家和组织采用，如美国规定，凡采购金额在 2 500 美元以下的，属于小额采购；2 500 美元到 25 000 美元之间的，实行询价采购；25 000 美元以上的，实行公开竞争采购。

《政府采购法》所称的政府采购，是指各级国家机关、事业单位和团体组织，使用财政性资金采购依法制定的集中采购目录以内的或者采购限额标准以上的货物、工程和服务的行为。集中采购的范围由省级以上人民政府公布的集中采购目录确定。

（四）政府采购的对象范围

为了满足实现社会公共职能的需要，政府及其相关部门需要进行各种各样的采购，其对象非常庞杂。为了管理和统计，国际上通行的做法是按其性质将采购内容分为三大类：货物、工程和服务。在我国，根据《政府采购法》的规定，货物是指各种形态和种类的物品，包括原材料、燃料、设备、产品等。工程是指建设工程，包括建筑物和构筑物的新建、改建、扩建、装修、拆除、修缮等。服务是指除货物和工程以外的其他政府采购对象。其中，货物是政府为发挥职能所采购的最常见的对象。

三、政府采购的原则

明确政府采购应当遵循的基本原则，是《政府采购法》立法宗旨的具体体现方式。政府采购的原则是指在建立政府制度、颁布政府采购法律法规、实施政府采购活动以及管理政府采购事务中所遵循的基本指导思想。根据《政府采购法》第三条的规定，政府采购应当遵循公开透明原则、公平竞争原则、公正原则和诚实信用原则。

（一）公开透明原则

公开透明是指政府采购所进行的有关活动都必须公开进行，包括采购数量、质量、规格、要求等都要公开。这是政府采购必须遵循的基本原则之一，政府采购被誉为“阳光下的交易”，即源于此。公开透明原则是各国通用的原则之一，贯穿政府采购活动的全过程中，要求做到法规和程序公开；采购的项目要求、合同条件、过程、结果等信息公开；采购活动要逐项做好记录以备审查监督；招标信息及中标或成交结果要公开；开标活动要公开；投诉处理结果或司法裁判决定等都要公开，使政府采购活动在完全透明的状态下运作，全面、广泛地接受监督。

在政府采购中贯彻这一原则使政府采购体制透明化，有助于提高政府采购的效率，减少和消除“暗箱操作”给国家和公民利益带来的损害，使得政府公共支出渠道更加通畅透明。在实践中，我国政府采购的公开原则主要从三个方面得以体现：一是公开的内容，即公开政府采购的法律、法规、行政规章和政策，公开政府采购的项目、条件、过程和开标结果；二是公开的标准，即全面、合法、时效以及以容易理解和容易获得的方式公布政府采购的信息；三是公开的途径，即通过报纸、杂志、广播、电视、互联网等媒介公开。在我国，财政部规定了发布政府采购信息的三个官方途径为《中国财经报》、《中国政府采购》杂志和中国政府采购网。

（二）公平竞争原则

公平竞争原则主要从竞争性原则和公平性原则两方面分别进行考察。政府采购的目标之一就是提高政府采购的效率。在市场经济条件下，实现这种目标的重要途径就是引入竞争机制，即最大限度地利用供应商之间的激烈竞争。政府采购中竞争原则主要是通过招标广告或竞争邀请来实现的。政府采购的公平性原则主要有两方面的内容：一是机会均等；二是待遇平等。机会均等是指政府采购应允许所有有权参加投标的供应商、承包商、服务提供者参与竞争；待遇平等是指政府采购应对所有的参加者一视同仁，给予其同等的待遇。公平性原则是实现采购目标的重要保证。

（三）公正原则

公正原则是指在公开、公平原则上所取得的结果和整个操作程序和过程的公正。公正原则主要体现在确定采购商上，政府采购主管部门相对于作为被监督人的多个当事人而言，应不偏袒和歧视任何供应商，不滥用手中的权力，站在中立、公允、超然的立场上，对于每位相对人都要平等对待、一视同仁，而不厚此薄彼。公正原则是建立在公开透明和公平的基础上，只有公开透明和公平，才能有公正的政府采购结果。

（四）诚实信用原则

诚实信用原则本是民事活动的基本原则，政府采购既包括民事因素也包括公共管理的因素，也应遵守民事活动的基本原则。诚实信用原则约束的是政府采购活动中的各方当事人，要求各方当事人诚实守信，尊重他人利益和公共利益，忠实地履行约定的义务。

四、政府采购的功能和执行模式

（一）政府采购的功能

政府采购是财政支出的一项重要内容，它理所当然具有重要的财政意义；政府采购又是政府的一种经济行为，会对一国的经济和政治产生一定的影响；政府采购还在跨国的经济交往中发挥重要作用。归纳起来，政府采购的功能如下：从财政角度看，政府采购具有节约财政支出，提高采购资金的使用效益的功能；从政府角度看，政府采购具有强化宏观调控的功能；从经济角度看，政府采购具有活跃市场经济的功能；从政治角度看，政府采购具有推进反腐倡廉的功能；从国际贸易角度看，政府采购具有保护民族产业的功能。

1. 节约财政支出，提高采购资金的使用效益

推行政府采购的初衷就是为了加强财政支出管理。因此，节约财政支出是政府采购的基本功能，它源自于其制度本身固有的利益激励约束机制。节约财政支出主要表现在两个方面：一是从投入的财政资金的量上看，政府采购可以适当节约资金；二是从采购的对象上看，政府采购可以提高财政资金的使用效益。据财政部数据显示，中国政府采购规模由 2002 年的 1 009 亿元增加到 2011 年的 11 300 多亿元，十年间节约资金 6 600 多亿元[①]。

2. 强化宏观调控

财政政策和货币政策是政府实现宏观调控的两大传统政策工具。财政政策寓于财政收支之中，相应地，财政政策也分为财政收入政策和财政支出政策。政府采购是财政支出的重要组成部分，是实现财政支出政策的重要工具。政府在政府采购市场中处于有利地位，可以通过调整采购规模、采购时间、采购项目、采购规则等方式来实现特定的宏观调控目标。

在我国当前的经济发展背景下，政府采购作为一种重要的宏观调控手段，在社会总需求控制、产业和产品结构调整以及地区间经济发展平衡等方面发挥的作用越来越得到凸显。

3. 活跃市场经济

政府采购是政府与供应商之间进行的交易，遵循着公开、公平、公正的原则，在竞标过程中执行严密、透明的“优胜劣汰”机制，这些因素能很好地调动供应商参与政府采购的积极性，进而推动国内产品走向国际市场，从而带动整个国内市场经济的繁荣。政府采购活跃市场经济主要表现在以下几个方面：

（1）政府采购使政府正常运转需要的货物、需建的工程和服务，由政府自产、自建、自管转为全方位面向市场开放，极大地活跃了市场经济。

（2）政府采购的公开招标、竞争性谈判等方式，促使企业按市场经济的规律运行，不断提高产品质量，提高服务质量，提高产品竞争力等，也促使市场经济的活跃。

---

① 数据来源：2012 年 7 月 9 日的《人民日报》。

(3) 政府宏观调控，加大投资，促进内需，大多通过政府采购渠道来进行。大量的政府采购行为使市场经济更加活跃。

4. 推进反腐倡廉

政府采购作为一项制度安排可以从两方面推进政府的反腐倡廉工作。一方面，政府采购行为主体有着各自不同的利益，在内在利益的驱动下，能形成互相监督的机制，这种内在的监督机制有利于防治腐败；另一方面，在实践过程中，实行政府采购制度的国家都建立了一整套外在的监督机制，包括法律监督、主管部门监督、各级纪检监察部门的监督、审计监督、新闻媒体监督、纳税人监督等。其中，最主要的是法律监督，最广泛、最有力的是纳税人监督。

另外，政府采购的透明度是推进反腐倡廉的保证。只有透明化的政府采购才能让公众参与监督，如果采购过程不透明，会为"暗箱操作"提供提供条件，容易滋生腐败。

5. 保护民族产业

政府采购是世界各国普遍采取的保护国内产业的有效手段。政府采购制度在引入竞争机制的同时，实行"国货优先"的原则，可以有效保护和扶持民族产业。

WTO 的一项基本原则是非歧视原则，即实行国民待遇原则。如果成员国之间没有签署《政府采购协议》，政府采购领域就不在规则之中，可以不实行国民待遇。因此，成员国可利用政府采购来保护民族产业。

应该强调的是，保护民族产业是有前提的，我们不保护落后，应该在"保护"中发展民族产业。民族产业自身应不断地寻求发展之路，只有在民族产业自身力量壮大的基础上，"保护"才是有效的。

政府采购的五大功能有内在的联系，均蕴含在政府采购行为当中。市场经济给政府采购节支，政府采购给市场经济活力；推进反腐倡廉功能是节约财政支出这一经济功能在政治上的升华；保护民族产业的功能从某种程序上也可以看成是强化宏观调控功能的一个分支。同时，各功能之间也存在着一定的矛盾。例如强化宏观调控、保护民族产业与节约财政支出之间有时难以做到协调一致。

(二) 政府采购的执行模式

当今世界各国政府采购的执行模式主要有集中采购模式、分散采购模式和半集中半分散采购模式三种。根据《政府采购法》的规定，我国政府采购实行集中采购和分散采购相结合。采购人采购纳入集中采购目录的政府采购项目，应当实行集中采购。

1. 集中采购

集中采购是指由政府专门设立的职能机构统一为采购人提供采购服务的一种采购组织实施形式。按照《政府采购法》的规定，集中采购必须委托集中采购机构代理采购。设区的市、自治州以上人民政府根据本级政府采购项目组织集中采购的需要，设立集中采购机构。集中采购的特点是采购权与使用权高度分离，采购权集中于政府专门设立的职能机构手中，英、美等多国在政府采购制度确立的相当长的时期内，均采取这种采购模式。

实行集中采购有利于取得规模效益、降低采购成本、保证采购质量、贯彻落实政府采购有关政策取向，便于实施统一的管理和监督。不利之处是难以适应紧急情况采购、难以满足用户多样性需求、采购程序复杂、采购周期较长等。

2. 分散采购

分散采购是指在政府采购的范畴内，采购人对集中采购目录以外，或者限额标准以下的货物、工程及服务进行的非集中采购。作为政府采购两种组织形式之一，分散采购可由采购单位自己组织，也可委托采购代理机构组织实施。但不是随意采购，必须按照政府采购程序实施。分散采购的特点是采购者和使用者、采购权和使用权合一，其采购主体众多，采购权相对分散。自新中国建立以来，我国长期采用这种采购模式。

实行分散采购有利于满足采购及时性和多样性的需求，手续简单。不利之处是失去了规模效益，加大了采购成本，不便于监督管理等。

五、政府采购当事人

根据《政府采购法》第十四条的规定，政府采购当事人是指在政府采购中享有权利和承担义务的各类主体，包括采购人、供应商和采购代理机构等。其中，采购人是指依法进行政府采购的国家机关、事业单位和团体组织；采购代理机构是指集中采购机构，是非营利事业法人，根据采购人的委托办理采购事宜。设区的市、自治州以上人民政府根据本级政府采购项目组织集中采购的需要，设立集中采购机构，采购人采购纳入集中采购目录的采购项目，必须委托集中采购机构代理；供应商是指向采购人提供货物、工程或者服务的法人、其他组织或者自然人，供应商参加政府采购活动应当具备《政府采购法》规定的各项条件。

（一）采购人

采购人是政府采购中货物、工程和劳务的直接需求者，一般具有两个重要特征：一是依法进行政府采购的国家机关、事业单位和团体组织；二是采购人采购行为从策划、决策到实施，都是在政府采购的各项法律、法规和规章制度规定范围内进行。

1. 采购人的权利

（1）自行选择采购代理机构的权利；

（2）要求采购代理机构遵守委托协议约定的权利；

（3）审查政府采购供应商的资格的权利；

（4）依法确定中标供应商的权利；

（5）签订采购合同并参与对供应商履约验收的权利；

（6）特殊情况下提出特殊要求的权利，例如，对于纳入集中采购目录属于本部门、本系统有特殊要求的项目，可以实行部门集中采购；属于本单位有特殊要求的项目，经省级以上人民政府批准，可以自行采购；

（7）其他合法权利。

2. 采购人的义务

（1）遵守政府采购的各项法律、法规和规章制度；

（2）接受和配合政府采购监督管理部门的监督检查，同时还要接受和配合审计机关的审计监督以及监察机关的监察；

（3）尊重供应商的正当合法权益；

（4）遵守采购代理机构的工作秩序；

（5）在规定时间内与中标供应商签订政府采购合同；

（6）在指定媒体及时向社会发布政府采购信息、招标结果；

（7）依法答复供应商的询问和质疑；

（8）妥善保存反映每项采购活动的采购文件；

(9) 其他法定义务。

(二) 供应商

供应商是指向采购人提供货物、工程或者服务的法人、其他组织或者自然人。政府采购供应商可以由不同属性的行为主体担任,其参加政府采购活动应当具备下列条件:具有独立承担民事责任的能力;具有良好的商业信誉和健全的财务会计制度;具有履行合同所必需的设备和专业技术能力;有依法缴纳税收和社会保障资金的良好记录;参加政府采购活动前三年内,在经营活动中没有重大违法记录;法律、行政法规规定的其他条件。

1. 供应商的权利

(1) 平等地取得政府采购供应商资格的权利;

(2) 平等地获取政府采购信息的权利;

(3) 自由、平等地参加政府采购竞争的权利;

(4) 就政府采购活动事项提出询问、质疑和投诉的权利;

(5) 自由、平等地签订政府采购合同的权利;

(6) 要求采购人或采购代理机构保守其商业秘密的权利;

(7) 监督政府采购依法公开、公正进行的权利;

(8) 其他合法权利。

2. 供应商的义务

(1) 遵守政府采购各项法律、法规和规章制度;

(2) 按规定接受资格审查,并在资格审查中客观真实地反映自身情况;

(3) 在政府采购活动中,满足采购人或采购代理机构的正当要求;

(4) 投标中标后,按规定程序签订政府采购合同并严格履行合同义务;

(5) 其他法定义务。

(三) 采购代理机构

采购代理机构是指在政府采购活动中根据采购人的委托,代理政府采购事宜的机构,包括集中采购机构和一般采购代理机构。

集中采购机构不是政府行政机关,而是非营利性事业单位,其采购代理资格不需政府特别认定,如各级政府成立的政府采购中心就是典型的集中采购机构。

一般采购机构是指取得财政部门认定资格的,依法接受采购人委托,从事政府采购货物、工程和服务采购代理业务的社会中介机构。一般代理机构的政府采购代理资格认定,由财政部和省、自治区、直辖市人民政府财政部门认定,分甲级资格和乙级资格两种,甲级资格的认定工作由财政部负责,乙级资格的认定工作由申请人工商注册所在地的省级人民政府财政部门负责。

政府采购代理机构作为一种特殊的利益主体,应自觉遵守政府采购各项法律、法规和规章制度,严格按照政府采购运行规程从事政府采购代理业务。其义务和责任主要包括依法接受采购人委托,组织政府采购活动;依法公布采购信息;接受并答复供应商的质疑,协助政府有关管理部门处理政府采购投诉;接受政府采购监督管理部门的监督;对从事政府采购代理业务中获知的依法不能公开的资料、信息和商业秘密承担保密义务;不得向采购人行贿或者采取其他不正当的手段谋取非法利益。

六、政府采购方式

为了规范政府采购当事人的采购行为，维护社会公共利益和政府采购招标投标活动中当事人的合法权益，《政府采购法》规定政府采购的主要方式有公开招标、邀请招标、竞争性谈判、单一来源、询价及国务院政府采购监督管理部门认定的其他采购方式。规范的政府采购要按一定程序进行，采购方式不同，其采购程序也不一样，适用的范围也不一样。

（一）公开招标采购

公开招标，作为政府采购的主要采购方式，是采购人或其委托的采购代理机构根据已确定的采购需求，以招标公告的方式邀请不特定的供应商参与投标，从中确定最佳中标供应商，并与其签订政府采购合同的一种采购方式。采购人采购货物或者服务项目达到公开招标数额标准的，必须采用公开招标方式，采购人不得将应当以公开招标方式采购的货物或者服务化整为零或者以其他任何方式，规避公开招标采购。

公开招标采购适用于所采购产品具有竞争性，能向所有供应商提供公平的政府采购项目机会的产品。其采购程序依次为发放或领取招标文件、投标、开标、评标、决标以及授予合同。

（二）邀请招标采购

邀请招标采购也是一种使用较普遍的政府采购方式，是指由采购人根据供应商或承包商的资信和业绩，选择一定数目的法人或其他组织，一般不能少于三家，向其发出招标邀请书，邀请他们参与投标竞争，从中选定中标的供应商。邀请招标采购带有局限性，不利于充分竞争。一般情况下都限制邀请招标的使用，同时严格规定其适用条件，只有采购复杂的项目时才允许使用。邀请招标的适用范围是政府采购的货物和服务项目，不包括工程项目。

根据《政府采购法》第二十九条规定，符合下列情形之一的货物或者服务，可以依照本法采用邀请招标方式采购：

1. 具有特殊性，只能从有限范围的供应商处采购的；
2. 用公开招标方式的费用占政府采购项目总价值的比例过大的。

（三）竞争性谈判采购

竞争性谈判采购是指采购人或其委托的采购代理机构通过与三家以上的供应商进行谈判，最后从中确定中标供应商的一种采购方式。采购中的谈判是指采购和销售双方就交易的条件达成一项双方都满意的协议的过程。竞争性谈判采购的程序依次为：成立谈判小组、制定谈判文件、确定邀请参加谈判的供应商名单、谈判、确定成交供应商。

竞争性谈判采购由于不能最有效地促进竞争、节约费用和实现高效率，因此《政府采购法》规定符合下列情形之一的货物或者服务，可以依照本法采用竞争性谈判方式采购：

1. 招标后没有供应商投标或者没有合格标的或者重新招标未能成立的；
2. 技术复杂或者性质特殊，不能确定详细规格或者具体要求的；
3. 采用招标所需时间不能满足用户紧急需要的；
4. 不能事先计算出价格总额的。

（四）单一来源采购

单一来源采购也称直接采购，是指采购机关向供应商直接购买的采购方式。《政府采购法》规定了其适用条件：只能从唯一的供应商处采购的；发生了不可预见的紧急情况，不能从其他供应商处采购的；必须保证原有采购项目一致性或服务配套的要求，需要继续从原供应商处添购，且添购资金总额不超过原合同采购金额10%的。

采用单一来源采购的，应当遵循的采购程序依次为：确定采购需求、预测采购风险、确定单一来源采购方式、资格审查、执行采购方式、签订采购合同、履行采购合同、验收、结算、效益评估。

（五）询价采购

询价采购是指采购单位向国内外有关供应商（通常不少于三家）发出询价单，然后对供应商提供的报价进行比较，并确定中标供应商，以确保价格具有竞争性的采购方式。

采购的货物规格、标准统一，现货货源充足且价格变化幅度小的政府采购项目，可以依照《政府采购法》规定，采用询价方式采购。

七、政府采购的监督检查

政府采购监督是指对政府采购的各主体在采购过程中发生的行为进行监督的行为和活动，是财政部门的重要职责之一。完整、规范的监督机制是政府采购制度有效实施的根本保证。

根据《政府采购法》第五十九条规定，政府采购监督管理部门应当加强对政府采购活动及集中采购机构的监督检查。政府采购监督管理部门不得设置集中采购机构，不得参与政府采购项目的采购活动，其监督检查的主要内容包括：有关政府采购的法律、行政法规和规章的执行情况；采购范围、采购方式和采购程序的执行情况；政府采购人员的职业素质和专业技能。

集中采购机构应当建立健全的内部监督管理制度。采购活动的决策和执行程序应当明确，并相互监督、相互制约。经办采购的人员与负责采购合同审核、验收人员的职责权限应当明确，并相互分离。

此外，审计机关、监察机关应当对政府采购进行监督。任何单位和个人对政府采购活动中的违法行为，有权控告和检举，有关部门、机关应当依照各自职责及时处理。

第三节　国库集中收付制度

一、我国国库集中收付制度发展沿革

在建立与市场经济体制相适应的公共财政的大背景下，为了推行国库单一账户制度，我国于2000年开始着手推进国库集中收付制度的改革，并做了大量的前期研究和准备工作。

2001年2月28日，国务院第95次总理办公会议原则同意了财政部和中国人民银行联合上报的《财政国库管理制度改革方案》，确立了中国财政国库管理制度改革的目标、指导思想和原则、改革的内容、配套措施及实施步骤。2001年3月16日，财政部和中国人民银行联合发布了《财政国库管理制度改革试点方案》。根据该方案的设想，自2001年起，选择几个中央部门和部分省市率先实施国库集中收付制度试点，“十五”期间在中央和地方全面实施国库单一账户制度，逐步建立以国库单一账户制度为基础，资金缴拨以国库集中收付为主要形式的财政国库管理制度。2002 年，财政部和中国人民银行又联合印发了《中央单位国库管理制度改革试点资金支付管理办法》。

截至 2007 年底，所有中央部门及所属 9 300 多个基层预算单位实施了国库集中支付改革。地方 36 个省、自治区、直辖市和计划单列市，300 多个地市，1 300 多个县(区)，超过 23 万个基层预算单位实施了国库集中支付改革。绝大部分省本级预算单位已实施改革，并进一步扩大改革资金范围，将政府性基金、预算外资金等财政性资金纳入到国库集中支付改革范围。2012 年底前，我国县以上各级所有预算单位、有条件的乡级预算单位全部实行了国库集中收付制度。

二、国库集中收付制度

国库集中收付制度一般也称为国库单一账户制度，是指由财政部门代表政府设置国库单一账户体系，所有的财政性资金均纳入国库单一账户体系收缴、支付和管理的一种结算制度。国库集中收付制度包括国库集中支付制度和收入收缴管理制度，其主要内容是建立国库单一账户体系，所有财政性资金都纳入国库单一账户管理，收入直接缴入国库或财政专户，支出通过国库单一账户体系，按照不同支付类型，采用财政直接支付与授权支付的方法，支付到商品或货物供应者或用款单位。该制度的实行，改革了以往财政性资金主要通过征收机关和预算单位设立多重账户分散进行缴库和拨付的方式，有利于财政性资金按规定程序在国库单一账户体系内规范运作，有利于收入缴库和支出拨付过程的有效监管，有利于预算单位的用款及时和便利，解决了财政性资金截留、挤占、挪用等问题。

三、国库单一账户体系

国库单一账户体系是指在财政国库管理制度改革中设立的政府资金管理的银行账户体系，主要包括财政部门在中国人民银行开设的国库单一账户，财政部门在商业银行(代理银行)开设的用于财政直接支付的零余额账户，财政部门在商业银行(代理银行)为预算单位开设的零余额账户，用于核算预算外资金的财政专户，以及用于核算特殊性质资金的特设专户等。这里的代理银行是指由财政部门确定的、具体办理财政性资金(包括财政预算内资金、纳入财政预算管理的政府性基金、纳入财政专户管理的预算外资金和其他财政性资金)支付业务的商业银行。

(一) 国库单一账户

国库单一账户是国库财政性存款账户，用于记录和反映纳入预算管理的财政收入和支出活动，以及与零余额账户进行清算，实现支付。该账户为国库存款账，由财政部门在中国人民银行总行或其地方分支行开设，未设中国人民银行分支机构的地区，在国库代理银行开设。该账户按财政收支设置分类账，收入按预算设立明细账，支出按资金使用性质设立明细账。

(二) 零余额账户

零余额账户包括财政部门零余额账户和预算单位零余额账户，是预算资金的日常支付账户，用于记录和反映预算资金的日常支付活动，并与国库单一账户进行清算。

财政部门零余额账户是财政部门自身按资金使用性质在商业银行(代理银行)开设的零余额账户，用于直接财政支付与国库单一账户的清算。该账户每日发生的支付，应于当日营业终了前与国库单一账户清算，单笔支付额在5 000万元人民币(含5 000万)以上的，应及时与国库单一账户清算。该账户不可提取现金，在国库会计中使用。

预算单位零余额账户是财政部门为预算单位在商业银行(代理银行)开设的零余额账户。该账户用于财政授权支付和清算，该账户每日发生的支付，应于当日营业终了前由代理银行在财政部门批准的预算单位用款额度内与国库单一账户清算，单笔支付额在5 000万元人民币(含5 000万)以上的，应及时与国库单一账户清算。预算单位零余额账户可以办理转账、提取现金等结算业务，在行政单位会计和事业单位会计中使用。

零余额账户每个营业日发生的借方或贷方余额在营业终了与国库单一账户清算，从而保证了财政性资金在实际支付发生前不流出国库单一账户。

(三) 预算外资金财政专户

财政部门在商业银行开设预算外资金财政专户，一般按预算单位性质或资金性质设置收入明细账，按预算单位设置支出明细账，用于记录、核算和反映预算外资金的收支活动，并用于预算外日常收支的核算。该账户核算的内容为没有纳入预算管理的各种预算外资金，在财政部门设立和使用。随着财税体制改革的不断深化，该账户的作用越来越小。

(四) 特设专户

该账户是经国务院和省级人民政府批准或授权财政部门开设的特殊过渡性专户。如对粮食风险基金可以按规定为其设立专门账户。该账户用于记录、核算和反映预算单位的特殊专项支出活动，并用于与国库单一账户清算。特设专户在按规定申请设置了特设专户的预算单位使用，并且有数量上的严格控制。

上述四类账户的集合，构成了我国国库单一账户体系。它涵盖了我国目前所有财政性资金管理，同时又容纳了某些过渡性规定，其中国库单一账户和零余额账户为财政性资金收支的基本账户。财政部门是持有和管理国库单一账户体系的职能部门。

四、财政收入收缴方式和程序

(一) 财政收入收缴方式

财政收入，是指政府为履行其职能，实施公共政策和提供公共物品与服务需要而筹集的一切资金的总和。我国将财政收入分为税收收入、国有资产收益、行政事业性收费收入等，其收缴分为直接缴库和集中汇缴两种方式。

1. 直接缴库

直接缴库是指由缴款单位或缴款人按有关法律法规规定，直接将收入缴入国库单一账户，属预算外资金的，则直接缴入预算外资金财政专户，不再设立各类过渡性账户。

2. 集中汇缴

集中汇缴是由征收机关和依法享有征收权限的单位按规定，将所收取的应缴收入汇总直接缴入国库单一账户，属预算外资金的，则直接缴入预算外资金财政专户，也不再通过过渡性账户收缴。实行集中汇缴方式的收入，主要包括小额零散税收和非税收入中的现金缴款。

（二）财政收入收缴程序

1. 直接缴库程序

直接缴库的税收收入，由纳税人或税务代理人提出纳税申报，经征收机关审核无误后，由纳税人通过开户银行将税款缴入国库单一账户。直接缴库的其他收入，比照上述程序缴入国库单一账户或预算外资金财政专户。

2. 集中汇缴程序

小额零散税收和法律另有规定的应缴收入，由征收机关于收缴收入的当日汇总缴入国库单一账户。非税收入中的现金缴款，比照本程序缴入国库单一账户或预算外资金财政专户。

五、财政支出支付方式和程序

按照国库管理办法的规定，财政支出总体上分为购买性支出和转移性支出。根据支付管理需要，购买性支出可具体分为三类：工资支出，即预算单位的工资性支出；购买支出，即预算单位除工资支出、零星支出之外购买服务、货物、工程项目等支出；零星支出，即预算单位购买支出中的日常小额部分，除《政府采购品目分类表》所列品目以外的支出，或虽列入《政府采购品目分类表》所列品目，但未达到规定数额的支出；转移支出，即拨付给预算单位或下级财政部门，未指明具体用途的支出，包括拨付企业补贴和未指明具体用途的资金、中央对地方的一般性转移支付等。

（一）财政支出支付方式

按照不同的支付主体，对不同类型的支出，财政性资金的支付方式实行财政直接支付和财政授权支付两种方式：

1. 财政直接支付

财政直接支付是指由财政部门向中国人民银行和代理银行签发支付指令，代理银行根据支付指令通过国库单一账户体系将资金直接支付到收款人（即商品或劳务的供应商等，下同）或用款单位（即具体申请和使用财政性资金的预算单位，下同）账户。

2. 财政授权支付：

财政授权支付指预算单位按照财政部门的授权，自行向代理银行签发支付指令，代理银行根据支付指令，在财政部门批准的预算单位的用款额度内，通过国库单一账户体系将资金支付到收款人账户。

（二）财政支出支付程序

1. 财政直接支付程序

预算单位实行财政直接支付的财政性资金包括工资支出、工程采购支出、物品和服务采购支出。财政直接支付的申请由一级预算单位汇总，填写“财政直接支付汇总申请书”，报财政部门国库支付执行机构。

财政部门国库支付执行机构审核一级预算单位提出的支付申请无误后，开具“财政直接支付汇总清算额度通知单”和“财政直接支付凭证”，经财政部门国库管理机构加盖印章签发后，分别送中国人民银行和代理银行。代理银行根据“财政直接支付凭证”，及时将资金直接支付给收款人或用款单位。代理银行依据财政部门国库支付执行机构的支付指令，将当日实际支付的资金，按一级预算单位分预算科目汇总，附实际支付清单与国库单一账户进行资金清算。代理银行根据“财政直接支付凭证”办理支出后，开具“财政直接支付入账通知书”，发一级预算单位和基层预算单位。“财政直接支付入账通知书”作为一级预算单位和基层预算单位收到或付出款项的凭证。一级预算单位有所属二级或多级预算单位的，由一级预算单位负责向二级或多级预算单位提供收到和付出款项的凭证。预算单位根据收到的支付凭证做好相应会计核算。其程序如图 9－1 所示：

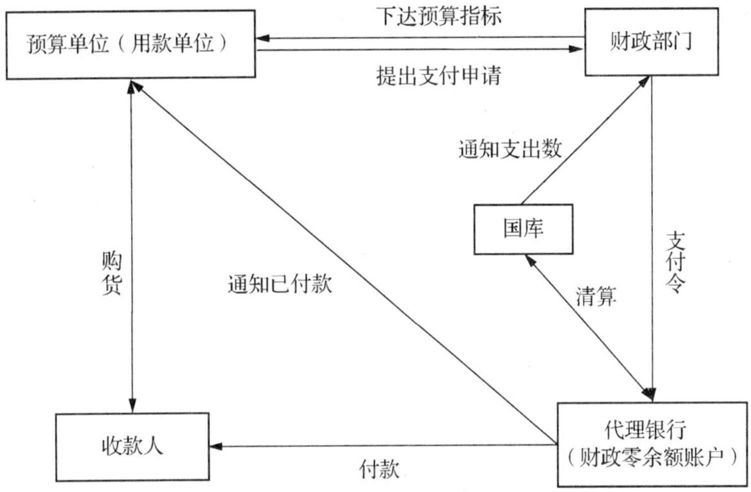

图 9－1　财政直接支付程序图

2. 财政授权支付程序

财政授权支付程序适用于未纳入工资支出、工程采购支出、物品、服务采购支出管理的购买支出和零星支出，包括单件物品或单项服务购买额不足 10 万元人民币的购买支出和年度财政投资不足 50 万元人民币的工程采购支出，以及特别紧急的支出和经财政部门批准的其他支出。

财政部门根据批准的一级预算单位用款计划中月度授权支付额度，每月 25 日前以“财政授权支付汇总清算额度通知单”、“财政授权支付额度通知单”的形式分别通知中国人民银行、代理银行。

代理银行在收到财政部门下达的“财政授权支付额度通知单”时，向相关预算单位发出“财政授权支付额度到账通知书”。

基层预算单位根据“财政授权支付额度到账通知书”所确定的额度支用资金；代理银行凭据“财政授权支付额度通知单”受理预算单位财政授权支付业务，控制预算单位的支付金额，并与国库单一账户进行资金清算。

预算单位支用授权额度时，填制财政部门统一制定的“财政授权支付凭证”，送代理银行，代理银行根据“财政授权支付凭证”，通过零余额账户办理资金支付。其程序如图 9－2 所示：

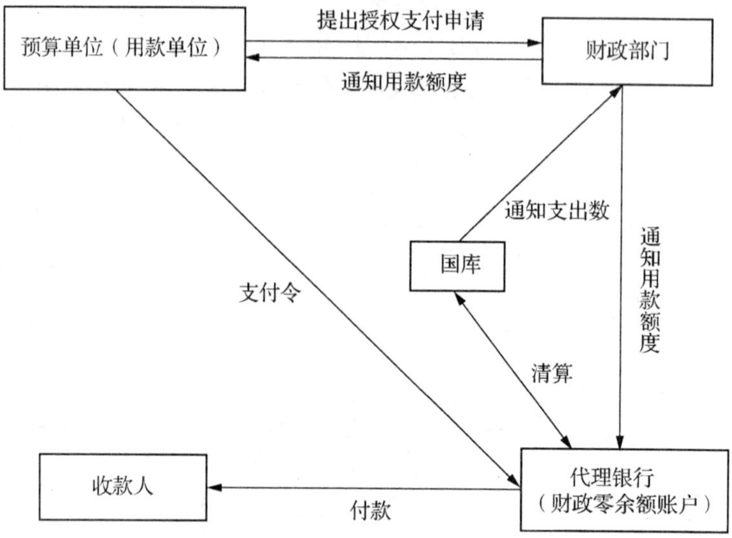

图 9-2　财政授权支付程序图

第四节　案例分析

【案例 9-1】

【案例分析目的】熟悉预算法律制度

【案例分析资料】

在一次关于国家预算研讨会上，部分参会代表的发言如下：

甲：国家预算是指经法定程序批准的，国家在一定期间内预定的财政收支计划，是国家进行财政分配的依据和宏观调控的重要手段。国家预算在经济生活中主要起到财力保证、调节制约、统计和反映监督的作用。

乙：我国的国家预算实行一级政权一级预算的多级次预算。

丙：我国社会主义国家预算是具有法律效力的基本财政计划，是国家为了实现政治经济任务，有计划地集中和分配财政收入的重要工具，是国家经济政策的反映。

丁：我国的预算收入主要采取无偿划拨的形式，是社会主义经济的内部积累；我国的预算支出，主要用于经济建设和文化、教育、科学、卫生以及社会福利事业等。

戊：部门单位预算是由本部门所属各单位预算组成，各单位预算草案由其主管部门负责编制。

己：部门单位预算应具体由各预算部门和单位编制，是总预算的基础。

庚：我国国家预算级次结构是依据国家政权结构、经济发展区域规划、行政区域划分和财政管理体制设计的。

【案例分析要求】

以上代表的发言，哪些说法是不正确的，并说明理由。

【案例评析】

甲代表认为"国家预算在经济生活中主要起到财力保证、调节制约、统计和反映监督的作用"是错误的。理由:国家预算的作用包括财力保证、调节制约和反映监督的作用。

丁代表认为"我国的预算收入主要采取无偿划拨的形式,是社会主义经济的内部积累"是错误的。理由:我国的预算收入采用税收等形式,而不是无偿划拨的形式。

戊代表认为"各单位预算草案由其主管部门负责编制"是错误的。理由:各部门编制本部门的预算、决算草案。各单位的预算管理职权规定各单位编制本单位预算、决算草案。

【案例 9－2】

【案例分析目的】熟悉政府采购法律制度

【案例分析资料】

甲单位是一家行政单位。2010 年 3 月,审计机构对甲单位 2009 年度预算执行情况进行检查,发现 2009 年 8 月,甲单位为采购一台精密仪器 A 设备以邀请招标的方式向 2 家设备供应商发出投标邀请书。甲单位未认真审核供应商资质,直接选择了报价低的供应商 B 企业,但 B 企业不具备生产该类精密仪器的资质而且财务情况混乱,未中标供应商 C 企业向甲单位提出质疑,但甲单位不予以答复。政府采购监管部门接到 C 企业投诉后对甲单位进行调查,发现甲单位未按照规定保管该项采购活动的采购文件。

【案例分析要求】

(1) 在邀请招标方式中受邀参与投标的供应商数量是否正确?是否符合《政府采购法》的规定?应如何处理?

(2) 简要分析政府采购的作用与功能。

【案例评析】

(1) 邀请招标是指采购人或其委托的政府采购代理机构以投标邀请书的方式邀请三家或三家以上特定的供应商参与投标的采购方式。题中 2 家不符合规定,应邀请 3 家及以上。

(2) 政府采购的作用与功能包括节约财政支出,提高采购资金的使用效益;强化宏观调控;活跃市场经济;推进反腐倡廉 ;保护民族产业。

【案例 9－3】

【案例分析目的】熟悉国库集中收付制度

【案例分析资料】

甲单位系一家中央事业单位,已执行国库集中支付制度。2014 年 1 月,甲单位内部审计部门对甲单位 2013 年度的预算执行、资产管理、政府采购、会计核算等进行了全面检查,提出了以下需要进一步研究的事项:

(1) 5 月,甲单位经管理层决定,将一栋商铺(价值 800 万元)出租给某餐饮企业,每年收取租金 500 万元,甲单位将所取得的租金纳入单位预算,全部留抵本单位。

(2) 甲单位当年实际取得的事业收入较批准的事业收入预算数超出 60 万元。甲单位考虑当年物价上涨幅度较大等因素,在年末从该项超收收入中支出 40 万元,以补贴形式一次性发放给职工。

(3) 12 月,甲单位 A 研究项目通过了专家鉴定,完成结项,剩余财政资金 50 万元。甲单位鉴于B项目任务越来越重，人员经费紧张，经单位管理层研究决定，将A项目结余资金50万元用于补助B项目人员经费。

【案例分析要求】

请根据财政法律制度相关规定，判断甲单位对事项(1)、(2)的处理是否正确，如不正确，请说明理由；指出事项(3)中的不当之处，并分别说明正确的处理方法。

【案例评析】

事项(1)处理不正确。理由：甲单位以国有资产对外出租，单位价值在800万元以上(含800万元的)应当报经主管部门审核同意后，报财政部审批。中央级事业单位利用国有资产出租、出借取得的收入，应纳入一般预算管理，全部上缴中央国库，支出通过一般预算安排，用于收入上缴部门的相关支出，专款专用。

事项(2)处理不正确。理由：甲单位在预算执行中发生的非财政补助收入超收部分，原则上不再安排当年的基本支出。

事项(3)中，甲单位将A项目结余资金用于补助B项目人员经费的做法不正确。正确处理：项目支出结余资金，在统筹用于编制以后年度预算之前，原则上不得动用。因特殊情况需要在预算执行中动用项目支出结余资金安排必需支出的，应报财政部门审批。

本章小结与关键词

本章小结

国家预算是政府的财政收支计划，是政府集中和分配资金、调节社会经济生活的主要财政机制，是国家的重要立法文件。我国的国家预算由中央预算和地方预算组成。地方预算分为省、自治区、直辖市，设区的市、自治州，县、自治县、不设区的市、市辖区，乡、民族乡、镇四级。《预算法》明确规定了国家各级权力机构、政府机关、各级财政部门以及各预算具体执行部门和单位在预算管理中的职权。预算包括预算的编制、审批、执行和调整等组织程序。

政府采购是以公开招标、投标为主要方式选择供应商，从国内外市场为政府部门或所属团体购买商品或劳务的一种制度。政府采购应该遵循公开透明原则、公平竞争原则、公正原则和诚实信用原则四个基本原则。政府采购的主要方式有公开招标、邀请招标、竞争性谈判、单一来源、询价。

国库集中收付，是指以国库单一账户体系为基础，将所有财政性资金都纳入国库单一账户体系管理，收入直接缴入国库和财政专户，支出通过国库单一账户体系支付到商品和劳务供应者或用款单位的一项国库管理制度。国库单一账户体系主要包括财政部门在中国人民银行开设的国库单一账户、财政部门为预算单位开设的银行账户和特设专户等。财政收入的收缴分为直接缴库和集中汇缴两种方式。财政性资金的支付方式实行财政直接支付和财政授权支付两种方式。

本章关键词

国家预算　政府采购　国库集中收付

本章思考与案例分析题

一、思考题

1. 什么是国家预算？国家预算的作用有哪些？
2. 简述国家预算级次划分和构成。
3. 国家预算如何调整？
4. 简述各级人民代表大会预算管理的职权。
5. 简述政府采购的主体范围。
6. 政府采购的对象包括哪些？
7. 政府采购有哪几种方式？
8. 简述国库单一账户体系。
9. 简述财政收缴方式和程序。
10. 简述财政支出方式和程序。

二、案例分析题

1. 目的:熟悉财政法规制度

资料:甲单位是实行国库集中支付的事业单位,2014 年 4 月,按照预算安排,甲单位采购一台纳入政府集中目录的精密仪器 A 设备用于药品检验,设备价款为 200 万元,由于 A 设备具有特殊性,只能从有限范围的供应商处采购,甲单位以投标邀请方式,邀请 5 家供应商参与投票,按照招标程序选择了供应商乙企业,与其签订了采购合同,当月甲单位按照批复部门预算和资金使用计划,向财政国库支付机构提出支付 A 设备采购价款申请,财政国库支付机构对支付申请审核无误后,向代理行发出支付令,并通知中国银行国库部门,通过代理银行进入全国银行清算核实时清算,将 A 设备采购价款 200 万元从国库单一账户划拨到乙企业银行账户,5 月甲单位采用财政授权支付方式直接从乙企业购买了与 A 设备配套使用的检验试剂,价款为 5 万元。

要求:上述材料中,甲单位采购行为涉及哪些采购方式？为什么？

2. 目的:熟悉财政法规制度

资料:乙单位是实行国库集中支付的事业单位,经批准,乙单位的工资支出和设备购置实行财政直接支付,日常办公及零星支出实行财政授权支付。2014 年 2 月份,审计机构对该单位财政资金使用进行检查,发现:

(1) 2012 年 4 月,该单位通过零余额账户向上级单位基本户划转资金 15 万元,用于为上级单位员工购买个人商业保险;

(2) 8 月,该单位通过零余额账户向下级单位基本户划拨资金 50 万元,用于为下级单位支付设备采购款;

(3) 11 月,乙单位购买办公用品,通过零余额账户向本单位在商业银行开设的基本户转账 17 万元,再通过基本存款户支付采购款项;

(4) 12 月,该单位使用财政性资金购买了一台大型专用设备,该单位通过零余额账户向本单位其他户转账 80 万元,再通过单位基本户向供应商支付设备款。

要求：上述材料中，该单位对各事项零余额账户使用的做法正确吗？如不正确，说明理由。

3. 目的：熟悉财政法规制度

资料：某县人民政府编制了某年度的预算草案，编制后按预算法的规定，对县人民政府财政部门提交县人民代表大会常务委员会的有关工作委员会进行了初步审查。通过审查后，县人民政府向县人民代表大会做了关于本级政府总预算草案的报告，县人民代表大会批准了该预算。后来，在执行中，因特殊原因需调整预算。

要求：根据上述资料，从下列各题的备选答案中选出正确答案。

1. 根据《预算法》规定，某县人民政府编制预算草案的依据有（　　）。

A. 法律、法规

B. 国民经济和社会发展计划、财政中长期计划以及有关的财政经济政策

C. 本级政府预算管理职权和财政管理体制确定的预算收支范围

D. 上一年度预算执行情况和本年度预算收支变化因素

2. 根据《预算法》规定，某县人民政府编制预算草案的内容包括（　　）。

A. 本级预算收入和支出

B. 上一年度结余用于本年度安排的支出

C. 上级返还或者补助的收入和返还或者补助下级的支出

D. 上解上级的支出和下级上解的收入

3. 根据《预算法》规定，某县人民政府财政部门应当在县人民代表大会会议举行的（　　）前，将本级预算草案的主要内容提交本级人民代表大会常务委员会的有关工作委员会进行初步审查。

A. 15 日　　B. 1 个月　　C. 45 日　　D. 2 个月

4. 预算调整是指在预算执行中，因（　　）使原批准的收支平衡的预算的总支出超过总收入，或者使原批准的预算中举借债务的数额增加的部分变更。

A. 特殊情况需要增加支出

B. 上级政府返还补助引起预算收支变化

C. 上级政府给予补助引起预算收支变化

D. 特殊情况需要减少支出

5. 根据《预算法》规定，有关县级人民政府的预算调整方案表述正确的有（　　）。

A. 调整方案必须提请本级人民代表大会常务委员会审查和批准

B. 调整方案必须提请本级人民代表大会审查和批准

C. 调整方案经批准后由本级政府报上一级政府备案

D. 调整方案经批准后由本级政府报上一级政府审批

第十章　会计职业道德

学习目的与要求

1. 了解会计职业道德的概念和功能。
2. 掌握会计职业道德规范的主要内容。
3. 认识会计职业道德和会计法律制度的联系与区别。
4. 了解会计职业道德教育与修养。
5. 熟悉会计职业道德建设组织与实施的途径。
6. 了解会计职业道德检查与评价的标准和方法。

导入案例

刘士泉是某商学院会计专业毕业生。毕业四年来，他坚持对做假账说"不"，并多次因企业缺乏诚信而主动辞职，尤其令他不解的是一些上市公司的账目也是不清不楚，已供职过四家单位的小刘也出现过"难道我错了"的困惑，但他一直坚守着自己的信念。刘士泉的经历被《中国财经报》和其他一些媒体报道后，在社会上引起强烈的反响，许多单位纷纷打来电话，高度评价刘士泉的职业操守，有多家单位表示，愿意接纳像刘士泉这样的诚实会计。正如一家中韩合资企业的老总说："我很欣赏小刘的骨气、才气和人品，我们正需要这样一个财会人员。"

最终，小刘选择在联通济南分公司工作。当他得知许多企业表示需要像他这样诚实守信的会计时，他激动地说："许多企业的诚意，使我看到了希望，社会不都像从前想象的那样。"（资料来源：2002 年 4 月 4 日《中国财经报》，"此处不留爷，自有留爷处——宁失业不做假账的诚实会计刘士泉受欢迎"）

第一节　会计职业道德概述

一、道德的本质与特点

（一）道德的含义

"道"是指行为原则，"德"是指行为效果。"道德"一词强调人的言行合乎当时社会的需要，它是通过各种形式的宣传教育、社会舆论、行为规范等，使人们具有善和恶、真和伪、荣誉和耻辱、正义和非正义等概念，并逐渐形成一定的习惯和传统，以指导或控制自己的行为。从本质上讲，道德是一种由社会经济关系决定的，从属于上层建筑的社会意识形态。

基于此，道德是指一定社会为了调整人们之间及个人与社会之间的相互关系所提倡的行为原则、行为规范的总和。这个概念包括两层含义：(1) 道德是调整人与人、个人与社会之间关系的行为规范，与法律并存；(2) 道德依靠社会舆论、传统习惯、内心力量去调整人的行为，与法律有别。

（二）道德的特点

道德不仅和其他意识形态一样具有相对独立性，而且具有和其他意识形态不同的特点，主要包括规范性、非强制性、历史性、阶级性、社会实践性等。

1. 规范性

道德是调整人们之间及个人与社会之间关系的行为规范。作为行为规范的道德就是指个人与社会应该建立一种什么样的关系，个人对社会需要承担什么样的义务，在处理与其他人的关系时应遵守哪些原则，应该采取什么样的行为等。

2. 非强制性

道德规范不同于政治规范、法律规范、经济手段，是依靠社会舆论、传统习俗和人内心信念来维持和发挥作用，是一种内化的特殊规范调解方式，具有非强制性。

3. 历史性

所谓道德的历史性是指历史上各种道德的出现都是当时社会经济关系状态的产物，并且总是与特定的历史阶段相适应，总是带有那个时代的社会内容、社会要求和社会特征。

4. 阶级性

所谓道德的阶级性是指不同社会的各种道德体系，都是从一定的阶级利益和要求中产生的，都是为特定的阶级利益服务。

5. 社会实践性

道德是人类的实践精神，是人类把握世界的特殊方式，是人类完善发展自身的社会实践活动，具有广泛的社会实践性。

二、职业道德的概念及主要内容

（一）职业道德的概念

职业道德是道德规范的重要组成部分，其概念有广义和狭义之分。广义的职业道德是指从业人员在职业活动中应该遵循的行为准则，它涵盖了从业人员与服务对象、职业与职工、职业与职业之间的关系。狭义的职业道德是指在一定职业活动中，从业人员应遵循的、体现一定职业特征的、调整一定职业关系的道德原则和规范的综合。职业道德的基本要求是忠于职守，它要求人们在从事相应的职业行为中，必须按照一定的道德规范去行事，是从道义上对人们在从事与职业生活中的思想、感情、工作作风和行为方式所限定的基本原则。

（二）职业道德的主要内容

我国《公民道德建设实施纲要》提出了职业道德的主要内容是：爱岗敬业、诚实守信、办事公道、服务群众、奉献社会。职业道德是道德在职业实践活动中的具体体现。

1. 爱岗敬业

爱岗敬业是职业道德的基础，是社会主义职业道德所倡导的首要规范。人们之间只有社会分工不同，而无贵贱之分。爱岗就是热爱自己的工作岗位，热爱自己从事的职业，忠于自己的职业，对本职工作尽心尽力。敬业是爱岗的升华，就是以恭敬、严肃、负责的态度对待自己的职业，对本职工作一丝不苟，兢兢业业，专心致志。爱岗敬业，就是要热爱自己的工作，对从事的工作有荣誉感、幸福感，对自己的工作认真负责，刻苦勤奋，精益求精，为实现职业上的奋斗目标而努力。

2. 诚实守信

诚实守信是做人的基本准则，也是职业道德的精髓。诚实就是真心诚意，忠诚老实，实事求是，不虚假，不欺诈，不歪曲，不讲假话；守信就是遵守承诺，讲究信用，说话算数，注重质量和信誉，履行自己应承担的任务。

3. 办事公道

办事公道是指处理各种职业事务要客观公正，恰如其分，不偏不倚，公平公开，不管对什么人都按照统一标准统一原则执行。办事公道就是要求人们对不同的服务对象一视同仁，秉公办事，不因职位高低，贫富亲疏的差别而区别对待。

4. 服务群众

服务群众就是为人民服务。服务群众是为公众服务这一职业道德核心在职业生活中的具体化，服务群众指要倾听群众呼声，体察群众困难，尊重群众意愿，忧群众所忧并解除群众所忧，满足群众需要；以群众为本，树立服务理念，端正服务态度，不断改善服务环境，提高服务技能，保证服务质量。

5. 奉献社会

奉献社会是职业道德的出发点和归宿。奉献社会就是要履行对社会、对他人的义务，把自己的知识、才能、智慧等，毫无保留地、不计报酬地贡献给公众，贡献给社会。当社会利益与局部利益、个人利益发生冲突时，要求每一个从业人员把公众利益、社会利益放在首位。

（三）职业道德的特征

尽管职业道德是道德的重要组成部分，是道德在职业实践活动中的具体体现，但职业道德作为职业生活领域特殊的行为调节手段，除了具有道德的一般特征之外，还具有以下的特征：

1. 鲜明的行业性

职业道德和职业生活是紧密相连的，是人们在其职业活动过程中形成的特殊道德关系的反映，具有鲜明的职业和行业的特点。各个行业都有自己特殊的道德规范、特殊的活动内容和特殊的活动方式。因此，行业性是职业道德最显著的特点。

2. 范围的有限性

职业道德范围的有限性是指职业道德的适用范围不是普遍的，其约束对象是一定职业活动的从业者，超出这个范围，就不具有对他人行为进行道德调节的作用。

3. 形式的多样性

职业道德的要求不是千篇一律的，而是因职业而异的。不同的职业道德鲜明地标志着本职业的职业义务和职业责任，以及职业行为上的道德准则，这就形成了各种职业特定的道德传统和道德习惯，例如商人的“商德”、医生的“医德”、教师的“师德”等。另外，职业道德还可以采取规章制度、工作手册、服务公约等多种简明实用的形式，将职业道德具体化和通俗化，从而使人们易于把握、便于实行。

4. 稳定的连续性

职业的形成是一个漫长的历史过程。人们在长期的职业实践活动和职业生活方式中，形成了一定的职业兴趣、爱好、情操和作风，形成了一定的职业习惯和职业心理。这些都会作为传统，在本职业中世代相传，从而使得从事同一职业的人们有着相似的道德面貌。随着社会进步，每种职业道德的内容都会不断丰富和深化，但它的总方向和一些基本内容是不会变的，在这个基础上产生的职业道德就具有了稳定性和连续性。

（四）职业道德的职能

职业道德是社会道德体系的重要组成部分，它一方面具有社会道德的一般作用，另一方面它又具有自身的特殊作用，具体表现在：

1. 调节职业关系，维护行业信誉，促进行业有序发展

职业道德的基本职能是调节职能。它一方面可以调节从业人员内部的关系，即运用职业道德规范约束职业内部人员的行为，促进职业内部人员的团结与合作；另一方面，职业道德又可以调节从业人员和服务对象之间的关系。

一个行业的信誉，也就是它的形象、信用和声誉，是指行业在社会公众中的信任程度，提高行业信誉主要靠服务质量，而从业人员职业道德水平高是服务质量的有效保证，若从业人员职业道德水平不高，行业很难提供优质的服务。

行业的发展有赖于高的经济效益，而高的经济效益源于高的员工素质。员工素质主要包含知识、能力、责任心三个方面，其中责任心是最重要的。而职业道德水平高的从业人员其责任心是极强的。因此，职业道德能促进行业的发展。

2. 形成和改造社会道德风尚，提升全社会的道德水平

职业道德是社会道德的主要内容。职业道德一方面涉及每个从业者如何对待职业，如何对待工作，同时也是每一个从业人员的生活态度、价值观念的表现；另一方面，职业道德也是一个职业集体，甚至一个行业全体从业人员的行为表现。如果每个行业，每个职业集体都具备优良的道德，必将会形成良好的社会道德风尚，从而对社会道德水平的提升会发挥重要作用。

三、会计职业道德的概念与特点

（一）会计职业道德的概念

会计职业道德是指在会计职业活动中应遵循的，体现会计职业特征的，调整会计职业关系的职业行为准则和规范。它是调整会计人员与国家、会计人员与不同利益主体和会计人员相互之间的社会关系的社会道德规范的总和，是基本道德规范在会计工作中的具体体现，是会计工作要遵守的行为规范和行为准则，是衡量一个会计工作者工作好坏的标准。

会计职业道德包括他律和自律两个方面：他律是以会计职业责任和义务为核心，侧重于防范会计人员的不正当的职业行为，通常采用政府或社会组织的限制性或禁止性条款（如法律、规章制度）形式公布会计从业人员不应该做什么。自律是以职业良心、职业精神为核心，侧重与倡导会计从业人员应自觉遵循的职业行为，通常采用描述形式提出会计从业人员应该做什么。自律是会计从业人员职业道德建设的基石。具体而言，会计职业道德的含义包括以下三个方面：

1. 会计职业道德是调整会计职业活动利益关系的手段

会计职业道德体现了自觉性与强制性相结合的特点。会计职业道德可以配合国家法律制度，调整职业关系中的经济利益关系，维护市场经济秩序。此外，会计职业道德以条例的形式固定下来，具有一定规范的约束性。对于某一现象，可能既属于道德调整范围，也属于法律调整范围。

2. 会计职业道德具有相对稳定性

一个社会的经济发展水平，不仅决定着人们的行为方式，也决定着他们的生活方式和消费方式，更决定着人们的道德。无论社会经济关系如何变迁，会计人员在职业活动中诚实守信、客观公正始终是相对稳定的。没有任何一个社会制度能够容忍虚假会计信息，也没有任何一个行业会允许会计人员利用经济不确定性，随意操纵会计信息。在市场经济活动中，作为对单位经济业务事项进行确认、计量、记录和报告的会计，其会计政策和会计方法的选择，都必须遵循客观经济规律的要求。职业道德在不同的社会中虽然会有变化，但固有的职业传统习惯的历史继承性和经济规律的客观存在，使得会计职业道德呈现出相对的稳定性和连续性。

3. 广泛的社会性

会计职业道德是人们对会计职业行为的客观要求。从会计自身服务对象看，随着企业产权制度改革的不断深化，会计不仅要为政府机构、企业管理层、金融机构等提供符合质量要求的会计信息，而且要为投资者、债权人及社会公众服务。从纵向看，会计职业道德随着会计活动贯穿人类社会的始终，渗透到人类社会的各个发展阶段。从横向看，会计职业道德渗透到各个工商企业、行政单位、事业团体以及每一个独立核算单位。会计深入到社会历史未来的方方面面，具有广泛的社会性。

（二）会计职业道德的基本特征

会计职业道德是会计人员在长期的职业实践活动中逐步形成和总结出来的，会计职业道德与会计活动（会计行为）紧密相连，了解其特征必须从会计活动的一般特征去认识。具体来说，会计职业道德的特征体现为以下几个方面：

1. 内容的一致性

会计活动是社会经济活动的重要组成部分。在我国，会计从业人员是会计职业的主人，其职业活动目的是为了满足社会及其他人的需要，个人利益能在满足社会及其他人的需要中实现。因此，会计活动的目的与会计职业道德对会计从业人员的行为要求是一致的，从而使得会计职业道德在内容上与社会道德一致。

2. 法律的强制性

道德与法规制度不同，前者要求人们"应该这样做"，是一种道德意识的内心约束；而后者要求人们"必须怎样做或不能怎样做"，是一种对禁止性后果的确认。然而在我国，会计职业道德是通过《会计基础工作规范》和其他规章制度等形式固定下来的，从而含有"必须怎样做"的内在规定。在会计活动中，如果不按"规范"、"条例"等去做，虽然谈不上违法，但却违反职业纪律，需要承担一定后果，这就属于对禁止性后果加以追究的范围，从而使得会计职业道德具备了法律的强制力。

3. 经济的实践性

与其他道德相比，会计职业道德与社会经济实践活动总是密切联系在一起的。有经济活动的地方，就存在会计职业道德。会计职业道德起源于经济实践，又作用于，运用于会计实践。会计职业道德对于经济实践来说，是保证社会再生产过程有效运行的最有价值、最"经济"的工具。

（三）会计职业道德规范的功能

1. 指导功能

在社会经济生活中，会计职业道德能指导会计人员的会计行为方向，表现出会计职业道德的指导功能。会计职业道德指导着社会公众和会计人员自愿地选择有利于消除各种矛盾,调整相互关系的会计道德行为,避免相互之间矛盾的产生扩大,缓和与解决已产生的矛盾,改善会计领域内人与人之间、个人与单位之间、个人与国家之间的关系,促进会计人员协调一致,保质保量、及时地完成会计工作。同时,会计职业道德通过社会舆论和会计人员的职业道德表现,影响和引导会计的科学发展方向。

2. 评价功能

会计职业道德使人们依据会计职业道德标准,通过社会舆论和个人心理活动等形式,对会计人员的会计职业行为等进行善恶评价,标明褒贬态度。会计职业道德的评价功能能让会计人员养成强烈的职业道德责任感,对正确的会计行为有道德上的满足,对不当的会计行为有道德上的批判,有助于调整会计人员的职业行为,改善会计行业作风。

3. 教化功能

会计职业道德通过造成社会舆论、形成会计道德风尚、树立会计职业道德榜样等方式深刻影响、教化人们,尤其是会计人员的会计道德观念和会计道德行为,培养会计道德习惯和锻炼会计道德品质,促使会计人员人格升华以及提高社会道德水准。会计职业道德的教化功能一方面引导会计人员履行会计职业道德原则和会计职业道德规范,另一方面通过遵守会计职业道德的会计人员在各种社会活动中直接和间接地影响社会道德,推动社会道德水准不断提高。

另外,会计职业道德还有导向和促进的功能。在社会经济生活中,会计职业道德就扮演着指导人们会计行为方向的“向导”的角色,进步高尚的会计职业道德能够促进和影响会计科学研究沿着有利于社会的方向发展;会计职业道德对提高社会道德水准有着积极的影响,它通过会计人员参加各种社会活动直接影响社会道德,也会通过会计人员与服务对象的接触和联系,间接地影响社会道德。

四、会计职业道德与会计法律制度

会计职业道德与会计法律制度作为社会规范,均属于会计人员行为规范的范畴,两者既有联系,也有区别。

(一)会计职业道德与会计法律制度的联系

1. 两者的根本目的一致

会计职业道德是通过调整会计工作中的人际关系,激发会计人员的工作热忱,把提高会计水平作为自身的道德责任。会计法律制度也是旨在通过稳定会计工作秩序和保证社会再生产过程的顺利进行,从而达到目的。这个目的就是为单位利益和国家利益聚财、理财和生财。

2. 两者在作用上相互补充、协调

在规范会计行为上,我们不可能完全依赖会计法律制度的强制力而排斥会计职业道德的作用。现实中,会计行为不可能都由会计法规制度进行规范,不需要或不宜由会计法律制度进行规范的行为,可以通过会计职业道德规范来实现。

3. 两者在内容上相互渗透、相互重叠

会计法律制度中含有会计职业道德规范的内容。同时,会计职业道德规范中也包含会计法律制度的某些条款。凡是会计法律制度不允许的行为,都是会计职业道德要谴责的行为;而会计法律制度所规定的行为,又都是会计职业道德所倡导的行为。

4. 两者在地位上相互转化、相互吸收

最初的会计职业道德规范就是对会计职业行为约定俗成的基本要求，后来出现的会计法律制度吸收了这些基本要求，便形成了会计法律制度。会计法律制度是会计职业道德的最低要求。

5. 两者在实施过程中相互作用、相互促进

会计法律制度与会计职业道德在实施的过程中相互作用、相互促进。一切违法的根源都是道德的沦丧。因此，会计职业道德是会计法律制度实施的重要的法律社会和思想基础；反之，会计法律制度是促进会计职业道德规范形成和遵守的制度保障。

（二）会计职业道德与会计法律制度的主要区别

1. 会计职业道德与会计法律制度性质不同

会计法律制度充分体现了统治阶级的愿望和意志，通过国家机器强制执行，具有很强的他律性，凡违法者都必须接受相应的法律制裁。而会计职业道德主要是从品行角度对会计人员的会计行为做出规范，主要依据社会舆论、传统习惯和内心信念的力量来调整会计工作中会计人员之间，以及他们与其他社会成员之间的利益关系。会计职业道德对会计人员基本上是非强制执行的，对他们的行为只产生约束作用，主要依靠会计从业人员的自觉性，具有很强的自律性。

2. 会计职业道德与会计法律制度作用范围不同

会计法律制度侧重于调整会计人员的外在行为和结果的合法化，具有较强的客观性。会计职业道德不仅调整会计人员的外在行为，还调整会计人员内在的精神世界。因而，会计职业道德在时间上和空间上对会计人员的影响比会计法律制度要广泛、深刻、持久得多。会计职业道德能够调整会计法律制度所没有规定的行为，且具有较长时期的普遍约束力。会计法律制度的各种规定是会计职业关系得以维系的最基本条件，是对会计从业人员行为的最低限度的要求，用以维持现有的会计职业关系和正常的会计工作秩序。

会计法律制度是会计职业道德的底线。违反会计法律制度的行为一定违反了会计职业道德规范，但是违反会计职业道德的行为不一定违反了会计法律制度。

3. 会计职业道德与会计法律制度表现形式不同

会计法律制度是通过一定的程序由国家立法部门或行政管理部门制定的，其实现形式是具体的、明确的、正式形成文字的成文规定。会计法律制度要求的是“必须”，评价使用的范畴是对或错。而会计职业道德出自于会计人员的职业生活和职业实践，是日积月累、约定俗成的。其表现形式既有明确的成文的规定，也有不成文的规范。尤其是那些较高层次的会计职业道德，存在于人们的意识和信念之中，并无具体的表现形式，它依靠社会舆论、道德教育、传统习俗和道德评价来实现。会计职业道德要求的是“应该”，评价使用的范畴是善是恶，是一个价值判断。

4. 会计职业道德与会计法律制度实施保障机制不同

会计法律制度由国家强制力保障实施。会计职业道德既有国家法律的相应要求，又需要会计人员的自觉遵守。大家知道，会计法律制度不仅仅是一种权利和义务的规定，而且为了达到有法必依、执法必严、违法必究的目的，还需要一套保障机制。会计法律制度的这种保障机制不仅体现在其法律规范的内容中，而且体现在有与之相配合的权威的制裁和审判机关，而当人们对会计职业道德上的权利与义务发生争议时，没有像会计法律制度那样得到明确裁定的

保障机制，主要是靠有关部门的惩戒处罚和社会舆论、良心、道义上的谴责，靠会计人员的自觉遵守。

5. 两者的评价标准不同

会计法律是以会计人员享有的权利和义务为标准来判定其行为是否违法；而会计职业道德则以善恶为标准来判定人们的行为是否违背道德规范。

第二节　会计职业道德规范的主要内容

有人曾评论：会计人，因长于计算，所以精神；因职业禀赋，所以正直；因事务繁杂，所以勤勉；因责任重大，所以灵魂高贵。这里的灵魂就是指会计职业道德，它包括会计职业品质、职业纪律、专业胜任能力及职业责任，同时也是会计职业道德规范内容之所在。

会计职业道德规范是指从事会计职业的人们在共同的职业兴趣、爱好、习惯、心理基础上形成的思想和行为方面的道德规范。我国会计职业道德规范的主要内容包括以下八个方面：爱岗敬业、诚实守信、廉洁自律、客观公正、坚持准则、提高技能、参与管理、强化服务。

一、爱岗敬业

（一）爱岗敬业的含义

爱岗敬业是职业道德的基本要求。爱岗就是热爱自己的工作岗位，热爱本职工作，安心本职岗位，尽心尽力，并为做好本职工作恪尽职守。敬业就是用严肃的态度对待自己的工作，勤勤恳恳、兢兢业业，忠于职守，尽职尽责。或者说，敬业是会计人员充分认识本职工作在社会经济活动中的地位和作用，认识本职工作的社会意义和道德价值，具有会计职业的荣誉感和自豪感，对本职活动具有高度的劳动热情，在职业活动中主动发挥创造性，以强烈的事业心、责任感从事会计工作。

爱岗敬业是爱岗和敬业的总称，是每个从业者是否具有职业道德的首要标志。爱岗和敬业两者相辅相成，爱岗是敬业的基础，敬业是爱岗的升华。爱岗敬业是会计人员干好本职工作的基础和条件，是其应具备的基本道德素质。

（二）爱岗敬业的基本要求

爱岗敬业的基本要求是会计人员热爱会计工作，安心本职岗位，忠于职守，尽心尽力，尽职尽责。它的具体要求包括：

1. 正确认识会计职业，树立职业荣誉感

爱岗敬业精神自始至终都是以人们的职业的认知程度以及所采取的态度作为行为指导并体现在实际工作中。如果会计人员对所从事的职业缺乏正确的认识，认为会计不过是“打打算盘数数钞，写写数字填填表”此类的琐碎工作，那他就会表现出“懒”、“惰”、“拖”的不良行为，给会计职业及其声誉造成不良影响。

因此，会计人员只有正确地认识会计本质、会计工作的重要性，树立职业荣誉感，才有可能爱岗敬业。这是爱岗敬业的最基本要求，也是首要要求。

2. 热爱会计工作，敬重会计职业

对自己工作是否热爱，对自己职业和岗位是否尊重，是做好本职工作的前提。会计人员要树立“干一行爱一行，干一岗爱一岗”的思想，只有热爱会计职业，才会有职业乐趣，才会刻苦钻研会计业务技能，才会努力学习会计业务知识，才会全身心地投入会计事业，才会在平凡的工作中做出不平凡的业绩。

3. 安心工作，任劳任怨

只有安心本职工作，才能潜下心来“勤学多思，勤问多练”，才能真正做到敬业，才能成为真正的行家里手。任劳任怨，要求会计人员具有不怕吃苦，不计较个人得失的思想境界。

4. 严肃认真，一丝不苟

会计工作是一项严肃细致的工作，没有严肃认真的工作态度和一丝不苟的工作作风，就可能出偏差。对一些损失浪费、违法乱纪的行为和一切不合法不合理的业务开支，要严肃认真地对待，把好关，守好口。例如会计人员在审核凭证时坚持“八审八看”，即：审核经济业务内容，看是否符合财务制度、法律法规和费用开支标准；审“抬头”，看是否与本单位名称（报账人姓名）相符；审“填制日期”，看是否与报账日期相近；审“用途”，看是否与“发票”或“收据”相关联；审“财务签章”，看是否与原始凭证企业或单位名称相符；审“金额”，看计算是否正确、完整；审“大、小写”，看大、小写是否一致；审“脸面”，看有无涂改、刮擦、纸贴现象。

5. 忠于职守，尽职尽责

忠于职守要求会计人员忠实于服务主体、忠实于社会公众、忠实于国家。首先，单位会计人员要忠实于所服务的主体，不仅要客观真实地记录反映服务主体的经济活动状况，负责其财产安全，还应负责其资金的有效运作，积极参与经营和决策。其次，要忠实于社会公众，正确真实地对外提供有关服务主体的会计信息，以便让投资者、债权人及其他社会公众获取客观真实的财务信息，进行正确判断和经济决策。再次，要忠实于国家，实际上是对社会整体利益负责。

尽职尽责，就是要求会计人员努力完成自己的本职工作任务，勇于承担应当承担的工作责任。尽职尽责具体表现为会计人员对自己应承担的责任和义务所表现出的一种责任感和义务感，这种责任感和义务感包含两个方面的内容：一是社会或他人对会计人员规定的责任；二是会计人员对社会或他人所负的道义责任。

二、诚实守信

（一）诚实守信的含义

诚实守信，简称“诚信”，是一切道德的基础和根本，是人之为人的根本，是会计职业道德的精髓。

诚实守信既是我国传统道德文化的重要内容，是中华民族的传统美德，也是职业生活中从业人员对社会、对人民所承担的义务和职责，是人们在职业活动中处理人与人之间关系的道德准则。俗话说，听其言，观其行，所言成真即为“诚”，真实无欺便是“信”。诚实是指言行跟内心思想一致，不弄虚作假、不欺上瞒下，做老实人、说老实话、办老实事。守信就是要遵守自己所做出的承诺，讲信用，重信用，信守诺言，保守秘密。

人无信不立，国无信不强。中国古代思想家把“诚信”作为统治天下的主要手段，唐代魏征提出“诚信”是“国之大纲”。现代经济社会，“诚信”尤为重要，市场经济是竞争经济，是法制经济，更是伦理经济，“诚信”是其灵魂。我国目前的社会信用体系处于起步阶段，企业信用制度尚未建立起来，个人信用制度更为落后，现在市场交易主体信用缺失现象普遍存在。

21 世纪，中华民族要再铸辉煌，不仅要讲个人诚信，更重要的是必须尽快建立整个国民的信用体系。在我国建立信用制度已经势在必行。

(二) 诚实守信的基本要求

诚实守信要求会计人员做老实人,说老实话,办老实事,执业谨慎,信誉至上,不为利益所诱惑,不弄虚作假,不泄露秘密。它的具体要求包括:

1. 做老实人,说老实话,办老实事,不弄虚作假

做老实人要求会计人员言行一致,表里如一,光明正大;说老实话要求会计人员说话诚实,如实反映和披露单位经济业务事项,不夸大,不缩小;办老实事要求会计人员工作踏踏实实,不弄虚作假,不欺上瞒下。"厂长成本"、"经理利润"、"干部出数字,数字出干部"、"假账真做,真账假做"都是违反诚实守信要求的表现。

2. 保守秘密,不为利益所诱惑

保密原则是《国际会计职业道德准则》的基本原则之一。所谓保守秘密是指会计人员在履行自己的职业职责时,应树立保密观念,做到保守商业秘密,对机密资料不外泄、不外传,守口如瓶,也不得用于私人目的或向第三者提供。

商业秘密是指不为公众所知悉、能为权利人带来经济利益、具有实用性并经权利人采取保密措施的技术信息和经营信息。

泄密,不仅是一种不道德的行为,更是一种违法行为,是会计职业的大忌。保守秘密是会计人员应尽的义务,也是诚实守信的具体体现,它一方面要求会计人员要保守企业自身秘密;另一方面也要求会计人员不得以不道德的手段去获取他人的秘密。我国有关法律制度对会计人员保守秘密作了相关的规定,如《注册会计师法》第十九条规定:"注册会计师对执行业务中知悉的商业秘密,负有保密义务。"财政部印发的《会计基础工作规范》第二十三条规定:"会计人员应当保守本单位的商业秘密。除法律规定和单位领导人同意外,不能私自向外界提供或者泄漏单位的会计信息。"

3. 执业谨慎,信誉至上

注册会计师在执业中始终保持应有的谨慎态度,对客户和社会公众尽职尽责,以维护职业信誉。首先,注册会计师在选择客户时应谨慎,不要一味地追求营业收入,迎合客户不正当要求。其次,注意评估自身的业务能力,正确判断自身的知识、经验和专业能力能否胜任所承担的委托业务。第三,严格按照独立审计准则和执业规范、程序实施审计,对审计中发现的违反国家统一的会计制度及国家相关法律制度的经济业务事项,应当按照规定在审计报告中予以充分反映。第四,在接受委托业务后,应积极完成所委托的业务,认真履行合同,维护委托人的合法权益。

三、廉洁自律

(一) 廉洁自律的含义

廉洁是指不收受贿赂,不贪污钱财。自律是指自律主体把一定的具体标准当作具体行为或言行的参照物,进行自我约束、自我控制,使具体的行为或言论达到至善至美的过程。廉洁自律是中华民族的一种传统美德,是会计职业道德的前提,是会计职业道德的内在要求,这是由会计工作的特点决定的。

会计人员整天直接或间接地与钱财打交道,必须自尊自爱、淡泊宁静,不贪不占、不取不义

之财，这样才能确保自己正确行使会计反映和监督的职责，保证各项经济活动合法、合规、有效地进行。

自律的核心是用道德观念自觉抵制自己的不良欲望，克服“贪欲”。会计人员在执业活动中应严格自律，恪守自己的道德防线，这是防止会计人员做出非道德行为以致违法行为的有效手段。自律是会计职业道德的最高境界，因为这是一种自觉的行为，无须强制。

廉洁是会计职业道德自律的基础，而自律是廉洁的保证。自律不够就很难做到廉洁，不廉洁就谈不上自律，会计人员必须既廉洁又自律，两者不可偏颇。

（二）廉洁自律的基本要求

廉洁自律的基本要求是会计人员应树立正确的人生观和价值观，公私分明，不贪不占，遵纪守法，清正廉洁。廉洁自律的具体要求包括：

1. 树立正确的人生观和价值观

廉洁自律首先要求会计人员加强世界观的改造，牢固地树立起正确的人生观和价值观，以马列主义、毛泽东思想、邓小平理论、“三个代表”重要思想武装自己，自觉抵制享乐主义、个人主义、拜金主义等错误的思潮，这是在会计工作中做到廉洁自律的思想基础。

2. 公私分明，不贪不占

公私分明，是指会计人员在会计工作中要严格划分公私界限。不贪不占，是指会计人员不得利用职务之便贪污、化公为私、损公肥私，不得贪图国家或单位的便宜，不得占用国家或单位的资金或财产。

廉洁自律的天敌是“贪”与“欲”。会计人员只有做到廉洁自律，才能够克服“贪”与“欲”，做到“常在河边走，就是不湿鞋”，做到不为金钱私利所动，不违法乱纪，不以权谋私，能依法同违反会计法规制度的行为作斗争。

3. 遵纪守法，尽职尽责

遵纪守法，正确处理会计职业权利与职业义务的关系，增强抵制行业不正之风的能力，是会计人员廉洁自律的又一个基本要求。会计人员的权利和义务在《会计法》中作了明确的规定。会计人员不仅要遵纪守法，不违法乱纪、以权谋私，做到廉洁自律；而且要敢于、善于运用法律法规赋予的职业权利，尽职尽责，勇于承担职业责任，履行职业义务，保证廉洁自律。

四、客观公正

（一）客观公正的含义

“客观”是哲学上的一个概念，是与主观相对称的一个哲学范畴。“客观”的本意是指物质的客观实在。“公正”是伦理学上的一个概念，从字面上直释，公正就是公平、正直，没有偏私和偏袒，也就是为一定的道德体系所认可的对社会成员之权利和义务的恰当分配。

在道德范畴中，客观就是按事物的本来面目去反映，不掺杂个人的主观意愿，也不为他人的意见所左右。公正就是平等、公正、没有偏失。客观公正都被视为是协调人与社会、社会不同团体、人与人间各种关系的最基本的道德要求。具体来说，客观公正作为会计职业道德重要的规范，就是指会计人员在业务活动中，要依法处理会计业务事项，如实反映经济活动过程，不偏不倚审计服务对象的财务状况，以保证会计的公正性。客观公正是会计人员必须具备的行为品德，是会计职业道德规范的灵魂。

对于会计职业和会计工作而言，客观主要包括两层含义：一是真实性，即以客观事实为依据，真实地记录和反映实际经济业务事项；二是可靠性，即会计核算要准确，记录要可靠，凭证要合法。公正主要包括三层含义：一是国家统一的会计制度，即会计准则、制度要公正；二是执行会计准则、制度的人，即公司、企业单位管理层和会计人员不仅应当具备诚实的品质，而且应公正地开展会计核算和会计监督工作，即在履行会计职能时，摒弃单位、个人私利，公平公正，不偏不倚地对待相关利益各方；三是注册会计师在进行审计鉴证时应以超然独立的姿态，进行公平公正的判断和评价，出具客观、适当的审计意见。

客观是公正的基础，公正是客观的反映。要达到公正，既要做到客观，在客观中做出公平合理的选择，同时还需在主观上做出合理的选择。是否公平、合理，既取决于客观的选择标准，也取决于选择者的道德品质和职业态度。

（二）客观公正的基本要求

客观公正的基本要求是会计人员在履行职责时，应摒弃自我利益威胁，避免各种可能影响其职业判断的利益冲突，实事求是地办事，在会计工作中保持公正客观的立场。客观公正的具体要求包括：

1. 端正态度

坚持客观公正原则的基础是会计人员的态度、专业知识和专业技能。没有客观公正的态度，就不可能尊重事实。如果只有客观公正的态度，没有扎实的理论功底和较高的专业技能，工作也会力不从心，出现错误。

2. 依法办事，遵规守法

依法办事，认真遵守法律法规，是会计工作保证客观公正的前提。必须遵守各种法律、法规、准则和制度，依照法律规定进行核算，并做出客观的会计职业判断。只有熟练掌握并严格遵守会计法律法规，才能客观公正地处理会计业务。客观公正要求会计人员在工作中必须做到坚持原则，照章办事，不能因关系亲疏而异，要把好“贪欲”关、“人情”关，做到“经手万贯、一尘不染”，“糖衣打不中，美酒泼不进”。

3. 实事求是，不偏不倚

现实生活中，要做到“客观公正”，最根本的是要有“实事求是”的科学态度。没有“实事求是”态度，就会主观、片面、表面地看待问题，也就无法根据客观情况来处理问题，即使主观上想“客观公正”，实际上也无法做到。

客观公正贯穿于会计活动的整个过程：一是会计核算过程的客观公正，即指会计人员在具体进行业务处理时，或需要进行职业判断时，应保持客观公正的态度，实事求是、不偏不倚。二是最终结果公正，是指会计人员对经济业务的处理结果是公正的。如注册会计师出具的审计意见，既不违背事实，也不夸大事实，才能算是客观公正。

4. 保持应有的独立性

客观公正是会计职业者的一种工作态度。它要求会计人员一要保持从业的独立性，不做单位或组织的附属；二要保持客观公正的从业心态，遇事三思而后行。

保持独立性，对注册会计师行业尤为重要。人们对注册会计师信任的基础是建立在其独立性强之上的，注册会计师是被审计单位的外部人员，与被审计单位没有直接的利益关系。独立性是注册会计师行业存在的基础。独立性是指注册会计师在执行审计业务的过程中，与相关利益当事人保持中立。注册会计师尽管承担了对于整个社会公众的责任，但他们却是接受委托单位的委托执行业务，并且向委托单位收取一定的费用的人员，这不属于直接的利益关系。

五、坚持准则

（一）坚持准则的含义

坚持准则是指会计人员在处理业务过程中，要严格按照会计法律制度办事，不为主观或他人意志左右。坚持准则所指的“准则”不仅指会计准则，而且包括会计法律、会计行政法规、国家统一的会计制度以及与会计工作相关的法律制度。现实生活中经常会出现单位、社会公众和国家利益发生冲突的情况，面对这种情况，会计人员应做出“是”、“非”判断，坚持准则，以维护国家利益、社会公众利益和正常的经济秩序。坚持准则是会计职业道规范的核心。

会计人员在进行核算和监督的过程中，只有坚持准则，才能以准则作为自己的行动指南。在发生道德冲突时，应坚持准则，以维护国家利益、社会公众利益和正常的经济秩序。注册会计师在进行审计业务时，应严格按照独立审计准则的有关要求和国家统一会计制度的规定，出具客观公正的审计报告。

（二）坚持准则的基本要求

坚持准则的基本要求是会计人员要知法、学法、懂法、守法，在处理业务过程中，严格按照会计法律制度办事，不为主观或他人意志左右。坚持准则的具体要求包括：

1. 熟悉准则

所谓熟悉准则，就是要求会计人员熟悉国家法律、法规和国家统一的会计制度，其目标在于提高会计人员遵守准则的能力。

2. 遵循准则

会计人员不仅要经常学习、掌握准则的最新变化，了解本部门、本单位的实际情况，准确地理解和执行准则，还要掌握一定的会计准则的制定理论和技术，从而能够在面对不断变化的经济形势和出现的新情况、新问题以及准则未涉及的经济业务或事项时，正确理解和运用会计准则，做出客观的职业判断，能够妥善地解决出现的新情况，处理疑难的新问题。

3. 坚持准则

所谓坚持准则，是指会计人员在会计工作中要始终坚持按法律、法规和国家统一的会计制度的要求进行会计核算。具体来说，会计人员在会计核算中要建账，对具体经济业务或会计事项要按照规定的会计处理方法进行处理，要按规定的报告格式对外披露会计信息。

《会计法》规定，单位负责人对本单位会计信息的真实性和完整性负责，即单位的会计责任主体是单位负责人。会计人员坚持准则，也是对单位负责人负责。唯领导意图是命，迎合领导，对关系好的同事、朋友随意“迁就”和“照顾”，凭证审核不严，开支标准尺度放宽，甚至主动参与串通作弊，作为会计人员，也应当承担相应责任。

一些单位负责人为了自身的利益或小集团的利益对会计人员施压，如果会计人员坚持准则，往往会受到单位负责人和其他方面的阻挠、刁难甚至打击报复。坚持准则，依法办事，是会计人员职业道德的重中之重。会计人员在遇到道德冲突时，应与直接上级讨论这些问题，如果他也卷入的话，应上报更高的领导层。如果种种努力均不奏效，会计人员只能提出辞职并提交给适当的领导层一份详细的备忘录。

4. 提高执行准则的技能

对会计人员而言，这种能力通常包括会计、审计、税收、金融、经营管理、法律知识、专业技能和职业经验，以及分析、判断和表达能力。要掌握过硬的本领，就必须谦虚好学、刻苦钻研、锲而不舍、精益求精。

六、提高技能

（一）提高技能的含义

会计人员是会计工作的主体。会计工作质量的好坏，一方面受会计人员职业技能水平的影响，另一方面受会计人员道德品行的影响。会计人员的道德品行是会计职业道德的核心，会计人员的职业技能水平是会计人员职业道德水平的保证。会计工作是一门专业性和技术性很强的工作，从业人员必须“具备一定的专业知识和专业技能”，才能胜任。作为会计人员，必须不断提高其职业技能，这既是会计人员的义务，也是会计职业活动中做到客观公正、坚持准则的基础，是参与管理的前提。

职业技能，也称职业能力，是指从事某一职业在相应专业技术方面所应具备的能力或应当达到的水平。会计职业技能的内容主要包括：一是专业基础知识；二是会计理论、专业操作的创新能力；三是组织协调能力；四是主动更新知识的能力；五是提供会计信息能力等。

提高技能是指会计人员通过学习、培训和实践等途径，持续提高会计职业技能，达到和维持足够的专业胜任能力的活动。娴熟的会计之道是会计之德的依托，这里的会计之道就是会计的职业技能和专业胜任能力。

（二）提高技能的基本要求

提高技能的基本要求是会计人员具有不断提高会计专业技能的意识和愿望，在具有勤学苦练的精神和科学的方法的前提下，通过学习、培训和实践等途径，达到和维持足够的专业胜任能力的活动。提高技能的具体要求包括：

1. 要有不断提高会计专业技能的意识和愿望

会计是一门不断发展变化的学科和技术，新的法律制度不断颁布和实施，会计人员负有获得及维持该项专业能力的持续责任。首先，会计人员应达到准入条件。其次，会计人员应通晓并遵守国家、专业团体及本单位的有关法规、规章和制度。

2. 要有勤学苦练的精神和科学的学习方法

不学无术，鄙视专业技能，轻视会计业务，满足于一知半解或者似懂非懂、似通非通，对会计工作者来说，是一种不道德的表现。专业技能的学习和提高不可能是一劳永逸的事情，必须持之以恒，“做到老学到老”这是会计人员勤学苦练的精神，同时也符合我国学习型社会建设的构想。会计人员只有不断学习，同时掌握科学的学习方法，在学习中实践，在实践中提高，才能推动会计工作和会计职业不断地向前发展。

七、参与管理

（一）参与管理的含义

参与管理简单地讲就是参与管理活动，为管理者当参谋，为管理活动服务。参与管理中的“管理”，不是指会计本身的管理，而是指整个企业或单位管理活动或业务活动的管理，包括直接参与管理和间接参与管理,间接参与管理是指反映问题、提建议、参与决策。

在实际工作中,会计人员不能只做“死账”,做“产量产值账”,更重要的是做“活账”,做“效益”账。因此,会计人员应积极、主动地参与到单位的管理活动中,向管理层反映经营情况和存在的问题,并提出合理的建议,协助领导决策。“参与决策”这一会计职业道德规范是会计人员对自己本职工作的基本道德认识,同时也是其对社会应尽的道德责任。会计人员特别是会计机构的负责人(会计主管人员)必须强化自己参与管理,当好参谋的角色意识和责任意识。

(二) 参与管理的基本要求

参与管理的基本要求是会计人员在做好会计本职工作的基础上,参与本单位的经营活动或业务活动,出谋划策,发挥参谋服务作用,经常主动地向领导反映经营管理活动中的情况和存在的问题,主动提出合理化建议、协助领导决策、参与经营管理活动,不能消极被动地记账、算账和报账。它的具体要求包括:

1. 努力钻研相关业务,熟悉财经法规和相关制度,提高业务技能,为参与管理打下基础

娴熟的业务,精湛的技能,是会计人员参与管理的前提。会计人员只有努力钻研业务,不断提高业务技能,深刻领会财经法规和相关制度,才能有效地参与管理;会计人员只有业务娴熟,并具有精湛的技能,才能更好地参与管理,为改善经营管理,提高经济效益服务。钻研业务、提高技能,首先,要求会计人员要有扎实的基本功,掌握会计的基本理论、基本方法和基本技能,做好会计核算的各项基础性工作,确保会计信息真实、完整。其次,要求会计人员充分利用掌握的大量会计信息,运用各种管理分析方法,对单位的经营管理活动进行分析、预测,找出经营管理中的问题和薄弱环节,提出改进意见和措施,把管理结合在日常工作之中,从而使会计的事后反映变为事前的预测和事中的控制,真正起到当家理财的作用,成为决策层的参谋助手。

2. 熟悉服务对象的经营活动和业务流程,使参与管理的决策更具针对性和有效性

会计人员应当熟悉本单位的生产经营、业务流程和管理情况,掌握单位的生产经营能力、技术设备条件、产品市场及资源状况等情况,结合财会工作的综合信息优势,积极参与预测。根据预测情况,运用专门的财务会计方法,从生产、销售、成本、利润等方面有针对性地拟订可行性方案,参与优化决策。对计划、预算的执行,要充分利用会计工作的优势,积极协助,参与监控,为改善单位内部管理、提高经济效益服务。

八、强化服务

(一) 强化服务的含义

强化服务是指会计人员应具有文明的态度、强烈的服务意识和优良的服务质量。在现代经济社会中,服务态度是服务者的行为表现,“文明服务,礼貌待人”,不仅是对服务行业提出的道德要求,而且是对所有职业活动提出的道德要求。强化服务是现代经济社会对会计人员所从事职业的更高层次的要求,它表现在会计人员从事会计工作对应的工作态度,是提高会计职业声誉的重要途径。强化服务的关键是提高服务质量,强化服务的结果是奉献社会。如果说敬业是前提,爱岗是基础,那么强化服务就是表现。如果说“忠于职守”是爱岗敬业的内在品质,那么强化服务就是爱岗敬业的外在表现。将爱岗敬业看作是会计职业道德的出发点,奉献社会作为职业的崇高责任,就是职业道德的基本要求和最终归宿。

会计部门在单位中既是一个职能部门，也是一个窗口部门。会计工作需要与各方面打交道，会计人员的一言一行、一举一动不仅表现出其道德素质的高低，而且直接反映着会计人员的社会形象，反映会计行业的形象。现实生活中，广大会计人员工作兢兢业业、勤勤恳恳、任劳任怨、扎实工作、无私奉献，以高度负责的态度树立了较强的服务意识，在经济建设中做出积极贡献，树立了良好的社会形象，使会计成为受社会尊重的一种职业。

（二）强化服务的基本要求

强化服务的基本要求是会计人员树立服务意识，提高服务质量，努力维护和提升会计职业的良好社会形象。强化服务的具体要求包括：

1. 强化服务意识

会计人员要树立强烈的服务意识，不论是为经济主体服务，还是为社会公众服务，都要摆正自己的工作位置，管钱管账是自己的工作职责，参与管理是自己的义务，会计职业受社会尊重是因为会计职业在社会上的信誉高、服务质量好。会计人员要在内心深处树立服务意识，为管理者服务，为所有者服务，为社会公众服务，为人民服务。服务是自己的职责，是自己的义务。只有树立了强烈的服务意识，才能做好会计工作，履行会计职能，为单位和社会经济发展作出应有的贡献。树立服务意识要求会计人员做到：一是谦虚谨慎、彬彬有礼；二是态度和蔼，语言文明；三是以诚相待，尊重事实；四是团结协作，以和为贵。

2. 提高服务质量

会计人员的服务质量就是真实、客观地记账、算账和报账，积极主动地向单位领导反映经营活动情况和存在的问题，提出合理化建议，协助领导决策，参与经营管理活动。注册会计师（或会计师事务所）服务质量就是以客观、公正的态度正确评价委托单位的财务状况，为社会公众及信息使用者服务。服务不仅要文明，还要讲质量，更要不断创新，利用会计数据、会计信息，满足不同对象的需要。不同的会计岗位，掌握的会计信息不同，服务的对象也不尽相同，这就需要广大会计人员充分运用会计理论、会计方法、会计数据，为单位决策层、政府部门、投资人、债权人以及社会公众提供真实、可靠、相关的会计信息，积极主动地当好领导的财经参谋，提供优质科学的经营决策方案。

需要强调的是，提高会计的服务质量，并非无原则地满足服务主体的需要，而是在坚持原则、会计准则的基础上尽量满足用户或服务主体的需要。

第三节　会计职业道德教育与修养

百年大计，教育为本。会计的希望和未来在于会计教育，尤其是会计职业道德教育。会计职业道德教育属于意识形态范畴，是思想教育的一种，是会计职业道德活动的重要形式，是外在的会计职业道德规范得以转化为会计人员内在品质和行为的有效途径。实现以“诚信”为核心的会计职业道德目标，必须多管齐下，开展全方位、多形式、多渠道的会计职业道德教育，逐步培养会计职业道德情感，树立会计职业道德观念，从而促使会计职业健康、有序地向前发展。

一、会计职业道德教育

（一）会计职业道德教育的含义

会计职业道德教育是根据会计工作特点，有目的、有组织、有计划地对会计人员施加系统的会计职业道德影响，促使会计人员形成会计职业道德，履行会计职业道德义务的活动，是一项塑造或改造会计人员道德面貌的工作。会计职业道德教育属于他律，是会计教育的关键和核心，决定着会计教育的方向和前途。我国前总理朱镕基同志曾指出："培养成千上万个职业道德好、业务素质高的会计人才，这是为发展社会主义市场经济奠基，也是现代化建设的根本大计。"并要求"国家会计学院要把诚信教育放在首位，培养出来的人才不仅要有一流的专业知识，更要有一流的职业道德水平，绝对不做假账。"

会计职业道德教育的主要任务是帮助和引导会计人员培养会计职业道德情感，树立会计职业道德信念，遵守会计职业道德规范，使会计人员懂得什么是对的，什么是错的；什么是可以做的，什么是不应该做的；什么是必须提倡的，什么是坚决反对的。会计职业道德教育的主要形式有接受教育和自我教育两种：

1. 接受教育

接受教育即外在教育，主要是通过学校或培训单位对会计人员进行以职业责任、职业义务为核心内容的正面灌输，以规范其职业行为，维护国家和社会公众利益的教育。

2. 自我教育

自我教育是内在教育，是指从业人员自我学习，自我改造，自我加强道德修养的行为活动。自我教育是把外在的会计职业道德的内容要求，逐步转变为会计人员内在的职业道德认识、会计职业道德情感、会计职业道德意志和会计职业道德信念。

（二）会计职业道德教育的内容

现阶段，我国会计职业道德教育的目标定位于赋予会计人员适应时代要求的会计人格精神，会计职业道德教育的重点放在会计职业道德理念、职业道德文化的教育上。会计职业道德教育目标和重点决定会计职业道德教育的内容。

1. 会计职业道德观念教育

会计职业道德观念教育就是在社会上广泛宣传会计职业道德基本常识，使广大会计人员懂得什么是会计职业道德，了解会计职业道德对社会经济秩序、会计信息质量的影响，以及违反会计职业道德将受到的惩戒和处罚。同时利用广播电视、报纸杂志等媒介，表彰坚持原则、德才兼备的会计人员，鞭挞违法违纪的会计行为，形成遵守职业道德光荣、违反职业道德可耻的社会氛围。

2. 会计职业道德规范教育

会计职业道德规范教育就是指对会计人员开展以会计职业道德规范为内容的教育。会计职业道德规范的主要内容包括爱岗敬业、诚实守信、廉洁自律、客观公正、坚持准则、提高技能、参与管理和强化服务等。这是会计职业道德教育的核心内容，应贯穿于会计职业道德教育的始终。

3. 会计职业道德警示教育

会计职业道德警示教育就是指通过开展对违反会计职业道德行为和对违法会计行为典型

案例的讨论和剖析，给会计人员以启发和警示，从而可以提高会计人员的法律意识和会计职业道德观念，提高会计人员辨别是非的能力。

4. 其他与会计职业道德相关的教育

其他与会计职业道德相关的教育包括形势教育、品德教育、法制教育等。

（三）会计职业道德教育的途径

我国会计职业道德教育的途径主要有岗前职业道德教育和岗位职业道德教育。

1. 岗前职业道德教育

当前，我国岗前职业道德教育是进行会计职业道德教育有效的途径。岗前职业道德教育是指对将要从事会计职业的人所进行的道德教育，包括会计学历教育中的会计职业道德教育及获取会计从业资格中的会计职业道德教育。教育的重点应放在职业观念、职业情感及职业规范等方面。

（1）会计学历教育中的职业道德教育。《公民道德建设实施纲要》中指出："学校是进行系统道德教育的重要阵地。"在我国大专院校会计类专业就读的学生，是会计队伍的预备人员，他们当中的大部分将进入会计队伍，从事会计工作。在大专院校的学习阶段是他们的会计职业情感、道德观念、是非善恶判断标准初步形成的时期，所以会计专业类大专院校是会计职业道德教育的重要环节，是会计人员岗前教育的主要场所，在会计职业道德教育中具有基础性地位。在会计学历教育中开展会计职业道德教育，可以促使会计队伍预备人员将会计职业道德要求转化为内在的会计职业道德品质，从而对潜在会计人员职业道德水准起着基础性作用。会计职业道德教育在会计学历教育中的目标是：第一，使学生了解会计职业道德内容，树立职业道德观念；第二，使学生了解会计执业面临的道德风险，提高运用道德标准判断是非的能力；第三，培养学生树立起会计职业情感和观念，为今后从事会计工作，并在职业活动中自觉遵守职业道德规范奠定基础。

（2）获取会计从业资格中的会计职业道德教育。根据《会计法》第三十八条的规定，凡从事会计工作的人员，必须取得会计从业资格证书。我国会计从业资格证书是通过考试获取的。为了使会计从业人员在正式进入岗位时具备一定的职业道德素养，财政部规定在会计从业资格考试中加入了《财经法规与会计职业道德》课程，这就是说从事会计工作，就要接受必要的会计职业道德岗前教育。

2. 岗位职业道德继续教育

岗位职业道德继续教育是指会计从业人员在完成某一阶段专业学习后，重新接受一定形式的、有组织的、知识更新的教育和培训活动。继续教育是强化会计职业道德教育的有效形式。在不断更新、补充、拓展会计专业理论、业务能力的同时，通过会计职业信念教育、会计职业义务教育、会计职业荣誉教育，形成良好的会计职业道德品行，这是非常重要的会计职业道德教育途径。

会计职业道德教育应贯穿于整个会计人员继续教育的始终。在会计人员职业生涯的继续教育中，应体现出社会经济发展变化对道德的要求，不同的阶段里，道德教育的侧重点应有所不同。就现阶段而言，会计人员继续教育中会计职业的道德教育目标能适应新的市场经济的发展变化，在不断更新、补充、拓展会计人员业务能力的同时，使其政治素质、职业道德水平不断提高。其具体的内容包括：

（1）形势教育

这是会计职业道德教育的重要内容。通过形势教育，让会计人员了解国家政治、经济、科技发展形势，正确理解党的路线、方针、政策，把握会计工作和理论发展趋势，引导会计人员正确认识会计事业，深刻领会会计工作在整个国民经济发展中的重要作用。立志改革、艰苦奋斗、脚踏实地做好本职工作。教育的重点是要贯彻“以德治国”的重要思想和“诚信为本，操守为重，坚持准则，不做假账”的指示精神，进一步全面、系统地加强会计职业道德培训，提高广大会计人员的政治水平和思想道德意识。

（2）品德教育

这是最基础的会计职业道德教育，是会计职业道德原则和规范的必要补充。品德教育主要包括会计职业信念教育、会计职业义务教育、会计职业荣誉教育、会计职业尊严教育和会计职业节操教育。品德教育的目的是培养会计人员热爱祖国、爱岗敬业、勇于创新、不断进取的良好品德。加强爱国主义、集体主义、社会主义教育，增强会计人员对党、对祖国、对社会主义制度的深厚感情，增强职业责任感和社会责任感；大力开展以为人民服务为核心、以集体主义为原则的社会主义道德教育，树立与社会主义市场经济相适应的道德观念和道德行为，正确处理国家、集体、个人三者的利益关系。会计职业道德教育的重点是引导会计人员自愿地应用会计职业道德规范指导和约束自身的行为，提高职业道德自律能力，最终形成良好的、稳定的道德品行。

（3）法制教育

我国所有的会计规范是以法律法规的形式制定、颁布和执行的。也就是说，会计人员是在会计法律法规的指导和约束下从事会计工作的，他们从事会计工作不仅承担法律责任，而且也享受法定权利。会计人员仅有良好的思想道德和勇于创新的精神是不能成为一名合格的、称职的会计工作者的，还必须要熟悉并了解不同历史时期的会计法律、法规、政策，学会运用法律的手段处理会计事务。

二、会计职业道德修养

（一）会计职业道德修养的概念

“修养”是一个含义广泛的概念，主要是指人们在政治、道德、学术以至技艺等方面所进行的勤奋学习和刻苦锻炼的工夫，以及经过长期培养所达到的一种能力和思想品质。“修养”是一项自我教育的活动。

会计职业道德修养，是指会计人员在会计工作岗位上对自己的思想意识、道德行为和品质方面的自我教育、自我改造和自我提高。它包括两层含义：一是会计人员根据会计职业道德的基本要求而进行的反省、检查、自我批评和自我剖析；二是会计人员在会计岗位上形成的举止风貌、仪表、情操以及应该达到的境界。会计职业道德修养是道德品质修养的一个重要组成部分。会计职业道德品质是会计职业道德原则和规范在会计职业道德行为上的反映。道德品质是道德行为长期积累的结果，良好的会计职业道德是会计人员长期道德修养的结果。会计职业道德品质修养，是坚持不懈的以会计职业道德原则、规范指导自己的行为，是自觉接受道德教育，在实践中进行刻苦的自我完善的过程。

会计职业道德修养和会计职业道德教育是相辅相成的两个方面。在我国经济体制转型期间，先进与落后的道德思想并存。因此，必须通过教育、灌输和培养，以使先进的道德思想发扬光大。而道德觉悟和道德境界的形成，最终必须通过自我修养和自我改造，甚至要经过一个非常复杂的自我磨炼过程。因此，会计职业道德教育是外因，会计职业道德修养是内因，职业道德原则和规范转化为会计人员的职业道德品质和行为，是一个内外结合、外因通过内因起作用的过程。

（二）会计职业道德修养的环节

1. 形成正确的会计职业道德认识

会计职业道德认识主要是指对会计职业行为、准则及其意义的认识和掌握。它包含两个方面：一是要掌握会计职业道德概念和规范，掌握会计职业的道德要求；二是进行会计职业道德评价，即运用已有的职业道德认识，对已经发生的会计职业行为做出是非善恶等道德判断。

2. 培养高尚的会计职业道德情感

会计职业道德情感是指会计工作人员在职业生活中对职业行为进行善恶评判所引起的内心体验。它是对职业道德要求和道德义务好恶的感情，是会计人员在处理人们的相互关系，评价某种行为时，对会计职业道德的要求、义务所产生的内心体验和心理感受。

会计人员的会计职业道德情感包括：职业义务感、责任感、正义感、荣誉感、幸福感和自尊心等。这些情感是与会计职业道德范畴的要素相一致的。

3. 磨炼坚强的会计职业道德意志

会计职业道德意志就是会计人员按照会计道德的原则和规范，在履行其义务的过程中表现出来的自觉克服困难和障碍的能力和毅力。它有三个特点，即有明确的目的性、与克服困难相联系、对行动具有直接的支配作用。

会计职业道德意志是衡量会计工作人员职业道德素质高低的重要标志。

4. 树立坚定的会计职业道德信念

会计职业道德信念，是指会计人员对会计职业的道德义务具有的强烈责任感和对会计职业的理想目标的坚定信仰，这是会计职业道德修养的核心内容。

会计人员要有坚定的会计职业道德信念。首先要努力学习，认真掌握正确的人生观和价值观；其次要以此激发正义的情感，效法模范人物，自觉将会计道德信念看作是自己职业工作的精神支柱，指导自己的职业道德实践。

5. 养成良好的会计职业道德行为习惯

会计职业道德行为，是指会计人员在会计职业道德规范的指引和约束下所具有的从事会计职业时，始终自觉遵守规范的行为习惯。会计人员养成良好的会计职业道德行为，不仅是会计职业道德修养的重要环节，也是终极目标。

在会计职业道德修养环节的构成中，会计职业道德认识、会计职业道德情感、会计职业道德意志、会计职业道德信念，均属意识范畴。如果不履行职业道德义务，承担道德责任，会计职业道德品质就没有形成。对于会计职业道德品质来说，就是把会计职业道德意识转化为实际表现出来的相应的会计职业道德行为，并转化成人们日常的工作习惯。

（三）会计职业道德修养的途径和方法

1. 会计职业道德修养的途径

高尚的会计职业道德品德的形成，需要有一个循序渐进的过程，是道德修养的结果。会计职业道德修养，虽说是道德品质和思想素质方面的自我锻炼，但绝不是指“闭门造车”，应该在社会实践中自我锻炼。

形成会计职业道德途径很多,最根本的途径是社会实践。会计职业道德修养是一个学习、实践、认识、再学习、再实践、再认识,循环往复、不断提高的过程。会计人员只有亲自参加实践,才能深刻理解和接受会计职业道德的原则和规范。“社会存在决定社会意识,人们的正确认识从社会实践中来”,这是人们在长期社会实践中总结出来的真理。人们只有在改造客观世界的实践中,才能改造自己的主观世界,离开社会实践,人们的行为就无所谓善恶,更谈不上道德修养;只有亲身参加实践,才能检验会计人员的职业道德品质。会计职业道德从本质上是一种实践的道德,它要求人们严格遵守言行一致的原则,会计人员自身的实践是衡量会计职业道德品质修养的标准;只有亲身参加实践,才能不断提高会计职业道德修养水平。会计工作实践是不断发展变化的,会计人员在实践中遇到的诸多关系也是发展变化的,这要求会计人员及时做出新的、科学的、全面的判断,也就相应推动会计人员在职业道德修养方面永不满足、永不停步,随着实践的发展而发展。

2. 会计职业道德修养的方法

要想通过会计职业道德修养形成良好的职业品德,会计人员必须掌握正确而有效的方法。会计职业道德修养的方法,指的是会计从业人员在学习和实践的基础上,在会计职业道德方面进行的自我教育的方法。它是实现会计职业道德修养目标的具体措施和途径。

(1) 慎独

会计职业道德修养的最高境界在于做到“慎独”。“慎独”一词来自儒家《礼记·中庸》中的“莫见乎隐,莫见乎微,故君子慎其独也”。“慎独”意思是在独立工作、无人监督或在做了坏事也难以被人发现时,仍能坚持自己的道德信念,依据一定的道德原则去行事,不做任何坏事。用现代语言来表述,是指在失去外界监督的情况下,通过自我约束、自我监督,坚持自己的道德信念,依据一定的道德原则去行事。

“慎独”是会计道德修养的一种重要方法,是会计道德修养中的一类更高境界,它标志着会计人的职业道德修养已经达到了高度自觉的程度。

(2) 慎欲

慎欲是指用正当的手段获取物质利益。林则徐有句名言:“壁立千仞,无欲则刚”,说的是人只有内心端正,才能确保无虞。会计人员要做到慎欲,一是要做到把国家利益、社会利益、公众利益放在首位,在追求自身利益的时候,不损害国家利益和他人利益;二是做到节欲,对利益的追求要适度适当,要合理合法。

(3) 慎微

在职业道德修养领域中善恶之别,泾渭分明。善虽小,仍然不失其为善;恶虽小,也终究是恶。俗话说:“千里之堤,溃于蚁穴”,所以从业人员对自己任何不符合职业道德的言行,都务必克服,将其消灭在萌芽状态之中。

(4) 慎省

“慎省”就是会计人员通过反思自己的言行,反省自己的缺点,不断摒除杂念,严于自我剖析,敢于做是非观、价值观、知行观的自我斗争,逐步树立起正确的道德观念,培养高尚的道德品质,提高自己的精神境界。

(5) 自警自励

“自警”就是要随时警醒自己,告诫自己,自觉抵制各种腐朽思想的侵蚀。“自励”就是要以崇高的会计职业道德理想、信念激励自己,忠实履行自己的神圣职责。

第四节 会计职业道德建设组织与实施

会计职业道德决定会计职能作用的发挥和会计工作的质量。因此，全面加强会计职业道德建设，提高会计人员道德素质，是一项重大而紧迫的任务。会计职业道德建设是一项复杂的系统工程，要抓好会计职业道德建设，关键在于加强和改善会计职业道德建设的组织和领导，并使其得到贯彻和实施。各级政府及其财政部门、会计职业团体、各单位要充分认识到加强会计职业道德建设对于促进实现《会计法》立法宗旨的重要性，积极探索会计职业道德建设组织与实施的制度与机制，齐抓共管，保证会计职业道德建设的各项任务和要求落到实处。

一、财政部门组织推动

《会计法》第七条规定："国务院财政部门主管全国的会计工作，县级以上地方各级人民政府财政部门管理本行政区域内的会计工作。"会计职业道德建设是会计管理工作的重要组成部分，是会计管理工作的一项重要内容。要做好会计职业道德建设，必须发挥财政部门的政府主导作用，只有这样，才能使我国的会计职业道德建设朝着正确的方向前进。财政部门应组织和推动会计职业道德建设，依法行政，探索会计职业道德建设的有效途径和实现形式。财政部门可以从以下方面组织实施：

（一）采用多种形式开展会计职业道德宣传教育

2003年，财政部门颁布实施了《财政部关于开展会计职业道德宣传教育工作的通知》，各级财政部门会计管理机构和中央会计从业资格管理部门应当结合本地区的实际情况，有计划、有步骤地开展会计职业道德宣传教育工作，要制定切实可行的宣传教育方案和规划，明确任务，落实责任；要采取灵活多样的宣传形式，充分利用广播、电视、网络、报刊、杂志等媒体，广泛宣传会计职业道德先进典型，弘扬正气，树立诚实守信等会计新风尚；要通过座谈会、研讨会、演讲会、论坛、知识竞赛、有奖征文等活动，研讨和宣传加强会计职业道德建设的必要性和具体措施，引导广大会计人员积极参与会计职业道德建设，同时发挥思想文化阵地在职业道德建设中的作用，营造会计职业道德建设的氛围。

（二）会计职业道德建设与会计从业资格证书管理相结合

会计从业资格行政管理部门按《会计从业资格管理办法》规定，对参加年检的持证人员报送的年检材料进行审核、检查，符合规定条件的通过年检。通过会计职业道德检查和会计从业资格证书年检制度相结合，对那些不遵守会计职业道德规范，道德考核不合格的人，不予通过年检。这样就会使会计人员像重视自己的从业资格一样，重视自身的职业道德操守，自觉遵守会计职业道德规范。

（三）会计职业道德建设与会计专业技术资格考评、聘用相结合

我国会计专业技术资格分为高级会计师、会计师、助理会计师和会计员4个级别，其中会计员、助理会计师为初级资格，会计师为中级资格。初级资格、中级资格通过全国专业技术资格考试取得。取得初级资格的，可聘任会计员职务，满足国家有关规定条件的可聘任助理会计师职务；取得中级资格的，并符合国家有关制度规定，可聘任会计师职务。根据财政部、人事部

联合印发的《会计专业技术资格考试暂行规定》及其实施办法规定，报考初级资格、中级资格的人员，应"坚持原则，具备良好的职业道德品质"等。会计专业技术资格考试管理机构在组织报名时，应对参加报名的会计人员职业道德情况进行检查，对有违反会计职业道德记录的，应取消其报名资格。

各单位在聘用专业会计人员时，除要求其必须具备同级专业技术资格外，也应考察其遵守职业道德的情况。对于因违法犯罪行为而受过刑事处罚的，因在职务会计工作中犯有严重错误受到行政处分的，或者参与所在单位偷税、漏税、共同舞弊等活动的，组织会计作假等其他违反会计职业道德行为的，可以不予聘用。这些人专业技术水平越高，可能对单位带来的会计、财务等风险也会越大。

（四）会计职业道德建设与会计执法检查相结合

财政部门作为《会计法》的执法主体，可以依法对单位执行会计法律、法规情况及会计信息质量情况进行检查。通过检查可以发现各单位是否严格执行会计法律法规，与此同时也可以检查出各单位的会计从业人员执行会计职业道德的情况。例如，2001 年财政部在全国范围内开展《会计法》执法检查，检查的主要内容是《会计法》及国家统一会计制度的执行情况。但从会计职业道德来看，上述会计执法检查内容是与爱岗敬业、诚实守信、廉洁自律、客观公正、坚持准则、提高技能、参与管理和强化服务等道德规范联系在一起的。开展《会计法》执法检查的同时，也对会计人员是否遵守职业道德情况进行了检查。对于检查中查出的违反会计法律的行为，按照法律规定进行依法处理，构成犯罪的依法追究其刑事责任。违反《会计法》的行为，一般也是违反会计职业道德要求的。会计从业人员若存在违法行为，不但要承担相应的行政处罚或刑事处罚，同时还接受相应职业道德惩罚。法律和道德惩罚应同时并处，不可替代。

（五）会计职业道德建设与会计人员表彰制度相结合

充分利用行政资源，依法建立健全会计职业道德建设的检查和奖惩机制。财政部门应利用会计执法检查、从业资格管理等行政资源，建立完善会计职业道德的检查制度，依照法律法规的规定，建立健全根据检查结果进行奖励和惩罚的机制，同时将职业道德教育作为会计人员继续教育的一项主要内容。

二、会计职业组织建立行业自律机制

会计职业组织起着联系会员与政府的桥梁作用，应充分发挥协会等会计职业组织的作用，改革和完善会计职业组织自律机制，有效发挥自律机制在会计职业道德建设中的促进作用。

当前我国会计职业组织自律机制的构建，可借鉴国外通过会计职业组织实施职业道德约束的做法和经验，在注册会计师协会、会计学会、总会计师协会等职业组织中设立职业道德委员会，专司职业道德规范的制定、解释、修订和实施之职。职业道德委员会的人员构成，由若干专职人员负责日常工作，同时聘请来自会计师事务所、高等院校等部门的专家作为兼职人员来负责协会的日常工作。随着我国市场经济的发展，在会计职业组织中设立专门的职业道德委员会，配备一定的专职人员，同时聘请大量兼职专家的做法是必要的。对于会计职业组织实施的职业道德惩戒，其程序可分为以下几个阶段：

（一）调查、分析和确认事实

会计职业组织中的职业道德委员会根据报刊、杂志、电视等新闻媒介所发布的信息，政府部门的有关公告以及单位会计人员、注册会计师或其他单位及个人的投诉、举报等，进行立案调查。查明事实真相以后，就需对事实进行分析，确认这些事实是否具有违反职业道德规范的性质等。

（二）确定适用规则条款

在确认事实的基础上，还需进一步分析适用职业道德规范的何种条款最为适宜。

（三）做出决定

这是实施职业道德惩戒的决定性阶段，决定包含具体处罚类型、受处分的注册会计师名单或会计人员名单、所属会计师事务所或所属单位、地址、事由等。

（四）执行决定

这是运用职业道德规范处理具体职业道德案件的终结环节。执行决定必须注意以下几个方面：一是及时将职业道德委员会的决定通知有关会计师事务所、注册会计人员本人及相关单位；二是由相关部门负责执行决定；三是检查执行效果，应由职业道德委员会对执行决定情况进行后续检查，以保证执行效果。

三、社会各界齐抓共管

全面加强会计职业道德建设，提高会计人员道德素质，是一项重大而紧迫的任务。各部门、行业、会计职业组织和社会各界应积极行动起来，共同把会计职业道德建设搞好。在依法治国与以德治国相结合的思想指导下，有政府部门的组织推动，会计职业组织的自律约束，社会各界各尽其责、相互配合、齐抓共管。会计职业道德建设一定会开创新的局面，会计职业一定会以崭新的姿态、良好的精神风貌、优良的社会公信力，为全面建设和谐社会，建设中国特色社会主义事业做出新的贡献。

四、社会舆论监督，形成良好的社会氛围

良好会计职业道德风尚的树立，离不开社会舆论的支持和监督。“银广厦”等会计造假案被发现，媒体的追踪报道功不可没。强化舆论监督，有利于在全社会形成诚实守信的氛围。要以新闻媒体为阵地，广泛开展会计职业道德的宣传教育，使社会各界了解会计职业道德规范的内容，促进良好的会计职业道德深入人心。要在全社会会计人员中倡导诚信为荣、失信为耻的职业道德意识，引导会计人员加强职业修养。通过会计职业道德建设中正反典型的宣传，弘扬正气，打击歪风。

舆论监督是最重要的社会监督。正确运用会计职业道德的一般规范，造成某种舆论氛围，可以较好地发挥舆论监督的力量。由于舆论监督具有相当大的震慑作用，因其曝光面广而具有广泛的影响力和约束力，它能够威慑到一般监督达不到的空白地带和“死角”。故除了独立的监督机构外，最行之有效、成本最低廉的就是舆论监督，它具有强大的监督功能。

开展舆论监督是加强社会主义民主建设的重要方面，也是强化会计职业道德约束机制的重要内容。近年来，各级财政部门充分利用新闻媒体的特殊约束作用，对会计领域的违法违纪行为、腐败现象和各种歪风邪气，进行了公开揭露、批评和剖析，深受广大人民群众的欢迎，也有力地震慑了意图铤而走险的违法犯罪分子。作为不可缺少的监督工具，新闻媒体的积极作用日益凸显。在今后实践会计职业道德的过程中，应注意有意识地借助和发挥舆论监督的独

特作用。比如，积极建立与新闻单位的情况通报制度，采用开辟专栏、设置新闻焦点、新闻报道等方式，一方面加强对会计职业道德建设的引导，积极宣传会计职业道德规范，宣传各地会计职业道德建设的成效和经验，以及诚实守信、廉洁自律的先进典型；一方面及时批评纠正某些会计人员违反会计职业道德的行为，在他们误入歧途的初始阶段就对他们猛击一掌，使其幡然醒悟、悬崖勒马，同时也给其他会计从业人员敲响警钟，达到抑恶扬善的目的，从而使其逐步培养起高尚的会计职业道德品德。

全面加强会计职业道德建设，提高会计人员道德素质，是一项重大而紧迫的任务。各部门、行业、会计职业组织和社会各界应积极行动起来，共同把会计职业道德建设搞好。在依法治国与以德治国相结合的思想指导下，有政府部门的组织推动、会计职业组织的自律约束、企事业单位支持督促、社会各界的齐抓共管以及社会舆论监督所造成的良好社会氛围，会计职业道德建设一定会开创新的局面，会计职业一定会以崭新的姿态、高尚的精神风貌、优良的社会公信力，为全面建设小康社会，建设中国特色社会主义事业做出新的贡献。

第五节　会计职业道德检查与评价

道德评价，是指人们在社会实践活动中依据一定社会或阶级的道德规范、准则，通过社会舆论或个人心理活动等形式，对社会中群体和个体的行为、品质进行褒贬扬抑的价值判断。

一、会计职业道德检查与评价的含义

在会计工作中，会计人员总是不自觉地根据自己的道德观点去评判别人的行为。这种评判会计职业道德行为的价值活动，就是会计职业道德检查与评价。会计职业道德检查与评价的对象是会计行为。

会计职业道德检查与评价有两种形式：一是社会检查与评价，即会计行为当事者之外的组织或个人对会计人员（或会计行为实体）的职业行为的道德性检查与评价；二是自我检查与评价，即会计人员对自身职业行为所进行的道德检查与评价。

二、会计职业道德检查与评价的作用

会计职业道德检查与评价可促使会计职业道德意识转化为道德行为，保证会计职业道德原则和规范的实现，促进良好的会计道德品质和职业道德风尚的形成。会计职业道德检查与评价的作用主要表现包括：通过会计职业道德检查与评价，可以对会计行为的是与非、善与恶作出裁判，裁决和批判不道德行为，对符合道德的行为加以褒奖和提倡，发挥道德检查与评价的激励作用；可以使人们清楚地认识到哪些会计行为是符合道德原则和规范的，应该提倡，哪些行为是不道德的，应该纠正；可以给人们树立好的会计道德典范和道德榜样，使人们有所模仿，有所遵从。

总之，会计职业道德检查与评价是会计职业道德规范的捍卫者，是会计职业道德规范转化为会计职业道德行为和会计职业道德品质的“杠杆”。

三、会计职业道德检查与评价的标准和依据

（一）会计职业道德检查与评价的标准

会计职业道德检查与评价的基本任务是判断会计人员职业行为的善与恶，因此，会计职业道德检查与评价的标准问题，就是会计职业行为的善恶标准问题。

"善"或"恶"，是道德评价中用来对人们思想和行为做出的肯定和否定，是检查与评价人们道德行为的最一般范畴，也是检查与评价会计职业行为道德与否的基本标准。

善恶标准的内涵虽然会随着时代发展和科学进步的不断发展而发生变化，但它作为一种评判是非的道德标准，和任何事物一样具有质的稳定性，即为人民群众的根本利益服务是检查与评价基准，是一条根本不变的原则，它体现检查与评价标准的绝对性。即一切有利于社会公众事业发展的行为都是善行（如科学理财、勤俭节约、廉洁奉公、诚实守信、忠于职守、客观公正、求实高效、刻苦钻研等）；反之则都是恶行（如违法乱纪、以权谋私、失职渎职、欺诈等）。

（二）会计职业道德检查与评价的依据

会计职业道德检查与评价的依据是指检查与评价对象（会计人员的职业行为）提供给检查与评价主体与标准对照的根据。

会计职业道德检查与评价的标准对于会计人员的行为来说是外在的，而检查与评价的依据则是内在于会计人员的行为之中，是构成行为的要素即会计人员行为的动机与效果的。坚持把动机和效果的对立统一作为会计职业道德检查与评价的依据。

四、会计职业道德检查与评价的方式

会计职业道德检查与评价的方式有三种：社会舆论、传统习俗和内心信念。

（一）社会舆论

1. 社会舆论的含义

所谓社会舆论就是众人的议论，是人们用语言和文字对所关心的社会生活中的事件或现象所发表的某种倾向性的意见。社会舆论就其内容和性质来说，可划分为政治舆论、文艺评论、宗教舆论和道德舆论等。会计职业的社会舆论是指道德舆论，是指人们依据会计道德检查与评价的标准，对会计人员的思想、行为所做的褒奖或诋贬。如光荣或耻辱、公正或偏私、正义或非正义。

社会舆论具有两个显著的特点：一是范围的广泛性，凡是存在人群的地方，任何人都要受到社会舆论的制约；二是外在强制性，也就是任何人都会受到社会舆论的压力。正是社会舆论具有这些特点，它才成为影响人们意识和行为的强大力量，成为道德检查与评价的主要方式。

2. 社会舆论的方式

社会舆论就其产生来说，有自觉和自发两种方式。自觉的社会舆论，是指一定的阶级利用各种舆论工具，广泛宣传某种观点和思想。自发的社会舆论，是指人们不由自主地对某种道德行为的议论和检查与评价。这种检查与评价无时不在、无处不在，对促进会计人员自觉加强自身职业道德修养具有更直接的现实意义。

（二）传统习俗

所谓传统习俗，是指人们在社会生活中长期形成的一种相对稳定的、习以为常的行为倾

向，简言之即传统习惯和社会风俗。

传统习俗也被称作是自发的社会舆论，它是会计职业道德检查与评价的另一种方式。会计领域的传统习俗是长期以来在会计工作实践过程中形成的，是一种习以为常的职业行为倾向，它表现为一定的工作情绪和工作方式。

（三）内心信念

所谓内心信念，是指人们在实践中形成的对自己行为所应有的责任感，是一个人据以进行道德行为选择的内在动机和道德品质构成的内在要素。会计职业道德的内心信念是指会计人员发自内心的对会计职业道德管理原则、规范和理想的真诚信服和高度的责任感。

上述三种方式中，社会舆论和传统习俗是社会方式，内心信念是自我方式，两者只有有机结合，才能发挥巨大的作用。

第六节　案例分析

【案例 10－1】

【案例分析目的】熟悉会计职业道德的基本概念

【案例分析资料】

豫章机械股份有限公司财务部在一次会务学习的讨论中，大家踊跃发言。小马在议论会计职业道德概念时说“会计职业道德是规范从事会计职业的工作人员在社会交往和公共生活中，人与人、个人与社会、人与自然的行为。”老张在谈到会计职业道德与会计法律制度关系时说“会计职业道德与会计法律制度只是作用范围不同，但性质和实现形式是一样的”。徐姐在谈论会计职业道德教育途径时，认为“应通过会计学历教育进行”。刘部长最后总结说“对我们会计人员职业道德的监督只能依靠政府财政部门”。

【案例分析要求】根据会计职业道德的相关内容，分析小马、老张、徐姐、刘部长的观点是否正确？

【案例评析】

小马的观点不正确。会计职业道德是指在会计职业活动中应遵循的、体现会计职业特征、调整会计职业关系的职业行为准则和规范。

老张的观点不正确。会计职业道德与会计法律制度的性质不同、作用范围不同、实现形式不同以及实施保障机制不同。

徐姐的观点不正确。会计职业道德教育途径包括通过会计学历教育进行会计职业道德教育、通过会计继续教育进行会计职业道德教育、通过会计人员的自我教育与修养进行会计职业道德教育。

刘部长的观点不正确。对会计人员职业道德的监督不但依靠财政部门，还要依靠会计行业组织的行业自律机制和奖罚制度，社会各界各尽其职，相互配合，齐抓共管以及社会舆论的监督。

【案例 10－2】

【案例分析目的】熟悉会计职业道德规范的主要内容

【案例分析资料】

豫章机械股份有限公司的财务部今年发生了以下事项：

出纳小赵因丈夫炒股急需资金，趁会计小黄离开办公室时，填写了 10 万元的现金支票一张，并私自将小黄放在办公桌上的印鉴加盖在现金支票上，从银行提取现金。半个月后，因股票行情很好，小赵丈夫很快从股市上获利，并将 10 万元现金交给小赵归还公司，小赵又填写了现金缴款单，将资金存入单位银行账户。月末，小黄在对账时发现了此事。由于小黄与小赵关系一直很好，所以小黄隐瞒了此事。

公司规定每周五下午是业务理论学习时间，由于公司的业务量增加，账务处理的工作量增加，会计人员工作繁忙，会计主管老张便向领导建议，会计部门的全体人员今后不再参加业务理论学习，以节约时间用于账务处理等会计实务工作。

【案例分析要求】

1. 出纳小赵的行为属于什么行为？违反了会计职业道德的哪个要求？

2. 会计小黄的行为有哪些不当之处？如果你是小黄，你会如何处理？

3. 会计主管老张的建议是否正确，为什么？

【案例评析】

1. 出纳小赵的行为属于挪用公款，公私不分，违背会计职业道德中“廉洁自律”的要求。廉洁自律要求会计人员公私分明、不贪不占、遵纪守法、清正廉洁。

2. 会计小黄的不当行为是：① 不应将自己保管的印鉴离开办公室时放在办公桌上；② 不应隐瞒出纳小赵挪用公款的事实。小黄应做到“爱岗敬业”，做到忠于职守，尽职尽责，严肃认真，尽心尽力，在离开办公室时，妥善保管好印鉴(如锁入抽屉)。发现出纳小赵挪用公款的事实后，应向会计主管老张报告。

3. 会计主管老张的建议不正确，老张的建议违背了会计职业道德中“提高技能”的要求。会计职业技能包括会计理论水平、会计实务能力、职业判断能力等，不能因为实务工作繁忙而忽略了会计理论水平的提高。

【案例 10－3】

【案例分析目的】熟悉注册会计师职业道德

【案例分析资料】德勤中国的罪与罚

1. 事情由来

德勤会计师事务所是一家以邦联形式(合伙人制)遍布全球的大型会计师事务所，主要从事为企业和投资者提供会计、审计、税务及商业咨询服务，根据中注协的排名，国际“四大”中，德勤在中国排名第三。德勤和中国的很多政府部门保持着良好的关系。从 1993 年开始，德勤就作为项目顾问参与财政部制定中国会计准则。德勤同中国国资委保持了良好的关系，在国有银行改制中，德勤参与中国多家商业银行的改革，包括提供从审计、税务、企业管理咨询到财务咨询等服务。

深陷“科龙门”的德勤，2006 年 3 月 29 日被科龙的一位股东告上法庭，科龙流通股东索赔大幕就此拉开。这是新证券法实施后，上市公司股东首次起诉会计师事务所。29 日下午，作为诉讼代理人的上海市光明律师事务所律师涂勇，向上海市黄浦区人民法院提交了诉状。

经调查，广东科龙电器股份有限公司存在财务造假的事实，原董事长顾雏军已被捕，这一事件已导致科龙的控制权易手。而当初作为科龙财务报表审计机构的德勤华永也被业界质疑：2001 年，“ST 科龙”全年净亏 15 亿多元，担任审计的安达信给出了拒绝表示意见的审计报告。顾雏军的格林柯尔 2001 年底入主科龙，随后 3 年由德勤为其审计，在科龙电器 2001 年末的资产价值不确定的情况下，德勤华永却给出了“保留意见”的审计报告。此后，德勤对科龙 2003 年的年报出具了“非标准无保留意见”的审计报告。

2005 年 5 月，科龙危机爆发，随后德勤宣布与科龙解除业务关系。科龙正式发布消息称，公司因涉嫌违反证券法规已被证监会立案调查，调查结果将由科龙以公司公告形式披露。此后，这一悬疑逐渐演化成德勤的危机。2005 年底，调查已经基本完成，基本认定德勤在对科龙审计中存在审计程序不充分、不适当，未发现现金流量表重大差错等问题。

2. 德勤三宗罪

科龙电器 2000、2001 年巨亏，2002 年扭亏为盈，实现净利 1.01 亿元，而根据证监会调查事实，2002 年科龙虚增利润 1.2 亿元，亦即它 2002 年根本是亏损的，德勤尽管因 2001 年度无法表示意见而对 2002 年年报出具了保留意见，但德勤是认同科龙 2002 年扭亏为盈的；2003 年年报，尽管调增与调减抵消之后利润只差 600 多万元，但显然德勤没有发现科龙重大错报，且现金流量表严重失实，其 2003 年度审计意见也是不当的；2004 年度德勤尽管对科龙的收入确认出具了保留意见，但没有揭示科龙巨额资金被挪用或侵占事实，也未对以前年度财务报表要求调整。

不道德：德勤从普华永道手中接过这个烫手山芋，自然是商业利益驱使。德勤无视格林柯尔存在的种种违背常识的现象，也任凭科龙大玩会计魔方。除了科龙 2004 年年报因证监机构监管因素而被动出具消极意见外，4 年来一直为两公司出具正面意见，使顾雏军免除监狱之灾，还协助他攻城拔寨，连续取得了 4 家上市公司的控股权。这一切，德勤都难逃干系。

不专业：德勤尽管对科龙 2004 年 5.76 亿元收入确认出具了保留意见，但科龙管理层却对此不认可，在解释中声称：本公司董事会认为，本公司已应审计师要求提供了销售合同、出库单及市场分析等文件，按本公司惯例及行业销售习惯，董事会认为对该等客户的销售并无风险和差错，此模式之销售在过往年度亦得到认可，所以董事会并不理解上述判断。这说明科龙过往年度也犯过类似错误，但德勤却认可了，德勤过往年度没有发现科龙虚构或提前确认收入事实，在 2004 年报审计时已发现这一事实，但也没有要求科龙对此进行追溯调整。

不悔改：顾雏军出事后，德勤给媒体发来一份正式声明称：“鉴于(证监会的)调查仍在进行之中，目前不适宜进行任何细节讨论。我们希望强调的是，作为保持着全球审计行业最高水平的领导企业之一，德勤为其一贯履行保持业务透明度及高度职业道德的承诺感到十分自豪。”

3. 各方的声音

知名证券诉讼律师、新望闻达律师事务所合伙人宋一欣认为起诉德勤，这才是科龙股东维权的第一选择。马光远说，科龙监事会起诉德勤，是依据民事诉讼法进行的合法的诉讼行为，即使存在法院不受理的顾虑，也该去尝试。金茂律师事务所律师陈岱松认为，若科龙没有造假，而是德勤帮它造了假，是德勤没有尽到法定的审计责任，没有发现应该发现的科龙报表中所存在的问题；那么，科龙显然应该去起诉德勤，要求它退回千万元的审计费，并赔偿其他损失。一位和广东有关部门保持密切联系的知名律师向《上海证券报》记者透露，考虑到德勤作为审计方应承担的责任以及科龙的重组工作，广东当地有关部门非常支持科龙股东起诉德勤。

4. 财政部对德勤的行政处罚

证监会将于周四举行对德勤的行政处罚听证会，作为注会业主管部门——财政部方面尚未正式针对德勤在担任科龙审计机构期间涉嫌“参与造假”公开表态。不过，接近财政部的业内资深人士告诉新浪财经，预计财政部不会姑息。

“科龙这件事情影响很大，财政部方面应该会对德勤作出处罚。”一位接近财政部的业内资深人士态度较为肯定地向新浪财经表示，“我不清楚证监会和财政部的态度是否一致，但出了这么大的事情，谁也罩不住。”

目前，科龙案尚停留在证监会的审查层面，证监会有权对德勤作出罚款和市场禁入的处罚，这就意味着德勤可能遭到证监会的罚款和市场禁入的处罚。但是，财政部拥有最终吊销会计师事务所牌照和经营准入的权力。“一旦参照蓝田事件中，财政部对于中天勤的处罚，德勤华永将有可能面临在中国彻底退市的风险。”据了解，科龙案尚未转到财政部，因此，财政部尚不会对德勤采取任何行动，亦不清楚证监会和财政部的态度是否一致。

如果此次对德勤的处罚涉及市场禁入，那也将对国内会计师事务所行业的格局产生重要影响。一旦“四大”失去了名誉以及品牌和超国民待遇的保护外衣，他们的业务也将受到很大的冲击，“四大”的迷信将被破除。

【案例分析要求】

为什么说“诚信”是注册会计师职业的灵魂？结合德勤科龙案，谈谈如何加强注册会计师职业道德建设。

【案例评析】

注册会计师作为经济公道的维护者和捍卫者，注册会计师要受到一般伦理道德和职业道德规范的约束；诚信是外界对注会行业的需求和期望，更是行业从业人员发自内心的愿望和要求，其核心是操守为重，恪守职业道德；诚信应是其职业道德的核心内容，只有“诚信”才能使客户乃至整个社会相信其专业胜任能力和服务质量的可靠，这种信任构成了注会行业存在的基础；注册会计师讲诚信，就要重自律，要端正认识，树立正确的人生观、价值观和道德观，不断提高自身修养；诚信建设是当前注册会计师行业的工作主线，失去诚信，注册会计师行业将失去立足之本。

加强注册会计师职业道德建设和职业素质教育；改革事务所组织形式，促使事务所加强风险和质量管理；政府监管和行业自律双管齐下，加大监管力度；建立行业信用制度，开展注册会计师个人信用等级评价；打造“诚信为本”的会计师事务所文化，营造诚实守信的社会氛围。

本章小结与关键词

本章小结

会计职业道德是指在会计职业活动中应遵循的、体现会计职业特征的、调整会计职业关系的职业行为准则和规范。

会计职业道德与会计法律制度作为社会规范，均属于会计人员行为规范的范畴，两者既有联系，也有区别。

我国会计职业道德规范的主要内容包括以下八个方面:爱岗敬业、诚实守信、廉洁自律、客观公正、坚持准则、提高技能、参与管理、强化服务。

会计职业道德教育与会计职业道德修养相辅相成,加强会计职业道德教育具有重要的意义。

会计职业道德建设由财政部门、会计职业组织、单位内部、社会各界和社会舆论监督等共同组织与实施。

会计职业道德检查与评价标准善与恶,是会计职业道德行为动机与效果的对立统一,评价方式有三种,包括社会舆论、传统习俗和内心信念。

本章关键词

会计职业道德　会计职业道德规范　会计职业道德教育　会计职业道德修养　会计职业道德检查与评价

本章思考与案例分析题

一、思考题

1. 简述会计职业道德的概念和功能。
2. 会计职业道德与会计法律制度的主要区别有哪些?
3. 简述会计职业道德规范的主要内容。
4. 简述会计职业道德规范的基本要求。
5. 简述会计职业教育的内容。
6. 会计职业道德教育的途径有哪些?
7. 会计职业道德修养的方法有哪些?
8. 如何加强会计职业道德建设?
9. 简述会计职业道德检查与评价的作用。
10. 财政部门可以通过哪些方式开展会计职业道德检查与评价?

二、案例分析题

1. 目的:熟悉会计职业道德——诚信做账

资料:**会计的执业之道——诚信做账有好报**

刘兰,现在某公司做会计,出身于会计之家。上班前,其父嘱咐她:“现在会计工作比较难干,但你必须坚持诚信,严守底线!”父亲这句话像钉子一样“钉”在她的心坎上,并暗下决心:即便丢了饭碗,也不能放弃诚信!

上班第一年的12月份,税务部门通知说要来公司查账,主要查看公司上年的奖金发放和当年的差旅费报销情况。经理要求:不要露出破绽。但她还是如实将全年账本搬出来,让税务部门人员检查。结果查出了漏报奖金个人所得税和差旅费报销、虚列开支的问题。结果刘兰被辞退。

后来当地一家名为豫章机械股份有限公司的经理因为她的诚信相聘。由于前任会计作假，公司刚刚被税务部门罚款3万多元。有两件事令她记忆犹新：一是该公司为某厂加工了一批71万元的产品，结果对方寄来了77万元货款，多付了6万元。她当即打电话通知了对方，并很快把多付的6万元给退了回去，感动得对方老板登门道谢，原本对方只做这一笔买卖，结果，对方又与该公司签订了100万元的车厢加工合同。二是一笔30万元的货款12月8日到账。经理因种种原因希望挪到明年1月份入账并缴税，但她说服经理按规定在12月报税。由于该公司一直依法诚信纳税，因此获得了市税务部门颁发的"年度诚信纳税单位"称号，她也获得了"十佳诚信会计"荣誉称号。

要求：根据上述资料，试分析回答下列问题

（1）会计职业道德修养的内容包括哪些？如何理解道德修养中的"慎独"精神？

（2）为什么说"诚实守信"是会计人员最重要的职业道德规范？

2. 目的：熟悉会计职业道德

资料：王某，23岁，于2008年8月大学毕业后分配到豫章机械股份有限公司，担任出纳。2009年3月11日，王某偷偷从金库中取出2007年国库券30万元，4个月后，王某见无人知晓，胆子开始大了起来，又取出50万元，通过证券公司融资回购方法，拆借人民币89.91万元，用来炒股，没想到赔了钱。王某在无力返还单位债券的情况下，索性于2009年12月14、15日，将金库里剩余的14.03万元国库券和股市上所有的73.7万元人民币全部取出后潜逃，用化名在该市一处民房租住隐匿。至此，王某共贪污国库券94.03万元，折合人民币118.51万元。案发后，当地人民检察院立案侦查，王某迫于各种压力，于2010年1月8日投案自首，检察院依法提起公诉。

要求：根据上述资料，试分析回答下列问题

（1）上述案例中犯罪嫌疑人王某，年轻、有学历，在比较重要岗位工作，但胆大妄为，从学校刚刚走上工作岗位就犯罪。这说明什么？

（2）该案例对会计职业道德教育有什么启示？

参考文献

[1] 王建辉,程淑珍著.财经法规与会计职业道德[M].中国财政经济出版社,2013.

[2] 全国会计从业资格考试中心.财经法规与会计职业道德[M].人民邮电出版社,2012.

[3] 会计从业资格考试命题研究组编.财经法规与会计职业道德[M].立信会计出版社,2012.

[4] 胡强著.财经法规与会计职业道德[M].中国财经出版社,2015.

[5] 叶陈刚等著.商业伦理与会计职业道德[M].东北财经大学出版社,2004.